高职高专汽车类专业创新一体化教材

汽车舒适与安全系统原理检修一体化教程

(配任务工单)

主　编　栾琪文
副主编　裴宝浩　姚美红
参　编　曲敬渊　孙桂芝　于子强
　　　　于　慧　孟祥文　吕宗政

机械工业出版社

本书系统地阐述了现代汽车舒适与安全系统的结构原理、故障诊断与维修方法。全书共分10个项目，主要内容包括总线系统、空调系统、电动车窗、电动后视镜、电动座椅、中控门锁系统、防盗系统、巡航控制系统、安全气囊系统、信息和驾驶辅助系统的检修。在讲解各系统结构原理的基础上，主要以大众迈腾、北汽新能源汽车等为例，介绍了各系统的故障诊断与维修方法，并附有相应的实训项目，有利于学生实践技能的培养。此外，每个项目都附有复习思考题，以方便教学。

　　本书既可作为高等职业教育汽车检测与维修专业的教材，又可作为其他相关专业的辅助教材，还可以供汽车维修技术人员参考使用。

图书在版编目（CIP）数据

汽车舒适与安全系统原理检修一体化教程：配任务工单 / 栾琪文主编. —北京：机械工业出版社，2021.12（2025.2重印）
高职高专汽车类专业创新一体化教材
ISBN 978-7-111-69993-4

Ⅰ.①汽… Ⅱ.①栾… Ⅲ.①汽车—舒适性—理论—高等职业教育—教材 ②汽车—安全装置—检修—高等职业教育—教材 Ⅳ.① U461.4 ② U472.41

中国版本图书馆 CIP 数据核字（2022）第 007550 号

机械工业出版社（北京市百万庄大街 22 号　邮政编码 100037）
策划编辑：齐福江　　　责任编辑：齐福江
责任校对：潘　蕊　王　延　封面设计：张　静
责任印制：张　博
北京建宏印刷有限公司印刷
2025 年 2 月第 1 版第 7 次印刷
184mm×260mm · 19.75 印张 · 496 千字
标准书号：ISBN 978-7-111-69993-4
定价：59.90 元

电话服务　　　　　　　　网络服务
客服电话：010-88361066　　机　工　官　网：www.cmpbook.com
　　　　　010-88379833　　机　工　官　博：weibo.com/cmp1952
　　　　　010-68326294　　金　书　网：www.golden-book.com
封底无防伪标均为盗版　　　机工教育服务网：www.cmpedu.com

  基于党的二十大报告中提出的"深入实施人才强国战略",以及"坚持尊重劳动、尊重知识、尊重人才、尊重创造"的要求,本书弘扬了精益求精的职业精神和工匠精神,将立德树人落实到课程中。汽车舒适与安全系统是集网络传输、控制于一体的电气系统,采用的技术越来越先进。为了使汽车检测与维修技术、新能源汽车检测与维修技术、新能源汽车技术、智能网联汽车技术、汽车制造与试验技术专业及其相关专业的学生和技术人员能够及时了解汽车舒适与安全系统的有关知识,掌握故障诊断与维修的基本技能,我们编写了本书。

  本书系统阐述了现代汽车舒适与安全系统的结构原理、故障诊断技术与维修方法。全书共分10个项目,主要内容包括总线系统、空调系统、电动车窗、电动后视镜、电动座椅、中控门锁系统、防盗系统、巡航控制系统、安全气囊系统、信息和驾驶辅助系统检修;遵照深入浅出、理论与实践相结合、注重实践技能培养的原则,精心设计了体系结构,按照目标要求-相关知识-目标实施-复习思考题-实训项目这一思路进行编排。在讲解汽车舒适与安全系统的结构、原理的基础上,重点介绍了故障诊断与维修的方法。

  实训任务工单按照活页式教材单独成册,做成"1+X"证书试点配套教材,将"1+X"证书试点中的内容融入教材。工单内容来自"1+X"实训考试模块,以此来强化学生的理论知识和实操技能,并大大增强学生的成就感和解决实际问题的能力。

  本书利用"互联网+"教材新手段,在重要知识点或者图旁配有二维码,可以通过扫描二维码观看微课视频,便于理解学习。

  本书由栾琪文任主编,裴宝浩和姚美红任副主编,参编人员有曲敬渊、孙桂芝、于子强、于慧、孟祥文、吕宗政。项目一、项目二和项目七由栾琪文编写,项目三由曲敬渊编写,项目四由于慧编写,项目五和项目八由姚美红编写,项目六由于子强、孟祥文编写,项目九由裴宝浩编写,项目十由孙桂芝编写。任务工单由栾琪文、吕宗政编写。唐龙泉参与了审稿工作。

  本书在编写过程中得到了上汽通用东岳动力总成有限公司、广州车拉夫汽车科技有限公司等单位的大力支持,在此表示衷心感谢。

  由于编者水平有限,书中难免存在错误或疏漏之处,恳请读者批评指正。

编 者

二维码清单

素材名称	二维码	素材名称	二维码	素材名称	二维码	素材名称	二维码
汽车CAN总线概述 /1		汽车空调通风系统工作原理 /42		电动后视镜的结构 /80		无线门锁遥控系统工作原理 /135	
双绞线 /4		制冷剂回收 /51		电动后视镜系统组成 /81		无钥匙进入系统组成 /137	
驱动CAN检测 /19		空调系统抽真空 /51		后视镜操作 /81		中央门锁电机控制的检测 /142	
舒适CAN波形检测 /22		加注制冷剂 /52		电动后视镜系统工作过程 /87		联锁开关信号的检测 /144	
LIN线检测 /23		歧管压力表检查空调故障 /53		后视镜检测 /89		防盗系统检修 /166	
汽车空调系统概述 /26		汽车空调控制系统故障检修 /54		座椅概述 /98		定速巡航控制系统的使用 /179	
汽车空调制冷系统的组成 /27		电动车窗系统组成 /59		电动座椅组成和调节功能 /100		定速巡航控制开关电路故障检修 /187	
汽车制冷系统工作原理 /28		电动车窗系统工作原理 /61		座椅检测 /110		安全气囊拆卸 /206	
压缩机电磁离合器检查 /40		玻璃升降器工作过程 /65		中央门锁知识 /123		安全气囊安装 /207	
汽车加热取暖系统工作原理 /41		玻璃升降器开关检测 /74		中央门锁系统工作原理 /127		安全气囊故障检修 /208	

前　言

二维码清单

项目一　汽车总线系统的检修 ... 1

相关知识 ... 1

一、CAN 总线 ... 1

二、LIN 总线 ... 6

三、MOST 总线 ... 11

四、FlexRay 总线 ... 12

五、大众车系总线系统 ... 13

项目实施 ... 18

一、迈腾 B8 轿车驱动系统 CAN 总线检测 ... 18

二、迈腾 B8 轿车舒适系统 LIN 总线检测 ... 22

复习思考题 ... 25

项目二　汽车空调系统的检修 ... 26

相关知识 ... 26

一、汽车空调系统概述 ... 26

二、汽车空调制冷系统 ... 27

三、加热取暖系统 ... 41

四、空调通风系统 ... 42

五、空调操纵控制系统 ... 44

项目实施 ... 51

一、制冷剂加注 ... 51

二、歧管压力表检测空调故障 ... 53

三、空调电控系统检修 ... 54

复习思考题 ... 56

项目三 电动车窗的检修 ... 59
相关知识 ... 59
一、电动车窗系统的组成 ... 59
二、电动车窗玻璃升降器系统工作原理 ... 61
三、玻璃升降器的功能及工作过程 ... 65
项目实施 ... 69
一、迈腾 B8 玻璃升降器故障分析 ... 69
二、迈腾 B8 玻璃升降器元器件检测 ... 74
复习思考题 ... 79

项目四 电动后视镜的检修 ... 80
相关知识 ... 80
一、电动后视镜结构 ... 80
二、电动后视镜系统的组成和工作原理 ... 81
项目实施 ... 89
一、迈腾 B8 后视镜元器件检测 ... 89
二、迈腾 B8 后视镜故障检修 ... 94
复习思考题 ... 96

项目五 电动座椅的检修 ... 98
相关知识 ... 98
一、电动座椅的功能及类型 ... 98
二、电动座椅的结构及工作原理 ... 100
三、座椅加热系统 ... 107
项目实施 ... 109
一、电动座椅主要部件的检测 ... 109
二、电动座椅故障的检修 ... 110
三、雷克萨斯电动座椅疲劳消除系统及其检修 ... 111
四、迈腾 B8L 带记忆功能的电动座椅 ... 114
复习思考题 ... 122

项目六 中控门锁系统的检修 ················ 123

相关知识 ················ 123
一、中央门锁系统 ················ 123
二、无线门锁遥控系统 ················ 133
三、无钥匙进入系统 ················ 136

项目实施 ················ 142
一、迈腾 B8 中央门锁系统元器件检测 ················ 142
二、迈腾 B8 中央门锁系统故障检修 ················ 147

复习思考题 ················ 149

项目七 防盗系统的检修 ················ 151

相关知识 ················ 151
一、防盗系统的分类 ················ 151
二、防盗系统的组成和工作原理 ················ 153

项目实施 ················ 165
一、迈腾 B8 防盗系统 ················ 165
二、防盗系统故障检修 ················ 166

复习思考题 ················ 169

项目八 巡航控制系统的检修 ················ 171

相关知识 ················ 171
一、概述 ················ 171
二、定速巡航控制系统 ················ 172
三、自适应巡航控制系统 ················ 181

项目实施 ················ 187
一、卡罗拉汽车巡航控制系统故障诊断与维修 ················ 187
二、迈腾 B8 自适应巡航控制系统校准 ················ 192

复习思考题 ················ 197

项目九 安全气囊系统的检修 ················ 198

相关知识 ················ 198

一、安全气囊的功用和种类 198
二、安全气囊系统的组成和控制原理 201
项目实施 205
一、安全气囊系统的拆装 205
二、迈腾安全气囊指示灯常亮故障检修 208
复习思考题 213

项目十 信息和驾驶辅助系统的检修 214

相关知识 214
一、汽车导航系统 214
二、车载蓝牙系统 218
三、倒车雷达系统 220
四、倒车影像系统 222
五、自动泊车系统 224
六、全景视觉辅助驾驶系统 227
七、行车记录仪 228
项目实施 230
一、北汽EU5-R500全景影像系统故障检修 230
二、北汽EU5-R500倒车雷达故障检修 238
复习思考题 244

项目一 汽车总线系统的检修

项目导入

一位客户的迈腾B8L轿车起动机不转了,打开点火开关,仪表板上的EPC灯不亮,而安全气囊指示灯长亮。显示屏显示:变速器损坏、电子驻车制动器损坏、电子稳定程序故障。用诊断仪无法进入发动机控制单元,但能进入其他控制单元。进入网关有驱动系统数据总线单线运行模式和驱动系统数据总线损坏的故障码。作为汽车专业的你可否指点一下:汽车总线系统是如何工作的?总线系统故障如何检修?

项目目标

1)能够掌握汽车总线系统的组成和工作原理。
2)会正确使用万用表、示波器、解码器等常见设备。
3)会查阅维修资料,会识读和分析电路原理图。
4)能够对汽车总线系统的常见故障进行诊断与排除。

相关知识

一、CAN总线

世界主要汽车制造商生产的大多数汽车上均采用了以CAN总线、LIN总线、MOST总线等为代表的车载网络控制技术,将车辆控制系统简化为节点模块化。在基于现场总线的分布式控制中,传感器和执行器与同一现场的节点相组合,构成节点模块,优化了汽车控制系统,提升了汽车的整体控制水平。

汽车采用车载网络控制技术将过去一线一用的专线制改为一线多用制,网络可以被多个系统共享,从而最大限度地提高系统的整体效率,充分利用有限的资源,减少汽车上电线的数目,缩小线束的直径。

汽车CAN总线概述

(一)CAN总线系统的结构

局域网是在一个有限区域内连接的计算机网络,通过该网络实现系统内的资源共享和信息通信。CAN-BUS总线系统包括节点、数据传输总线、数据总线终端电阻、网关等。图1-1所示为大众轿车车载网络系统。

局域网的常用拓扑结构(网络的物理连接方式)有三种:星形、环形、总线型。局域网多用总线型方式:在一个网络上至少需要有2个CAN总线节点存在。在总线的2个终端,各需要安装1个120Ω的终端电阻;如果节点数目大于2个,中间节点就不要求安装120Ω终端电阻,网络拓扑示意图如图1-2所示。

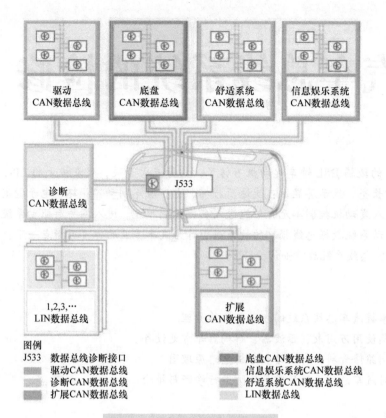

图1-1 大众轿车车载网络系统

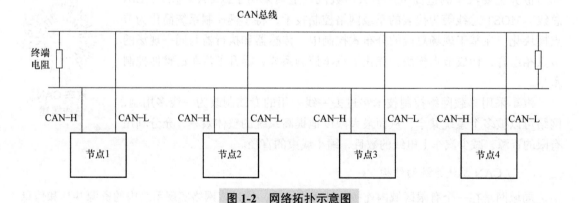

图1-2 网络拓扑示意图

1. 节点

CAN总线节点（汽车上的电控单元）一般由微处理器、CAN控制器、CAN收发器三部分组成，多个节点并联在总线导线上，所有节点的地位均相同，没有哪个节点有特权，信息交换是按顺序连续完成的。CAN总线节点示意图如图1-3所示。

1）微处理器。微处理器接收来自传感器的信号，将信号处理后再控制执行元件，同时根据需要将传感器的信息通过CAN发送给其他控制单元。

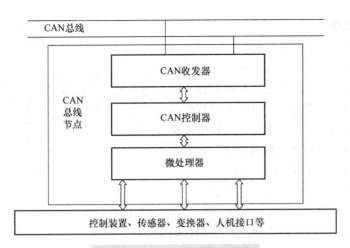

图1-3　CAN总线节点示意图

2）收发器。CAN收发器由1个CAN发送器和1个CAN接收器组成，它的作用是将CAN控制器提供的数据转换成CAN-BUS网络信号发送出去。同时，它也接收总线数据，并将数据传送到CAN控制器。其中，发送器把数据传输总线构件连续的比特流（逻辑电平）转换成电压值（线路传输电平），这个电压值适合铜导线上的数据传输；接收器则把电压信号转换成连续的比特流，这种比特流适合CPU处理。

图1-4所示为CAN总线系统节点的硬件电路图，从图中可以看出，电路主要由三部分构成，单片机89C51、独立CAN通信控制器SJA1000、CAN总线收发器82C250。单片机89C51负责SJA1000的初始化，通过控制SJA1000实现数据的接收和发送等通信任务。

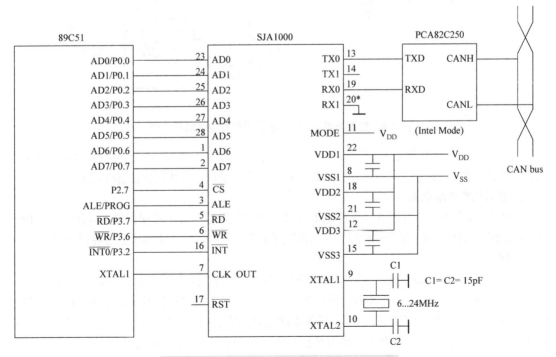

图1-4　CAN总线系统节点硬件电路原理图

2. 数据传输总线

数据总线（BUS）是节点（控制单元）之间运行数据传递的通道，如果一个控制单元既可以通过总线发送数据，又可以从总线接收数据，这样的总线就称为双向数据总线。汽车上的数据总线是一条或两条导线，如图1-5所示，数据传输总线大部分车型用的是两条双向数据线，分为高位（CAN-H）和低位（CAN-L）数据线。为了防止外界电磁波干扰和向外辐射，两条数据线缠绕在一起，要求至少每2.5cm就要扭绞一次，两条线上的电位是相反的，电压的和总等于常值。图1-6所示为克莱斯勒CCD系统采用的双绞线数据总线。

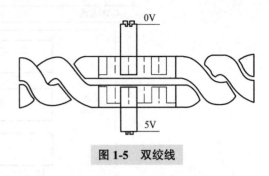

图1-5 双绞线

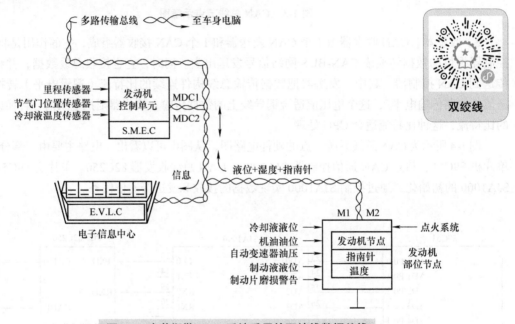

图1-6 克莱斯勒CCD系统采用的双绞线数据总线

如果数据传输总线系统出现故障，故障信息就会存入相应的控制单元故障存储器内，可以用诊断仪读出这些故障信息。用诊断仪读出数据总线故障记录后，可按这些信息准确地查寻故障。

3. 数据总线终端电阻

CAN-BUS数据总线两端通过终端电阻连接，终端电阻可以防止数据在到达线路终端后像回声一样返回，并因此而干扰原始数据，从而保证了数据的正确传送，终端电阻装在控制单元内。

4. 网关

1）功用：网关（Gateway）是一个翻译器。由于不同区域车载网络的速率和识别代号不同，一个信号要从一个总线区域进入另一个总线区域，必须对它的识别信号和速率进行改变，使之能够被另一个数据总线系统接收，这个任务由网关来完成。如图1-7所示，一汽迈腾轿车CAN-BUS由网关连接的系统，共设定了动力系统总线（驱动总线）、舒适系统总线、信息系统总线、仪表系统总线、诊断系统总线5个不同的区域。

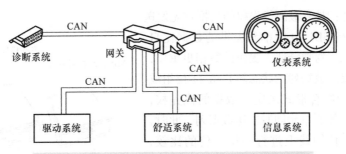

图1-7 一汽迈腾轿车CAN-BUS由网关连接的系统

2）安装位置：根据车辆的不同，网关可能安装在组合仪表内、车上供电控制单元内，或在自己的网关控制单元内。由于通过各种数据传输总线的所有信息都供网关使用，因此网关也用作诊断接口。

（二）CAN总线的数据传输原理

数据总线的数据传递像一个电话会议，一个电话用户（控制单元）将数据"讲"入网络中，其他用户通过网络"接听"这个数据，对这个数据感兴趣的用户就会利用数据，而其他用户则选择忽略。

（三）CAN总线的数据传递过程

CAN-BUS并没有制定数据接收者，数据在CAN-BUS传输过程中，可以被所有电控单元接收和计算，CAN-BUS的数据传递过程如图1-8所示。

1）提供数据：电控单元（节点）的微处理器向CAN控制器提供需要发送的数据。

2）发送数据：各电控单元（节点）收发器的发送器接收由CAN控制器传来的数据，转为CAN网络电信号，并发送到CAN-BUS上。

3）接收数据：各电控单元（节点）收发器的接收器从CAN-BUS上接收数据。

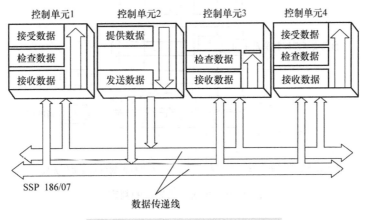

图1-8 CAN-BUS的数据传递过程

（四）CAN总线的传输仲裁

如果多个电控单元要同时发送各自的数据列，那么数据总线上就必然会发生数据冲突。为了避免发生这种情况，CAN-BUS就必须决定哪个控制单元的数据列首先进行发送，总线采用的传输仲裁原则是：具有最高优先权的数据首先发送。

例如：由 ABS/EDL 电控单元提供的数据比自动变速器控制单元（驾驶舒适）提供的数据更重要，因此它具有优先权。数据列的状态域是由 11 位组成的编码，其数据的组合形式决定了数据的优先权，如图 1-9 所示。3 个控制单元同时发送数据列，此时，在 CAN-BUS 数据传输线上进行一位一位的比较，如果 1 个控制单元发送了一个低电位而检测到一个高电位，那么该控制单元就停止发送数列而转为接收器。

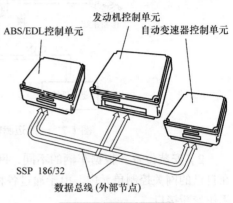

图 1-9 优先权判定

图 1-10 所示为数据列优先权的判定。例如，在数据列的状态域位 1，ABS/EDL 控制单元发送了一个高电位，发动机控制单元也发送了一个高电位，自动变速器控制单元发送了 1 个低电位而检测到 1 个高电位，那么自动变速器控制单元将失去优先权而转为接收器。在数据列的状态域位 2，ABS/EDL 控制单元发送了一个高电位，发动机控制单元发送了 1 个低电位并检测到一个高电位，那么，发动机控制单元也失去优先权而转为接收器。在数据列的状态域位 3，ABS/EDL 控制单元拥有最高优先权并接收分配的数据，该优先权保证其持续发送数据直至发送终了，ABS/EDL 控制单元发送数据结束后，其他控制单元再发送各自的数据。各控制单元的优先权顺序是 ABS/EDL 控制单元—发动机控制单元—自动变速器控制单元。

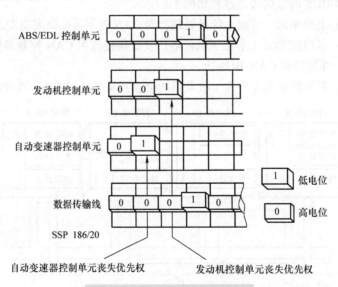

图 1-10 数据列优先权的判定

引导问题：汽车上采用了 CAN 总线，为什么还要使用 LIN 总线呢？

二、LIN 总线

LIN（Local Interconnect Network）总线是一种低成本的串行通信网络，其作用是为现有的汽车网络（CAN 总线）提供辅助功能，在不需要 CAN 总线的带宽和多功能的场合，LIN 总线可大大节省成本。LIN 总线的主要特征如下：

1）基于通用 UART 接口，几乎所有微控制器都具备 LIN 必需的硬件。
2）单线双向低速传送数据（最高 20kbit/s）。
3）单主控器/多从设备模式无须仲裁机制。
4）从节点不需晶振或陶瓷振荡器就能实现自同步，节省了从设备的硬件成本。
5）保证信号传输的延迟时间。
6）不需要改变 LIN 从节点的硬件和软件就可以在网络上增加节点。
7）通常一个 LIN 网络上节点数目小于 12 个，共有 64 个标志符。

（一）LIN 总线的应用

现代汽车电子系统已经实现了多路传输，使汽车上大量线路和内部连接被取消。在这种条件下，CAN 网络的电控单元间的连接虽然已是最优结构，但是一个电控单元和它的传感器和执行器之间的连接还不一定是多路传输的，如图 1-11 所示。

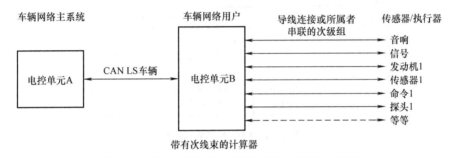

图 1-11　没有配备 LIN 总线的 CAN 网络结构图

引入 LIN 总线后，几乎所有的电控单元和其传感器、执行器之间的连接，都已经实现多路传输，车上各个 LIN 总线系统之间的数据交换是由控制单元通过 CAN 数据总线实现的，如图 1-12 所示。LIN 总线在汽车上的应用领域主要有防盗系统、自适应前照灯、氙气前照灯、驾驶人侧开关组件、外后视镜、中控门锁、电动天窗、空调系统的鼓风机、加热器控制等，车门 LIN 总线模块示意图如图 1-13 所示。

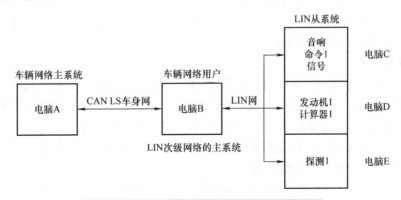

图 1-12　配备 LIN 总线的 CAN 网络结构图

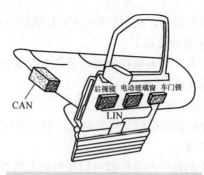

图 1-13　车门 LIN 总线模块示意图

（二）LIN 总线的结构

LIN 总线是主 / 从结构的网络，如图 1-14 所示。

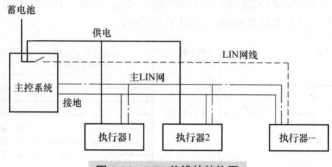

图 1-14　LIN 总线的结构图

1. LIN 主控单元

该控制单元连接在 CAN 数据总线上，它执行 LIN 的主功能。它的具体作用是：

1）监控数据传递和数据传递的速率，发送信息标题。

2）该控制单元的软件内已经设定了一个周期，这个周期用于决定何时将哪些信息发送到 LIN 数据总线上多少次。

3）该控制单元在 LIN 数据总线系统的 LIN 控制单元与 CAN 总线之间起"翻译"作用，它是 LIN 总线系统中唯一与 CAN 数据总线相连的控制单元。

4）通过 LIN 主控制单元进行与之相连的 LIN 从控制单元的自诊断。迈腾 B8 轿车空调系统的 LIN 总线子系统如图 1-15 所示。

2. LIN 从控单元

在 LIN 数据总线系统内，单个的控制单元或传感器及执行元件都可看作 LIN 从控单元。传感器内集成有一个电子装置，该装置对测量值进行分析。测量值是作为数字信号通过 LIN 总线传递的。LIN 执行元件都是智能型的电子或机电部件，这些部件通过 LIN 主控单元的 LIN 数字信号接受任务。LIN 主控单元通过集成的传感器来获知执行元件的实际状态，然后就可以进行规定状态和实际状态的对比。它的作用如下。

1）接收、传递或忽略从主控制系统接收到的信息标题的相关数据，可以通过一个"唤醒"信号来唤醒主系统。

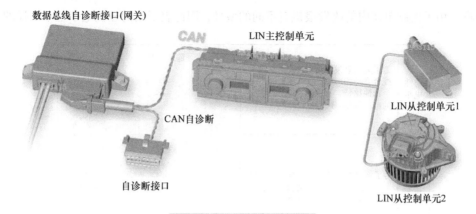

图 1-15　LIN 总线子系统

2）检查对所接收数据的检查总量。
3）对所发送数据的检查总量进行计算。

（1）传输媒体

LIN 网络一般使用一根单独的铜线作为介质。

（2）节点

一个 LIN 电控单元拥有一个统一的接口，以便于与其他 LIN 电控单元处理数据，LIN 节点的结构如图 1-16 所示，节点主要由 2 部分组成：协议控制器和线路接口，协议控制器集成在微控制器中的一个标准单位（UART）上实现，微控制器主要实现发送/接收 8 位字节、构成请求、接收和发送；线路接口主要负责将 LIN 总线的信号翻译成无干扰的信号进入 LIN 协议控制器，以及相反地将协议控制器的信号进行翻译传入 LIN 总线。

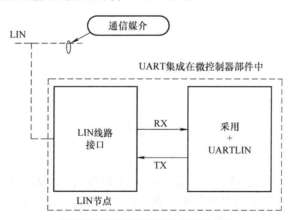

图 1-16　LIN 总线的节点结构

（3）信号

LIN 信号有隐性电平和显性电平，如图 1-17 所示。

隐性电平：如果无信息发送到 LIN 数据总线上，或者发送到 LIN 数据总线上的是一个隐性比特，那么数据总线导线上的电压就是蓄电池电压。

显性电平：为了将显性比特传到 LIN 数据总线上，发送控制单元内的接收/发送单元将数据总线导线接地。

注意：由于控制单元内的收发报机有不同的型号，因此表现出的显性电平是不一样的。

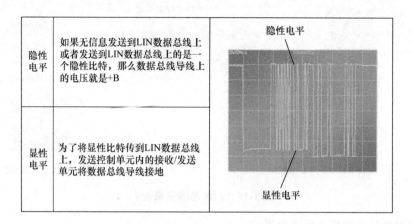

图 1-17　隐性电平和显性电平

LIN 数据总线信息包括同步暂停区、同步分界区、同步区和识别区（图 1-18）。

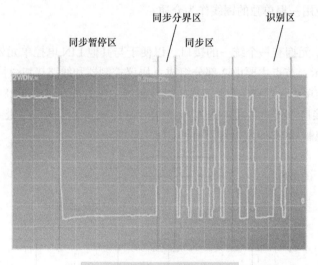

图 1-18　LIN 数据总线信息

（1）同步暂停区

同步暂停区的长度至少为 13 位（二进制的），它以显电平发送。这 13 位的长度是必需的，这样才能准确地通知所有的 LIN 从控制单元有关信息的起始点的情况。其他的信息是以最长为 9 位（二进制的）显位来一个接一个传递的。

（2）同步分界区

同步分界区至少为一位（二进制的）长，且为隐性。

（3）同步区

同步区由 0101010101 这个二进制位序构成，所有的 LIN 从控制单元通过这个二进制位序来与 LIN 主控制单元进行匹配（同步）。所有控制单元同步对于保证数据正确交换是非常必要的。如果控制单元失去了同步性，那么接收到的信息中的某一数位值就会发生错误，该错误会导致数据传递错误。

（4）识别区

识别区的长度为 8 位（二进制的），头 6 位是回应信息识别码和数据区的个数。回应数据区的个数在 0~8 之间。

以后的两位是校验位，用于检查数据传递是否有错误。当出现识别码传递错误时，校验位可防止与错误的信息适配。

> **引导问题**：汽车上音响的音质受电磁干扰等因素影响，有没有基于多媒体数据传输的总线呢？

三、MOST 总线

MOST（Media Oriented Systems Transport）总线是一种基于多媒体数据传输的网络系统，可连接汽车音响系统、视频导航系统、车载电视、高保真音频放大器、车载电话、多碟 CD 播放器等模块。MOST 总线数据传输速率最高可达 22.5Mbit/s，且没有电磁干扰。

1. MOST 总线传输速率

车载多媒体系统对数据传输速率要求高，数字式电视系统的最低数据传输速率要求 6Mbit/s，视频和音频数据是由 MOST 总线来传输的，CAN 总线只能用来传输控制信号。

2. MOST 总线结构

1）MOST 总线的拓扑结构：如图 1-19 所示，MOST 总线采用环形拓扑结构，控制单元通过光纤沿环形方向将数据发送到下一个控制单元，这个过程一直在持续进行，直至首先发出数据的控制单元又接收到这些数据为止。MOST 系统的故障诊断可通过数据总线自诊断接口和诊断 CAN 总线进行。

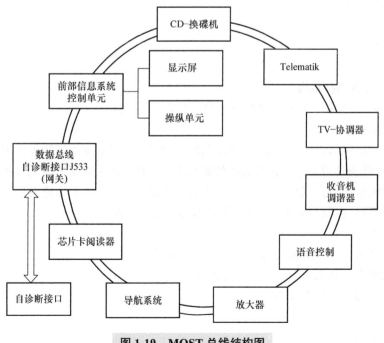

图 1-19 MOST 总线结构图

2）MOST 总线形态：在 MOST 总线中，所有的控制单元通过光纤连接成一个具有环形结构的网络，各个控制单元之间的连接通过沿一个方向传输的环形总线实现，一个控制单元有两根光纤，一根光纤用于发射器，另一根光纤用于接收器。

3. 信息帧结构

MOST 总线以 44.1kHz 的脉冲频率向环形总线上的控制单元发送信息帧，如图 1-20 所示，一个信息帧的大小为 64 字节，1 个字节为 8bit。

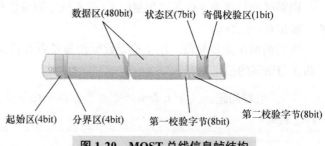

图 1-20　MOST 总线信息帧结构

> **引导问题**：目前通过 CAN 总线实现车联网的方式已经达到其效率的极限，什么总线将是 CAN 总线的替代标准呢？

四、FlexRay 总线

FlexRay 总线能在汽车电气与机械电子部件之间实现可靠、实时、高效的数据传输，以确保满足汽车网络技术的需要。FlexRay 总线可有效管理多重安全和舒适系统，为车内分布式网络系统的实时数据传输提供了有效协议，已成为汽车网络系统的标准。目前，通过 CAN 总线实现车联网的方式已经达到其效率的极限，FlexRay 总线将是 CAN 总线的替代标准。

1. FlexRay 总线数据传输速率

FlexRay 总线的最大数据传输速率为 10Mbit/s，明显高于以前在车身和动力传动系统/底盘方面所用的数据总线，具有以下优点：

1）数据传输速率高。
2）实时数据传输。
3）数据通信可靠。
4）支持系统集成。

2. FlexRay 总线拓扑结构

分线形总线拓扑结构、星形总线拓扑结构、混合总线拓扑结构。

3. 冗余数据传输

在容错性系统中，即使某一总线的导线断路，也必须确保数据能继续可靠传输，这一要求可通过在第二个数据通道上进行冗余数据传输来实现，具有冗余数据传输能力的总线系统使用两个相互独立的通道。每个数据通道都由一组双导线组成，一个数据通道发生故障时，该数据通道应传输的信息可在另一条没有发生故障的数据通道上传输。

4. 信号特性

FlexRay 总线信号必须在规定范围内，其电压范围如下：

1）系统接通时，如无通信，其电压为 2.5V。
2）高电平信号的电压为 3.1V。
3）低电平信号的电压为 1.9V。

5. 确定性数据传输

FlexRay 总线是一种时间触发式总线系统，它也可以通过事件触发方式进行部分数据传输。

在时间控制区域内，时隙分配给确定的信息（一个时隙是指一个规定的时间段，该时间段对特定信息开放），对时间要求不高的其他信息则在事件控制区域内传输，实时性数据传输用于确保时间触发区域内的每条信息都能实现实时传输。

6. 唤醒和休眠特性

处于休眠态的节点可以由总线事件唤醒。

7. 同步化

为了能够在联网控制单元内同步执行各项功能，需要有一个共同的时基，由于所有控制单元内部都是利用其自身的时钟脉冲发生器工作，必须通过总线进行时间匹配，控制单元测量某些同步位的持续时间，据此计算平均值并根据这个数值调整总线时钟脉冲，同步位在总线信息的静态部分中发送。

8. FlexRay 总线在汽车上的应用

BMW7 系车型通过 FlexRay 总线实现了汽车行驶动态管理系统和发动机管理系统的联网。

五、大众车系总线系统

以迈腾轿车为例，该系统设定为五个不同的区域，分别为动力（驱动）系统、舒适系统、信息系统、仪表系统、诊断系统 5 个局域网，如图 1-21 所示，5 个子局域网的传输速率见表 1-1，其中在 CAN 总线系统下还存在 LIN 总线系统，其传输速率为 20 kbit/s，整个 CAN 总线系统最大可承载 1000kbit/s。

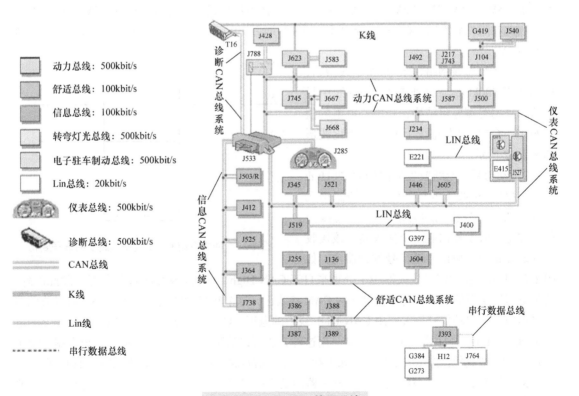

图 1-21 CAN-BUS 的子系统

表 1-1　CAN-BUS 的传输速率

序号	局域网总线	电源供电线	传输速率 /（kbit/s）
1	动力系统总线	15	500
2	舒适系统总线	30	100
3	信息系统总线	30	100
4	诊断系统总线	30	500
5	仪表系统总线	15	500

（一）动力系统总线

动力系统 CAN 总线主要由发动机控制单元、ABS 控制单元、ESP 控制单元、自动变速器控制单元、安全气囊控制单元、组合仪表控制单元等组成。

1）动力系统总线信号波形：为了提高数据传递的可靠性，动力系统总线的两条导线（双绞线）分别用于不同的数据传送，这两条线分别称为 CAN-High 线和 CAN-Low 线。在显性状态和隐性状态之间进行转换时，CAN 导线上的电压发生变化。

在隐性状态下，这两条导线上作用着相同的预先设定值，该值称为静电平。

对于动力系统 CAN 总线来说，这个值大约为 2.5V。静电平也称为隐性状态，因为连接的所有控制单元均可修改它。

在显性状态时，CAN-High 线上的电压值会升高一个预定值（对动力系统 CAN 总线来说，这个值至少为 1V），CAN-Low 线上的电压值会降低一个同样值（对动力系统 CAN 总线来说，这个值至少为 1V），于是，在动力系统 CAN 总线上，CAN-High 线就处于激活状态，其电压值不低于 3.5V（2.5V+1V=3.5V），而 CAN-Low 线上的电压值最多可降至 1.5V（2.5V−1V=1.5V）。

因此在隐性状态时，CAN-High 线和 CAN-Low 线的电压差为 0V；在显性状态时，该差值最低为 2V。

动力系统总线网络由 15 号供电线激活，传输速率 500kbit/s，是所有 CAN 总线中最高的，采用终端电阻结构，其中心电阻的值为 66Ω。CAN 数据总线上的信号变化波形如图 1-22 所示。

2）动力系统总线收发器内的 CAN-High 线和 CAN-Low 线上的信号转换：控制单元是通过收发器连接到动力系统 CAN 总线上的，在这个收发器内有一个接收器，该接收器安装在接收一侧的差动信号放大器内，如

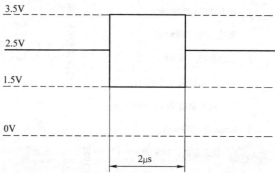

图 1-22　动力系统 CAN 数据总线上的信号变化

图 1-23 所示。差动信号放大器用于处理来自于 CAN-High 线和 CAN-Low 线的信号，除此以外，还负责将转换后的信号送至控制单元的 CAN 接收区，这个转换后的信号，称为差动信号放大器的输出电压。差动信号放大器用 CAN-High 线上的电压（UCAN-High）减去 CAN-Low 线上的电压（UCAN-Low），计算出输出电压差，用这种方法可以消除静电平（对于动力系统数据总线来说是 2.5V）或其他任意重叠的电压（如干扰），差动信号放大器内的信号处理如图 1-24 所示。

3）动力系统 CAN 总线差动信号放大器内的干扰过滤：由于数据总线也要布置在发动机舱内，所以数据总线就要遭受各种干扰，必须要考虑对地短路和蓄电池电压干扰、点火装置的火花放电干扰和静态放电干扰。

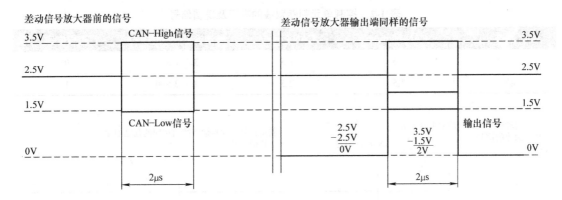

图 1-23　动力系统总线上的差动信号放大器

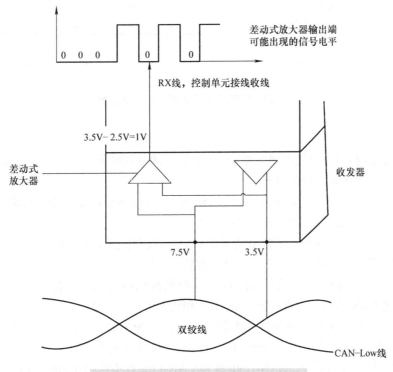

图 1-24　差动信号放大器内的信号处理

CAN-High 信号和 CAN-Low 信号经过差动信号放大器处理后，可最大限度地消除干扰的影响，即使车上的供电电压有波动（如起动发动机时），也不会影响各个控制单元的数据传递的可靠性，如图 1-25 所示。

在图 1-25 中，可清楚地看到这种传递的效果。由于 CAN-High 线和 CAN-Low 线是扭绞在一起的，所以干扰脉冲 X 就总是有规律地作用在两条线上。

由于差动信号放大器总是用 CAN-High 线上的电压（3.5V-X）减去 CAN-Low 线上的电压（1.5V-X），因此在经过差动处理后，（3.5V-X）-（1.5V-X）=2V，差动信号中就不再有干扰脉冲了。控制单元判断双线的电平及逻辑信号见表 1-2。

表 1-2　控制单元判断双线的电平及逻辑信号

状态	CAN-High/V	CAN-Low/V	差动输出信号电压 /V	逻辑信号
显性	3.5	1.5	3.5−1.5=2	0
隐性	2.5	2.5	2.5−2.5=0	1

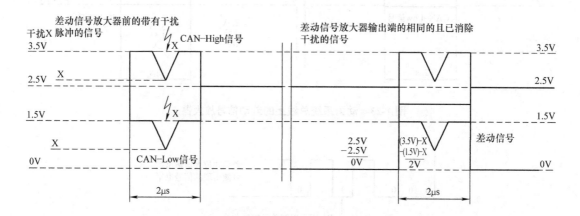

图 1-25　差动信号放大器内的干扰过滤

（二）舒适 / 信息系统总线

舒适 / 信息系统 CAN 总线的网络控制单元包括自动空调控制单元、车门控制单元、舒适控制单元、收音机和导航显示控制单元。

控制单元通过舒适 / 信息系统总线的 CAN-High 线和 CAN-Low 线来进行数据交换，如车门开 / 关、车内灯开 / 关、车辆位置（GPS）等。

由于使用同样的脉冲频率，所以舒适系统 CAN 总线和信息系统 CAN 总线可以共同使用一对导线，当然，前提条件是相应的车上有这两种数据总线。

1）舒适 / 信息系统 CAN 总线信号波形：为了使低速 CAN 总线抗干扰能力强且电流消耗低，舒适 / 信息系统 CAN 总线与动力系统 CAN 总线相比做了一些改动。

首先，由于使用了单独的驱动器（功率放大器），这两个 CAN 信号就不再有彼此依赖的关系。与动力系统 CAN 总线不同，舒适 / 信息系统 CAN 总线的 CAN-High 线和 CAN-Low 线不是通过电阻相连的，也就是说，CAN-High 线和 CAN-Low 线不再相互影响，而是彼此独立作为电压源来工作。在隐性状态（静电平）时，CAN-High 线信号电压为 0V，在显性状态时信号电压 ≥ 4V。对于 CAN-Low 线信号来说，隐性电平为 5V，显性电平 ≤ 1V，如图 1-26 所示。

于是，在差动信号放大器内相减后，隐性电平为 −5V，显性电平为 ≥ 3V，那么隐性电平和显性电平之间的电压变化（电压提升）提高到 ≥ 8V。VAS5051 上的数字存储式示波器（DSO）上显示的舒适 / 信息系统总线波形图（静态）如图 1-27 所示。

2）舒适 / 信息系统 CAN 总线的 CAN 收发器：舒适 / 信息系统 CAN 总线收发器的结构如图 1-28 所示，其工作原理与动力系统 CAN 总线收发器基本是一样的。只是输出的电压电平和出现故障时切换到 CAN-High 线和 CAN-Low 线的方法（单线工作模式）不同。另外，CAN-High 线和 CAN-Low 线之间的短路会被识别出来，并且在出现故障时会关闭 CAN-Low 驱动器，在这种情况下，CAN-High 线和 CAN-Low 线信号是相同的。

项目一 汽车总线系统的检修 17

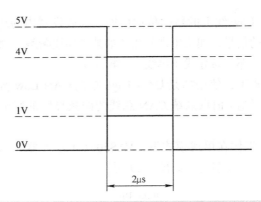

图1-26 舒适/信息系统CAN总线信号电压变化

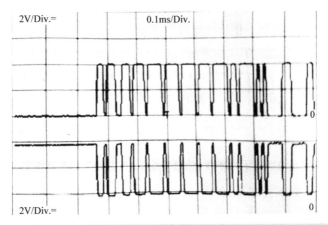

图1-27 VAS5051上的示波器显示的舒适/信息系统CAN总线波形图（静态）

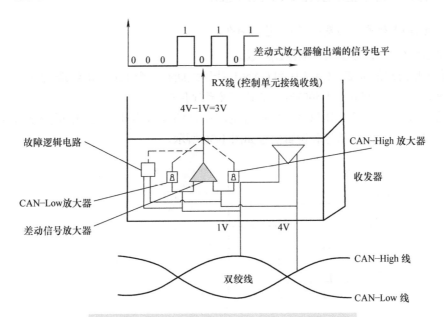

图1-28 舒适/信息系统CAN总线收发器的结构

CAN-High 线和 CAN-Low 线上的数据传递由安装在收发器内的故障逻辑电路监控,故障逻辑电路检验两条导线上的信号,如果出现故障(如某条导线断路),那么故障逻辑电路会识别出该故障,从而使用完好的那一条导线(单线工作模式)。

3)在正常的工作模式下,使用的是 CAN-High 减去 CAN-Low 所得的信号(差动数据传递),这样就可将故障对舒适/信息系统 CAN 总线的两条导线的影响降至最低(与动力系统 CAN 总线是一样的)。

例如,现在收发器是工作在单线模式下,VAS5051 上示波器显示的舒适/信息系统 CAN 总线工作在单线模式下的波形(静态)如图 1-29 所示。

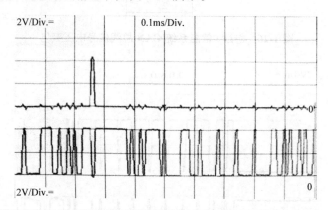

图 1-29 VAS5051 上示波器显示的舒适/信息系统 CAN 总线工作在单线模式下的波形(静态)

项目实施

一、迈腾 B8 轿车驱动系统 CAN 总线检测

(一)迈腾 B8 轿车驱动系统 CAN 总线简介

1)驱动系统 CAN 数据网由双绞线组成。

2)在数据总线的末端,CAN-H 和 CAN-L 线路之间有一个 120Ω 的终端电阻。

3)数据符号(1 和 0)以 500kbit/s 的速率按顺序传输。

4)通过总线传输的数据用 CAN-H 信号电压和 CAN-L 信号电压之间的电压差来表示。迈腾 B8 轿车驱动系统 CAN 信号和逻辑信号如图 1-30 所示。

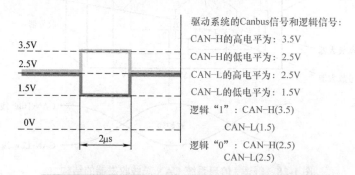

图 1-30 迈腾 B8 轿车驱动系统 CAN 信号和逻辑信号

在两个线路总线处于静止时，CAN-H 和 CAN-L 信号线路未被驱动，这代表逻辑"0"。在此状态下，两个信号线路电压均为 2.5V，电压差约为 0V。

当传输逻辑"1"时，CAN-H 信号线路电压被拉高至大约 3.5V，且 CAN-L 信号线路电压被拉低至约 1.5V，电压差约为 2.0（+/-0.5）V。

（二）驱动系统 CAN 总线的检测

因为不同模块的驱动系统 CAN 总线及信号检测方法基本一致，所以，此处只针对发动机控制单元 J623 的 CAN 总线进行检测。迈腾 B8 轿车驱动系统 CAN 总线电路图如图 1-31 所示。

驱动 CAN 检测

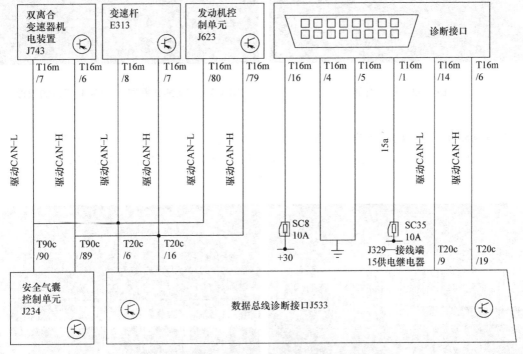

图 1-31　迈腾 B8 轿车驱动系统 CAN 总线电路图

1. 驱动系统 CAN 总线的常见故障（表 1-3）

表 1-3　驱动系统 CAN 总线的常见故障

CAN-H	CAN-L
断路	断路
对搭铁短路	对搭铁短路
对 +B 短路	对 +B 短路
CAN-H 和 CAN-L 相互短路	

CAN-H 和 CAN-L 总线波形需要用示波器检测，下面列出了 CAN-H 和 CAN-L 总线正常及各种故障情况下的检测波形。

1）正常波形如图 1-32 所示。

2）CAN-H 断路、CAN-L 正常。示波器诊断 CAN-H、CAN-L 波形如图 1-33 所示。

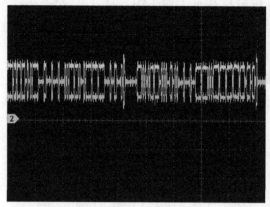

图 1-32　正常波形

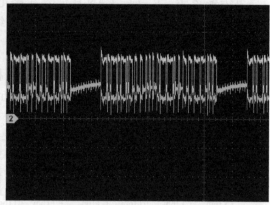

图 1-33　CAN-H 断路、CAN-L 正常的波形

3）CAN-H 正常、CAN-L 断路。示波器诊断 CAN-H、CAN-L 波形如图 1-34 所示。
4）CAN-H 对地短路、CAN-L 正常。示波器诊断 CAN-H、CAN-L 波形如图 1-35 所示。

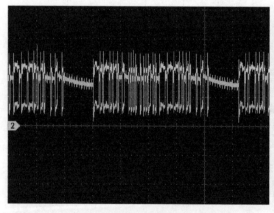

图 1-34　CAN-H 正常、CAN-L 断路的波形

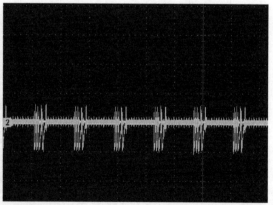

图 1-35　CAN-H 对地短路、CAN-L 正常的波形

5）CAN-H 正常，CAN-L 对地短路。示波器诊断 CAN-H、CAN-L 波形如图 1-36 所示。
6）CAN-H、CAN-L 对地短路。示波器诊断 CAN-H、CAN-L 波形如图 1-37 所示。
7）CAN-H 正常，CAN-L 对 5V 短接。示波器诊断 CAN-H、CAN-L 波形如图 1-38 所示。
8）CAN-H 与 CAN-L 互相短路。示波器诊断 CAN-H、CAN-L 波形如图 1-39 所示。

2. CAN-H 或 CAN-L 总线断路

若 CAN-H 或 CAN-L 总线断路，则关闭点火开关，断开 CAN-H 或 CAN-L 总线连接部件，用万用表检测导线的导通情况，找到故障点。

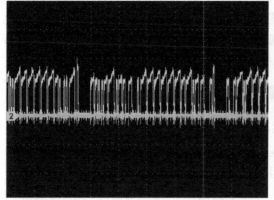

图 1-36 CAN-H 正常、CAN-L 对地短路的波形

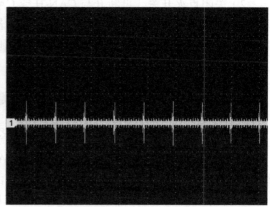

图 1-37 CAN-H、CAN-L 对地短路的波形

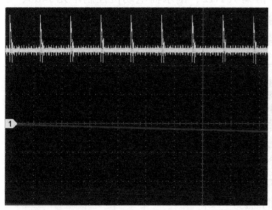

图 1-38 CAN-H 正常，CAN-L 对 5V 短接的波形

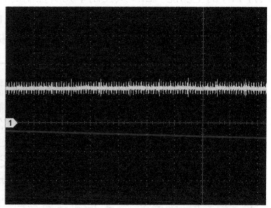

图 1-39 CAN-H 与 CAN-L 互相短路的波形

3. CAN-H 或 CAN-L 总线对地短路

若 CAN-H 或 CAN-L 总线对地短路，按以下步骤进行：

1）关闭点火开关，首先断开与 CAN-H 或 CAN-L 总线连接的一个部件，用万用表检测 CAN-H 或 CAN-L 总线对地电阻，若为无穷大，则说明断开的部件内部对地短路；若小于 1Ω，则进行下一步。

2）再断开与 CAN-H 或 CAN-L 总线连接的另一部件，用万用表检测 CAN-H 或 CAN-L 总线对地电阻，若为无穷大，则说明刚刚断开的部件内部对地短路；若小于 1Ω，则继续断开与 CAN-H 或 CAN-L 总线连接的部件，重复上述检测，直到断开 CAN-H 或 CAN-L 上连接的所有部件。若 CAN-H 或 CAN-L 连接的部件无对地短路的，则为 CAN-H 或 CAN-L 线路对地短路。

4. CAN-H 或 CAN-L 总线对电源短路

若 CAN-H 或 CAN-L 总线对电源短路，则按以下步骤进行：

1）关闭点火开关，首先断开与 CAN-H 或 CAN-L 总线连接的一个部件，打开点火开关，用万用表检测 CAN-H 或 CAN-L 总线对地电压，若为 0V，则说明断开的部件内部对电源短路；

若仍为电源电压,则进行下一步。

2)关闭点火开关,再断开与 CAN-H 或 CAN-L 总线连接的另一部件,打开点火开关,用万用表检测 CAN-H 或 CAN-L 总线对地电压,若为 0V,则说明刚刚断开的部件内部对 12V 电源短路;若仍为电源电压,重复上述检测,直到断开 CAN-H 或 CAN-L 上连接的所有部件。若 CAN-H 或 CAN-L 连接的部件无对电源短路的,则为 CAN-H 或 CAN-L 线路对电源短路。

二、迈腾 B8 轿车舒适系统 LIN 总线检测

(一)迈腾 B8 轿车舒适系统 CAN 和 LIN 总线简介

迈腾 B8 轿车舒适系统总线由舒适系统 CAN 总线和舒适系统 LIN 总线组成,如图 1-40 所示。B8 舒适系统 CAN 总线由多个控制单元相互连接,实现数据传输和共享,同时通过数据总线诊断接口 J533 和其他 CAN 总线通信,并通过数据总线诊断接口 J533 对外进行数据发送以及接收。

舒适 CAN 波形检测

车载电网控制单元 J519 是舒适系统 LIN 总线的主控制单元,它连接在 CAN 数据总线上,执行 LIN 的主功能。LIN 从控制单元所控制的包括喇叭 H12、刮水器电动机控制单元 J400、车灯开关 E1、雨水与光线识别传感器 G397、左前部座椅靠背风扇 1 V512、左前部座椅风扇 1 V514、右前部座椅靠背风扇 1 V516、右前部座椅风扇 1 V518 等。

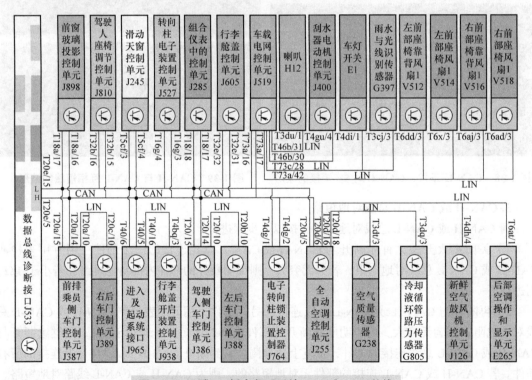

图 1-40 迈腾 B8 轿车舒适系统 CAN 和 LIN 总线

(二)迈腾 B8 轿车舒适系统 LIN 总线检测

1. 用示波器检测波形

检测前确保插接器、紧固件连接可靠,无锈蚀、无破损。

项目一 汽车总线系统的检修 | 23

以迈腾 B8 电动车窗中驾驶人侧车门控制单元 J386 和左后侧车门控制单元 J388 之间 LIN 总线的检测为例，LIN 总线检测需要用示波器。驾驶人侧车门控制单元 J386 和左后侧车门控制单元 J388 电路图如图 1-41 所示。

LIN 总线正常波形如图 1-42 所示；LIN 总线断路，J386 端波形如图 1-43 所示，J388 端没有波形；LIN 总线对地短路波形如图 1-44 所示；LIN 总线对 5V 电源短路波形如图 1-45 所示；LIN 总线与接地之间串联 500Ω 电阻波形如图 1-46 所示。

LIN 线检测

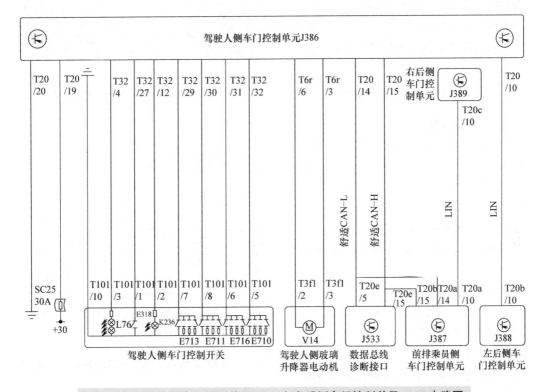

图 1-41　驾驶人侧车门控制单元 J386 和左后侧车门控制单元 J388 电路图

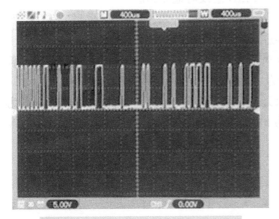

图 1-42　J386 与 J388 LIN 总线正常

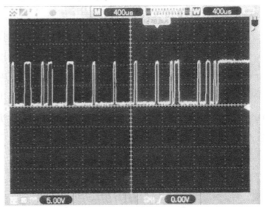

图 1-43　LIN 总线断路，J386 端波形

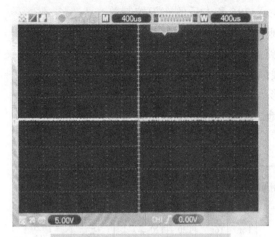

图 1-44　LIN 总线对地短路波形

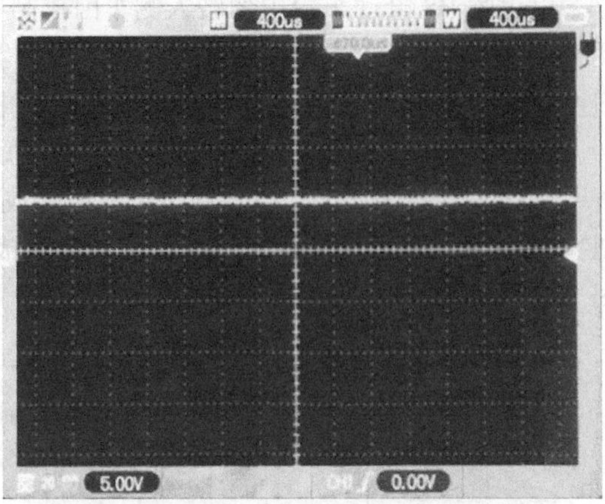

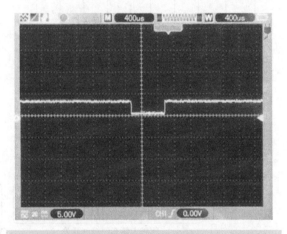

图 1-45　LIN 总线对 5V 电源短路波形

2. LIN 总线断路

若 LIN 总线断路，则关闭点火开关，断开 J386 和 J388 LIN 总线两端连接部件，用万用表检测 J386 和 J388 LIN 导线的导通情况，找到故障点。

3. LIN 总线对地短路

若 LIN 总线对地短路，则按以下步骤进行：

1）关闭点火开关，首先断开 J388，用万用表检测 LIN 总线对地电阻，若为无穷大，则说明 J388 内部对地短路；若小于 1Ω，则进行下一步。

2）再断开 J386，用万用表检测 LIN 总线对地电阻，若为无穷大，则说明 J386 内部对地短路；若小于 1Ω，则说明 J386 和 J388 之间 LIN 总线对地短路。

图 1-46　LIN 总线与接地之间串联 500Ω 电阻波形

4. LIN 总线对 5V 电源短路

若 LIN 总线对 5V 电源短路，则按以下步骤进行：

1）关闭点火开关，首先断开 J388，打开点火开关，用万用表检测 LIN 总线对地电压，若为 0V，则说明 J388 内部对 5V 电源短路；若仍为 5V，则进行下一步。

2）关闭点火开关，再断开 J386，打开点火开关，用万用表检测 LIN 总线对地电压，若为 0V，则说明 J386 内部对 5V 电源短路；若仍为 5V，则说明 J386 和 J388 之间 LIN 总线对 5V 电源短路。

复习思考题

一、填空题

1. CAN 总线节点一般由_____、_____、_____三部分组成。
2. 数据总线又称为_____线。
3. CAN 数据总线可对数据进行_____向传输,两条线分别被称为_____和_____,两条线绕在一起,所以被称为_____线,其目的是为了防止_____和_____。
4. CAN 总线为_____方式工作,网络上任一节点均可在任意时刻主动地向网络上其他节点发送信息。
5. LIN 总线采用_____模式工作,_____需总线仲裁机制。

二、判断题

1. 在 CAN 总线数据报文中,其总线上的节点分成不同的优先级。（ ）
2. 在 CAN 总线上的车载网络结构中,其节点数目实际上是没有限制的。（ ）
3. 在 CAN 总线报文中,对信息帧没有检错机制。（ ）
4. 在 CAN 总线中,位速率越高,传输距离越远。（ ）
5. 在 LIN 总线中,数据总线可采用单线。（ ）
6. CAN 总线到目前还没有成为国际标准。（ ）

三、简答题

1. 说明 CAN 总线的数据传输过程。
2. LIN 主控单元和从控单元分别有什么作用？
3. 简述 MOST 总线的结构。
4. 简述 FlexRay 总线的优点和信号特性。
5. 说明大众车型网络结构和工作原理。

项目二 汽车空调系统的检修

项目导入

天气变热了，一位客户开车到4S店反映他的爱车冬天时空调取暖挺好，可夏天空调不出凉风了。作为汽车专业的你可否指点一下：空调取暖和制冷系统分别是如何工作的？空调不制冷怎么维修？

项目目标

1）能够掌握汽车空调制冷系统的组成和工作原理。
2）会正确使用万用表、解码器等常见设备。
3）会用歧管压力表检测空调系统故障。
4）会对制冷系统抽真空及加注制冷剂。
5）能够对汽车空调系统的常见故障进行诊断与排除。

相关知识

一、汽车空调系统概述

汽车空调系统（Air Condition，AC）是实现对车厢内空气进行制冷、加热、换气和空气净化的装置。它可以为乘车人员提供舒适的乘车环境，降低驾驶人的疲劳程度，提高行车安全性。

汽车空调系统概述

1. 汽车空调系统的功用

现代汽车空调有四种功能，每一种功能都是为了使乘客感到舒适、安全。

1）调节车内温度。它既能加热空气（加热装置），也能冷却空气（制冷装置），可以把车厢内温度控制到舒适的水平。

2）调节车内湿度。通过制冷装置冷却降温，去除空气中的水分，再由取暖装置升温以降低空气的相对湿度。只有冷暖一体化空调才能对车内湿度进行适量调节。

3）调节车内的空气流动。能调节风的流向和流速。空气的流速和方向对人体舒适性影响很大。夏季，舒适的气流速度一般是 0.25m/s；冬季，舒适的气流速度一般为 0.15～0.20m/s；冷风吹到乘员头部，暖风吹到乘员脚部。

4）过滤、净化车内空气：①空调可吸入新风，具有通风功能。②过滤车内空气，排除空气中的灰尘和花粉。

2. 汽车空调系统的类型

（1）按驱动方式分

1）独立式。专用一台发动机驱动空调压缩机，制冷量大，工作稳定，但成本高，体积及重量大，多用于大、中型客车。

2）非独立式。空调压缩机由汽车发动机驱动，制冷性能受发动机工况影响较大，稳定性差，多用于小型客车和轿车。

（2）按空调性能分

1）单一功能型：将制冷、供暖、通风系统各自安装、单独操作，互不干涉，多用于大型客车和载货汽车上。

2）冷暖一体式：制冷、供暖、通风共用鼓风机和风道，在同一控制板上进行控制，工作时可分为组合式（冷暖风分别工作）和混合调温式（冷暖风可同时工作）。轿车多用混合调温式。

（3）按控制方式分

1）手动式：手动拨动控制板上的功能键对温度、风速、风向进行控制，不能设定车内空调的具体温度。优点是成本低，机械式操控，结构简单；缺点是操纵负载大，不能精确控制，与高档内饰不协调。

2）半自动式。不能精确控温，可以自动调节风门。优点是操纵负载小，可以自动控制，成本适中；缺点是无法精确控温，风速需自己调节。

3）自动式。包括车内温度和湿度自动调节、回风和送风模式自动控制，以及运转方式和换气量自动控制等功能。电控单元将根据驾驶人或乘客通过空调显示控制面板上的按钮进行的设定，使空调系统自动运行，并根据各种传感器输入的信号，对送风温度和送风速度及时地进行调整，使车内的空气环境保持最佳状态。优点是智能化恒温控制，舒适性极佳，操作运行可视化，负载小；缺点是成本高。

3. 汽车空调系统的组成

汽车空调系统由制冷系统、加热取暖系统、通风系统、操纵控制系统和空气净化系统组成。

1）制冷系统。制冷系统采用蒸气压缩式的制冷原理对车内的空气进行冷却。作为冷源的蒸发器，其温度低于空气的露点温度，因此，制冷系统还有除湿和净化空气的作用。

2）加热取暖系统。一般轿车空调不单独设置热源，而是通过把发动机的冷却液引入加热器，利用鼓风机对空气进行加热。加热系统还可以对前风窗玻璃进行除霜。

3）通风系统。通风系统包括鼓风机、风道、风门、出风口等，它把车外的新鲜空气引入车内。通过排风口把车内的污浊空气排出车外。

4）操纵控制系统。操纵控制系统一般由电气系统、真空系统和操纵装置组成，它对制冷系统和加热系统进行控制，同时对车内的空气温度、风量、流向进行操纵，保证空调系统正常工作。

5）空气净化系统。空气净化系统一般由空气滤清器、排风口、电气集尘器、离子发生器等组成。它对被引入的车外空气进行过滤，不断排出车内的污浊气体，保证车内空气清洁。

> 引导问题：汽车的冷气从哪里来？暖气从哪里来？有人说冷气好像家里的空调制冷，暖气好像家里冬天的供暖。真实情况是这样吗？

二、汽车空调制冷系统

1. 汽车空调制冷系统的组成

如图2-1所示，汽车空调制冷系统包括空调压缩机、冷凝器、储液罐（现在汽车基本都是和冷凝器一体的）、蒸发器、空调管路、膨胀阀等。随着汽车

汽车空调制冷系统的组成

空调技术的发展，现在蒸发器、膨胀阀基本上都集成在空调 HVAC 上了，HVAC 除了这两个，还集成了鼓风机、暖风装置及空调系统各类传感器和执行器等。

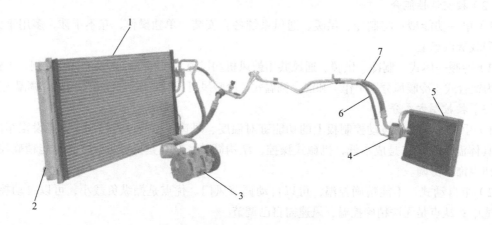

图 2-1 汽车空调制冷系统组成图

1—冷凝器 2—储液干燥器 3—压缩机 4—膨胀阀 5—蒸发器 6—高压管 7—低压管

2. 汽车空调制冷系统的工作原理

空调制冷系统的工作是制冷剂不断汽化和液化的过程，以压缩机和膨胀阀为界，可以把整个制冷循环分为高、低压两个部分，详细过程可以通过图 2-2 进行了解。制冷剂在系统的循环过程可以分为 4 个工作过程，具体如下：

汽车制冷系统工作原理

1）压缩过程。蒸发器处理后的低温低压（0℃、0.15~0.2MPa）的制冷剂气体，经过压缩机吸入并压缩成高温高压（70℃、1.0~1.5MPa）的气体，然后输入到冷凝器。

2）冷凝过程。高温高压的制冷剂气体进入冷凝器散热，由于温度的降低，制冷剂气体冷凝成液体（40℃、1.0~1.2MPa），并放出大量的热到外界大气中。

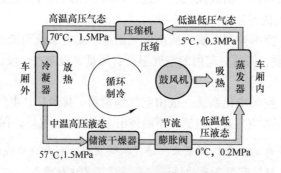

图 2-2 制冷剂流向与状态变化

3）膨胀过程。中温高压的制冷剂液体通过膨胀装置后体积变大，压力和温度急剧下降（-5℃、0.15~0.2MPa），以雾状（细小液滴）排出膨胀阀。这是制冷剂高、低压的分界线，膨胀阀还具有节流的作用。

4)蒸发过程。雾状制冷剂液体进入蒸发器,因此时制冷剂沸点远低于蒸发器内温度,故制冷剂液体蒸发成气体(0℃、0.15~0.2MPa)。在蒸发过程中大量吸收周围的热量,而后低温低压的制冷剂蒸气又进入压缩机。

上述过程周而复始地进行下去,便可达到降低蒸发器周围空气温度的目的。与此同时,鼓风机将冷空气抽进车内,并将车内热空气排出,从而使车内温度降低,取得制冷效果。

3. 空调制冷系统的主要部件

(1)压缩机

压缩机的作用是将从蒸发器出来的低温、低压的气态制冷剂通过压缩转变为高温、高压的气态制冷剂,并将其送入冷凝器。压缩机是制冷循环系统的动力源。目前,在汽车空调系统中所采用的压缩机有多种类型,比较常见的有斜盘式压缩机、叶片式压缩机、涡旋式压缩机、曲轴连杆式压缩机等。此外,压缩机还可分为定排量和变容量两种形式,变容量压缩机可根据空调系统的制冷负荷自动改变排量,使空调系统运行更加经济。

1)曲轴连杆式压缩机:曲轴连杆式压缩机是一种早期应用较为广泛的压缩机,现在大、中型客车中仍然使用。它的结构与发动机相似,一般采用双缸结构,每缸上方装有进、排气阀片。

此类压缩机由曲轴连杆驱动活塞在气缸内往复运动,改变了气缸容积,从而在制冷系统中起到了压缩和输入制冷剂的作用。压缩机的工作分为吸气、压缩、排气三个过程。活塞下行时进气阀开启,制冷剂进入气缸,活塞上行时,制冷剂被压缩,当达到一定压力时,排气阀打开,制冷剂排出。

2)斜盘式压缩机:斜盘式压缩机是一种轴向往复活塞式压缩机。目前它在汽车空调压缩机中应用最为广泛。

① 工作原理:斜盘式压缩机又称为斜板式、双向旋转斜面式、回转斜盘式压缩机。它的基本原理是将带轮的旋转运动通过主轴和斜盘转换为活塞的往复运动,其工作示意图如图2-3所示。它的活塞为双头活塞,可以在各自相对的气缸(一前一后)中滑动。

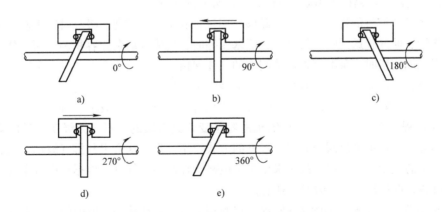

图2-3 斜盘式压缩机工作示意图

a)活塞处于初始位置 b)左缸压缩、右缸膨胀 c)左缸排气、右缸吸气
d)左缸膨胀、右缸压缩 e)左缸吸气、右缸排气

压缩机轴旋转时,轴上的斜盘同时驱动所有的活塞运动,部分活塞向左运动,部分活塞向右运动。图中的活塞在向右运动中,活塞右侧的空间缩小,制冷剂被压缩,压力升高,打开排

气阀，向外排出，与此同时，活塞左侧空间增大，压力减小，进气阀开启，制冷剂进入气缸。由于进、排气阀均为单向阀结构，所以可保证制冷剂不会倒流。

② 主要结构：斜盘式压缩机通常在机体圆周方向上布置有 6 个或者 10 个气缸，每个气缸中安装一个双向活塞形成 6 缸机或 10 缸机，每个气缸两头都有进气阀和排气阀，如图 2-4 所示。

斜盘固定在主轴上，活塞内部的钢球将斜盘的旋转运动转换为活塞的直线运动。前后盖上都有各自相同的进气腔和排气腔，进、排气腔用阀垫隔开。如图 2-5 所示。

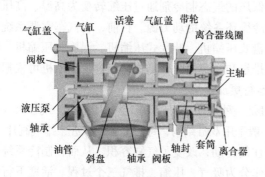

图 2-4　斜盘式压缩机结构　　　　　图 2-5　斜盘式压缩机进、排气腔

3) 变容量斜盘式压缩机：斜盘式压缩机实现容量变化的形式很多，但原理相差不大，都是采用电磁阀来调节气缸内余隙容积大小，使排气量发生变化，从而达到调节制冷量大小的目的。如有的 6 缸斜盘式压缩机每缸均配有一个余隙容积调节阀，使用一个三通电磁阀控制，也有用多个电磁阀控制 6 个缸的排气量。

正常负荷工作时，电磁阀与排气腔工作管接通，高压气体将余隙容积调节阀向右推，直至将阀口堵住。此时，压缩机为 100% 负荷，即正常的排气量。

当需要降低压缩机的排气量时，电磁阀与回气管和工作管相通。吸气时原来左端的高压气体通过工作管、回气管送到吸气气缸。在活塞压缩时，气体推动余隙容积调节阀左移，留下一个空间。当压缩完毕时，余隙容积调节阀内的气体保留下来。当活塞右移时，余隙容积调节阀内的高压气体首先膨胀，这样就减少了气缸的吸气量和排气量，相应功耗也减小。至于每缸排气量的减少量，一般按设计余隙容积减小 75% 来设计，相应功耗可减小 50%。

由上述过程可以看出，斜盘式压缩机的容量变化是有级的，不如无级变容量的输气质量好。与此同时，采用单电磁阀控制多个气缸的方式也不合理，这会引起排气波动太大，相应地引起制冷量的急剧变化。所以，最好采用多个电磁阀控制多个气缸，根据车内或车外温度来决定变容的缸数，但这样控制结构就很复杂。

丰田车系变容量压缩机如图 2-6 所示。它的基本组成包括柱塞、电磁阀、电磁线圈、单向阀、排出阀等。

电磁阀不通电→克服弹簧弹力，a 孔打开，b 孔关闭→柱塞向左移动→10 个缸都工作，如图 2-6a）所示。电磁阀通电→电磁阀在磁场力的作用下下移→将 a 孔关闭，打开 b 孔→柱塞在弹簧力作用下向右移动→排出阀离开阀盘→5 个缸工作→单向阀在压力差作用下被吸出，关闭高压气体通道。

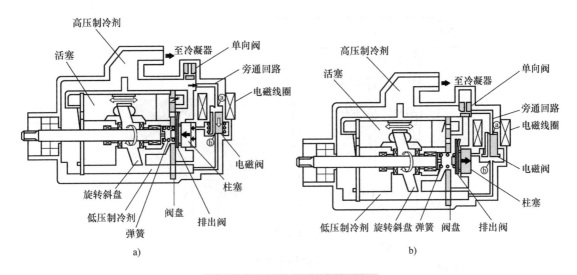

图 2-6 丰田车系变容量压缩机
a）全容量输出 b）半容量输出

现在，汽车空调多采用空调控制单元通过对电磁阀占空比调节，来控制压缩机斜盘倾斜位置，从而控制压缩机排量及制冷剂输出压力。图 2-7 所示为大众斜盘压缩机，该压缩机采用斜盘控制压力进行压缩，压缩机的输出压力由调节电磁阀 N280 控制，空调压缩机的电路图如图 2-8 所示，空调控制单元通过对电磁阀 N280 的占空比调节来控制压缩机斜盘倾斜位置，从而决定了压缩机排量及制冷剂输出压力。在制冷功能被关闭后，多楔带仍然驱动压缩机连续运转，制冷剂流量被相应降低至 2%。空调控制单元根据所需温度、外部与内部温度、蒸发器温度以及制冷剂压力的变化，对电磁阀 N280 的占空比进行控制，占空比越大，压缩机输出负荷越大（图 2-9）。

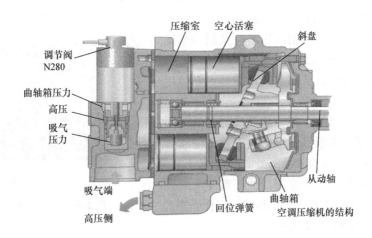

图 2-7 大众斜盘压缩机

4）压缩机的润滑：压缩机润滑方式有两种，一种是采用油泵强制润滑，用于豪华型轿车和豪华小型客车，具有较大的制冷量；另一种设有油池，没有油泵，依靠冷冻润滑油和制冷剂一起循环，在吸气腔内因压力和温度下降而分离出的冷冻润滑油来润滑压缩机各组件。

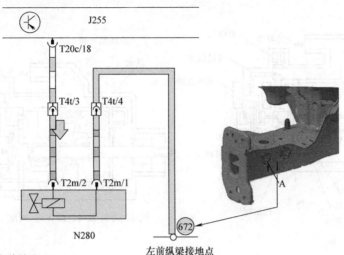

部件说明：
J255：空调控制单元　　N280：压缩机调节电磁阀　　T2m/2：J255提供控制电压
T2m/1：搭铁线　　(672)：搭铁点，左前纵梁上

图 2-8　大众车型空调压缩机电路图

空调压缩机使用的润滑油称为冷冻润滑油或冷冻机油，是一种在高、低温状况下均能正常工作的特殊润滑油。冷冻润滑油的品种、规格、数量是否合适，对空调制冷系统的制冷效果及压缩机寿命有极大的影响。

① 冷冻润滑油的作用：

a. 润滑。冷冻润滑油可以减少压缩机运动部件的摩擦和磨损，延长机组的使用寿命。

b. 冷却。冷冻润滑油在制冷压缩机及制冷系统内不断循环，及时带走压缩机工作时产生的热量，使机械保持较低的温度，从而提高压缩效率和使用可靠性。

c. 密封。冷冻润滑油在各轴承及气缸与活塞间形成油封，防止制冷剂泄漏，也可在管接头的结合面涂上冷冻润滑油，以提高管接头处的密封性。

d. 降低压缩机噪声。冷冻润滑油不断冲洗摩擦表面，带走磨屑，减少磨损，降低压缩机工作噪声。

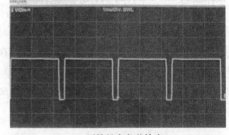

压缩机大负荷输出

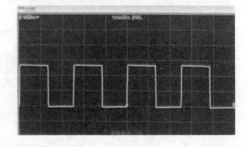

压缩机小负荷输出

图 2-9　空调压缩机控制信号

② 冷冻润滑油的种类及选择：

a. 种类。国产冷冻润滑油的牌号有 4 种，即 13 号、18 号、25 号、30 号。牌号越大，其黏度也越大。进口冷冻润滑油一般有 SUNISO、3GS、4GS、5GS 等牌号。

b. 选择。选择冷冻润滑油时，要充分考虑空调压缩机内部冷冻润滑油的工作状态，如吸、排气温度等。根据冷冻润滑油的特性，在实际选用时，应以低温性能为主来选择，但也要适当考虑对热稳定性的影响。汽车空调制冷系统一般选择国产的 18 号、25 号冷冻润滑油或进口的 SUNISO、5GS 冷冻润滑油。

③ 冷冻润滑油使用注意事项：

a. 不同牌号的冷冻润滑油不能混用，否则会变质。

b. 不能使用变质浑浊的冷冻润滑油，否则会影响压缩机正常运转。

c. 冷冻润滑油易吸水，加注操作后应马上将封盖拧紧。

d. 加注制冷剂时，应先加冷冻润滑油，然后再加注制冷剂。

e. 排放制冷剂时要缓慢进行，以免冷冻润滑油和制冷剂一起喷出。

f. 更换制冷系统部件时，应适当补充一定量的冷冻润滑油。且不能过量，否则会影响制冷系统的制冷量。

5）压缩机检测：准备工作：接上歧管压力表，使发动机工作在 2000r/min 左右，检测项目如下。

① 压缩机工作时，检查是否有金属撞击声；若有，则应更换压缩机总成。

② 检查空调系统压力，高、低压表读数是否在正常范围内。

③ 检查压缩机轴的油封部分是否有制冷剂渗漏，若有，应更换油封或更换压缩机总成。

> **技师经验**
>
> 汽车空调正常运行时，用手触摸压缩机进、出口管路，应该有明显温差，即进口管路比较冷，而出口管路非常烫，否则说明系统缺少制冷剂压缩机、膨胀阀等部件故障。

（2）冷凝器

1）作用及安装位置：冷凝器是一个热交换器，其作用是将压缩机送来的高温、气态制冷剂进行冷却，使其冷凝为高压、中温液态制冷剂。冷凝原理是，让外界空气通过冷凝器的散热片，将高温制冷剂蒸气的热量带走，使之成为液态制冷剂。制冷剂蒸气所放出的热量，被周围空气带走，排到大气中。

小型汽车的冷凝器通常安装在汽车的前面（一般安装在散热器前），利用风扇吹来的新鲜空气（冷凝器风扇一般与散热器风扇共用，也有车型采用专用的冷凝器风扇）和行驶中迎面吹来的空气进行冷却。对于一些大、中型客车和一些小型客车，冷凝器安装在车厢两侧、车厢后侧或车厢顶部。当冷凝器远离发动机散热器时，在冷凝器旁都必须安装辅助冷却风扇进行强制风冷，以加速冷却。

2）结构组成：冷凝器的基本结构如图 2-10 所示，主要由管路和散热片组成，有一个制冷剂的进口和一个出口。

 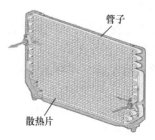

图 2-10　冷凝器

3）常见故障：冷凝器不能正常工作的现象是空调制冷效果差。冷凝器易出现的故障是管路接头处发生制冷剂泄漏，以及冷凝器散热器散热效果不好。

① 泄漏：用电子检漏仪检测冷凝器接头是否渗漏。对制冷系统检漏，如果仅仅是连接螺栓松动造成的泄漏，只要拧紧螺栓，并确定不再泄漏即可，然后补加制冷剂至适量。如果是管路或部件泄漏，就要进行制冷剂排空，拆卸并修复或更换部件，最后进行检漏、抽真空、加注制冷剂，冷冻机油要视情况补充。

② 散热效果差：

a. 冷凝器散热效果差，原因一般是冷凝器外表面太脏，也可能是使用时间太长，内表面有了一层传热系数很低的油膜，但这种情况比较少见。另外，在刚修复好的空调系统中，出现这种情况的原因可能是充注的制冷剂过多，可以通过制冷剂量的检查进一步确定。

b. 如果太脏，用压缩空气吹干净即可，如果特别脏，必须用化学药剂涤尘才能清洗干净。具体步骤如下，先用喷壶将适量浓度的涤尘喷淋到冷凝器表面，3~5min 后，用清水冲洗干净，必须注意的是冲洗时间不能太长，冲洗一定要干净；否则，涤尘会腐蚀冷凝器，使冷凝器寿命下降。

c. 如果散热器片已经弯曲，则可以用螺钉旋具或钳子校直，但应小心，不要损伤散热片。

> **技师经验**
>
> ① 冷凝器进、出口不能接反。从压缩机输来的高压制冷剂蒸气，必须从冷凝器上端口进入，再流到下部管道，冷凝成为液态的制冷剂再沿下方出口流出。此顺序绝不能接反，否则，会引起制冷系统压力升高、冷凝器胀裂的严重事故。
>
> ② 在未连接管接头之前，不要长时间打开管口的护盖，以免潮气进入。
>
> ③ 在空调使用过程中注意冷凝器的清洁，不能因为树叶、塑料等杂质以及散热片的翘曲变形影响其散热效果，否则，也会引起制冷系统压力过高。定期清洁冷凝器表面，可使空调系统的制冷效果大大提高。
>
> ④ 安装冷凝器时应注意与发动机散热器的距离，距离太近容易导致冷凝器散热不良。

（3）蒸发器

1）功用：蒸发器也是一个热交换器，膨胀阀喷出的雾状制冷剂在蒸发器中蒸发，吸收通过蒸发器空气中的热量，使其降温，达到制冷的目的，在降温的同时，溶解在空气中的水分也会由于温度降低凝结出来，蒸发器还要将凝结的水分排出车外。蒸发器安装在驾驶室仪表台的后面，其结构如图 2-11 所示，主要由管路和散热片组成，在蒸发器的下方还有接水盘和排水管。

2）检修。

① 检查蒸发器的通风气道是否良好。若箱体脏或有杂物，则可用压缩空气吹干净；若翅片弯曲，则必须小心扳直。

② 检查蒸发器壳体有无缝隙、霉味。若有霉味，应检查排水管是否堵塞、加热器芯是否漏水。

③ 检查接头是否有裂缝和划痕，如有，应按照需要进行修理。

④ 检查膨胀阀感温包与蒸发器出口管路是否贴紧隔热保护层，是否包扎牢靠。

⑤ 经常清洗蒸发器进风滤网。

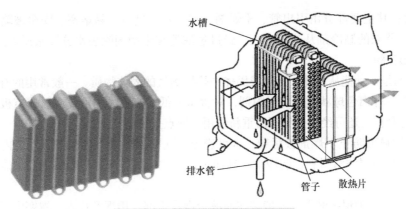

图 2-11 蒸发器结构原理及实物

（4）储液干燥器

1）功用：储液干燥器用于膨胀阀式的制冷循环，安在冷凝器与膨胀阀之间的管路上，使从冷凝器出来的高压中温制冷剂经过过滤、干燥后流向膨胀阀。同时，它还起到存储制冷剂的作用。它一般位于冷凝器边上。具体作用如下：

① 存储高压液态制冷剂。根据制冷负荷的大小需求，随时供给蒸发器，同时还可以补充制冷系统因微量渗漏的损失量。

② 去除制冷剂中的水分和杂质，确保系统正常运行（如果系统中有水分，有可能造成水分在系统中结冰，堵塞制冷剂的循环通道，造成故障。如果制冷剂中有杂质，也可能造成系统堵塞，使系统不能制冷）。水分主要来自新添加的冷冻润滑油和制冷剂中所含的微量水分。

③ 部分储液干燥器上装有观察玻璃口，可观察制冷剂的流动情况，确定制冷剂的数量。

④ 有些储液干燥器上装有易熔塞，在系统压力、温度过高时，易熔塞熔化，放出制冷剂，保护系统重要部件不被破坏。

⑤ 有些储液干燥器上装有维修阀，供维修制冷系统、安装压力表和加注制冷剂之用。

⑥ 有些车型的储液干燥器上装有压力开关，可在系统压力不正常时，中止压缩机的工作。储液干燥器的结构如图 2-12 所示，罐体上方有观察玻璃口及进口和出口。

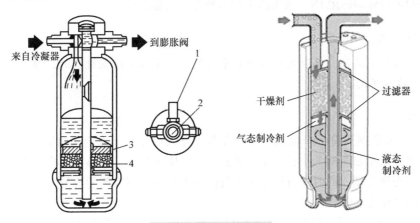

图 2-12 储液干燥器

1—易熔塞 2—观察玻璃口 3—滤网 4—干燥剂

2）结构：其主要部分由引出管、干燥剂、过滤器、进口、易熔塞、观察玻璃口、出口等组成。从冷凝器来的制冷剂从进口进入，经过过滤器和干燥剂除去水分和杂质后进入引出管，从出口流向膨胀阀。

① 干燥剂是一种能从气体、液体或固体中除掉潮气的固体物质。一般常用的有硅胶及分子筛。分子筛是一种白色球状或条状吸附剂，对含水分低、流速大的液体或气体有极高的干燥能力。它不但寿命长，还可经再生处理后重新使用，缺点是价格高。

② 滤清材料可防止干燥剂被污染，也可避免其他固体随制冷剂在空调系统内循环。有些干燥剂前后各有一层滤清材料，制冷剂必须通过两层滤清材料和一层干燥剂，才能离开储液干燥器。

③ 易熔塞是一种保护装置，一般装在储液干燥器头部，用螺塞拧入。螺塞中间是一种低熔点的铅锡合金，当制冷剂温度达到95~105℃时，易熔合金熔化，制冷剂逸出，避免系统中其他零件的损坏。

④ 观察玻璃口使人们可以看到制冷剂的流动状态。当系统正常工作时，从玻璃中可以看到制冷剂无气泡并稳定流动。若出现气泡和泡沫，则说明系统工作不正常或制冷剂不足。

为了保证系统安全工作，有的储液干燥器上还安装了高、低压保护开关。

3）检修。

① 储液干燥器常见的故障是干燥能力下降和滤网堵塞。

> **技师经验**
>
> 用手摸储液干燥器，并看观察玻璃口。如果进口很烫，而且出口管接近气温，从观察玻璃口中看不到或只看到很少有制冷剂流过，或者制冷剂很浑浊、有杂质，可能是储液干燥器中的滤网堵塞或干燥剂散了并堵住出口。

② 检查易熔塞是否熔化，正常情况下各接头应无油迹。最后检查观察玻璃口玻璃是否裂纹，正常情况下周围应无油迹。

③ 立式储液干燥器，直立面的倾斜角不得大于15°，它的进口应和冷凝器出口相连。通常，储液干燥器的进口处都标记IN，或用箭头指示制冷剂流动方向。

> **技师经验**
>
> 维修人员应当记住，制冷剂是从储液干燥器下部流入膨胀阀进口的，接反了储液干燥器会导致制冷量不足。

（5）膨胀阀

1）功用：膨胀阀也称为节流阀，安装在蒸发器入口处，其作用是将储液干燥器的高压、中温的液态制冷剂从膨胀阀的小孔喷出，使其降压，体积膨胀，转换为雾状制冷剂，在蒸发器中吸热变为气态制冷剂，同时还可根据制冷负荷的大小调节制冷剂的流量，确保蒸发器出口处的制冷剂全部转化为气体。

2）分类、结构、工作原理：膨胀阀的结构形式有三种，分别为外平衡式膨胀阀、内平衡式膨胀阀和H型膨胀阀。

① 外平衡式膨胀阀：外平衡式膨胀阀的结构如图2-13所示，膨胀阀的入口接储液干燥器，

出口接蒸发器。膨胀阀的上部有一个膜片，膜片上方通过一条细管接一个感温包，感温包安装在蒸发器出口的管路上，内部充满制冷剂气体，蒸发器出口处的温度发生变化时，感温包内的气体体积也会发生变化，进而产生压力变化，这个压力变化就作用在膜片的上方。膜片下方的腔室还有一根平衡管通蒸发器出口。阀的中部有一阀门，阀门控制制冷剂的流量，阀门的下方有一调整弹簧，弹簧的弹力试图使阀门关闭，弹簧的弹力通过阀门上方的杆作用在膜片的下方。可以看出，膜片共受到三个力的作用，一个是感温包中制冷剂气体向下的压力，一个是弹簧向上的推力，还有一个是蒸发器出口制冷剂的压力，作用在膜片的下方，阀的开度取决于这三个力综合作用的结果。

当制冷负荷发生变化时，膨胀阀可根据制冷负荷的变化自动调节制冷剂的流量，确保蒸发器出口处的制冷剂全部转化为气体并有一定的过热度。当制冷负荷减小时，蒸发器出口处的温度就会降低，感温包的温度也会降低，其中的制冷剂气体便会收缩，使膨胀阀膜片上方的压力减小，阀门就会在弹簧和膜片下方气体压力的作用下向上移动，减小阀门的开度，从而减小制冷剂的流量。反之，制冷负荷增大时，阀门的开度会增大，增加制冷剂的流量。当制冷负荷与制冷剂的流量相适应时，阀门的开度保持不变，维持一定的制冷强度。

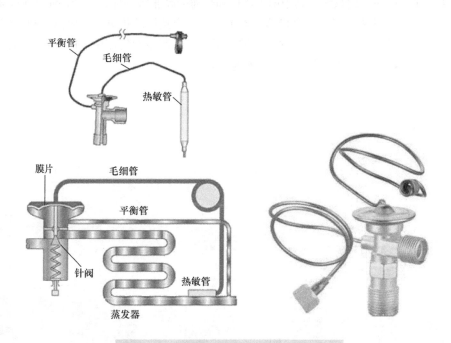

图 2-13　外平衡式膨胀阀工作原理及实物

② 内平衡式膨胀阀：内平衡式膨胀阀的结构与外平衡式膨胀阀的结构大同小异，如图 2-14 所示，不同之处在于内平衡式膨胀阀没有平衡管，膜片下方的气体压力直接来自于蒸发器的入口。内平衡式膨胀阀的工作过程与外平衡式膨胀阀的工作过程完全相同。

一般情况下，膨胀阀容量应比蒸发器能力大 20%～30%，根据蒸发器的压力损失来选用膨胀阀：当蒸发器压力损失较小时，宜选用内平衡式，当蒸发器压力损失较大时，宜选用外平衡式（蒸发器较大，其盘管管路太长致使其入口与出口间产生过大的压力差）。汽车空调蒸发器内部阻力损失一般较大，多采用外平衡式膨胀阀。

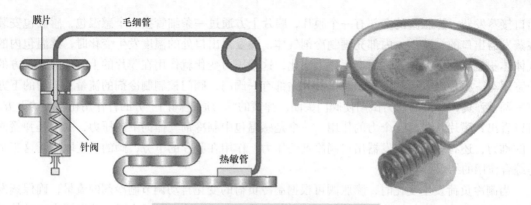

图 2-14 内平衡式膨胀阀工作原理及实物

③ H 型膨胀阀：采用内、外平衡式膨胀阀的制冷系统，其蒸发器的出口和入口不在一起，因此需要在出口处安装感温包和管路，结构比较复杂。如果将蒸发器的出口和入口做在一起，就可以将感温包的管路去掉，这就形成了所谓的 H 型膨胀阀，如图 2-15 所示。

它有 4 个接口通往空调系统，其中两个接口和普通的膨胀阀一样，一个接储液干燥器出口，一个接蒸发器入口；另两个接口一个接蒸发器出口，一个接压缩机进口。感温包和毛细管均由膜片下面的感温元件所取代，感温元件处在进入压缩机的制冷剂气流中。H 型膨胀阀具有结构简单、工作可靠的特点，现代汽车上应用越来越广。

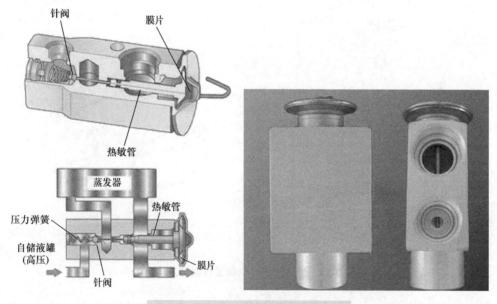

图 2-15 H 型膨胀阀结构原理及实物

3）检修：由于膨胀阀的口径很小，所以很容易被杂质堵塞，同时，如果制冷剂里混有大量的水分，则在节流膨胀时，压力下降，致使其中水分的凝固点下降，因此结冰，在口径处形成"冰堵"。膨胀阀堵塞，制冷剂不能流过而进行循环，所以，空调制冷效果消失。如果是"冰堵"的话，因为空调不能制冷，所以车内温度上升，会使冰融化，"冰堵"消失，制冷正常，但一段时间后又会再次"冰堵"，如此反复，使制冷效果不稳定。

> 💡 **技师经验**
>
> 用手触摸膨胀阀的两侧,应该有明显的温差,即进口处是常温30~40℃,而出口处约为0℃。否则说明膨胀阀堵塞。

图 2-16 和图 2-17 分别是热力膨胀阀和 H 型膨胀阀的制冷循环系统的组成。

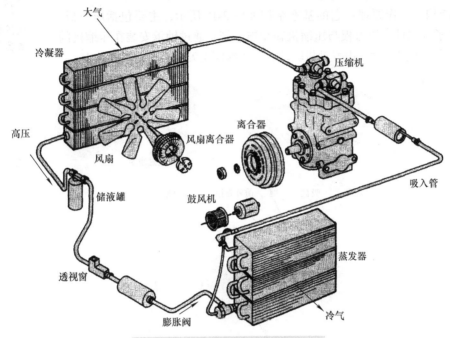

图 2-16 热力膨胀阀制冷循环系统

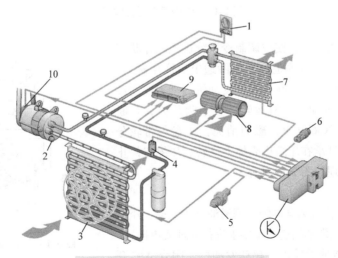

图 2-17 H 型膨胀阀制冷循环系统

1—空调开关 2—卸压阀 3—风扇 4—空调三功能开关 5—冷却液温度开关(5V) 6—散热器风扇双温开关
7—蒸发器温度开关 8—鼓风机 9—发动机控制单元 10—电磁离合器

（6）电磁离合器

1）功用：电磁离合器安装在压缩机上，它的作用是控制发动机与压缩机之间的动力传递，是目前空调制冷系统的主要机件，电磁离合器结合，发动机驱动压缩机运转，制冷剂开始循环；电磁离合器分离，切断发动机到压缩机的动力传递，空调系统不制冷。

2）结构、工作原理：它的基本结构如图2-18所示，主要包括压力板、带轮、定子等部件，压力板与压缩机轴相连，带轮通过轴承安装在压缩机的壳体上，带轮通过传动带由发动机驱动，定子线圈也安装在压缩机壳体上。

压缩机电磁离合器检查

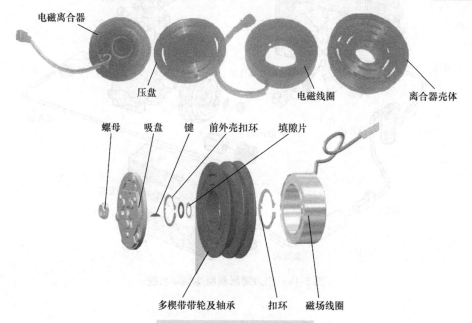

图2-18 电磁离合器分解图

当接通空调开关A/C，使空调制冷系统进入工作状态时，电磁离合器的电磁线圈通电，线圈通电后产生磁力，将压盘吸向带轮，两者结合在一起，发动机的动力便通过带轮传到压力板，带动压缩机运转。当空调开关A/C断开时，电磁离合器线圈断电，磁力消失，压盘与带轮分离，此时带轮通过轴承在压缩机壳体上空转，压缩机停止运转。它的工作原理如图2-19所示。

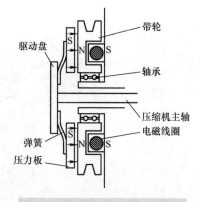

图2-19 电磁离合器工作原理

3）检查：

① 外观检查。检查离合器轴承润滑油是否泄漏，压力盘或转子上是否有润滑油痕迹，按要求进行修理或更换。

② 检查离合器轴承噪声。起动发动机，闭合A/C开关，检查压缩机是否有异常噪声，若有，应检修或更换电磁离合器。

③ 检查电磁离合器。从电磁离合器上拆下接线插头，将蓄电池正极接至电磁离合器接线插头，负极接至车身，检查电磁离合器是否吸合；如果没有吸合，说明线圈断路。应修理或更换

电磁离合器。

④ 检查电磁离合器间隙。

> 引导问题：上面学习了汽车的制冷，那汽车上取暖是如何实现的呢？

三、加热取暖系统

1. 加热取暖系统的功用

（1）冬季取暖

在寒冷的冬季，将车内空气或送入车内的外部新鲜空气加热，提高车内环境温度。

（2）车窗玻璃除霜

春季或秋季，车内外温差较大，车窗玻璃会起雾和结霜，影响驾驶人的视线，不利于行车安全。这时，可通过暖风系统输送热风来除霜除雾，使驾驶人及乘员视线清晰。

（3）调节车内温度和湿度

雨季时节，空气先经过蒸发器冷却除湿，再通过加热器芯升温，调节室内温度、湿度到乘员舒适的程度。

2. 加热取暖系统的组成

电动汽车加热取暖通常采用电加热器或热泵空调。电加热器通过电阻发热产生热量，而热泵空调系统则通过吸收车外的热量并将其转移到车内来取暖。有的电动汽车采用热泵为主、PTC 电加热为辅的取暖方式。燃油汽车主要利用发动机冷却液的热量进行制暖，空调取暖系统（图 2-20）主要部件为热交换器，主要用于取暖，对车室内空气或由外部进入车室内的新鲜空气进行加热，达到取暖、除湿的目的。

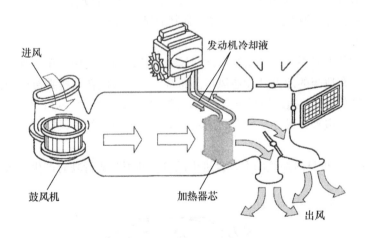

图 2-20 空调加热取暖系统

3. 加热取暖系统的工作原理

燃油汽车利用发动机的冷却液对车内空气进行加热。从发动机水套出来的热水流一部分流到供暖系统的加热器，另一部分流到散热器散热。进入加热器的热水向加热器周围的空气传热，在鼓风机作用下，车内或外部新鲜空气经过加热器后，冷空气变成了热空气，热空气经通风管道的不同出风口被送入车内。从加热器流出的冷却液，由水泵吸入发动机的水套内，完成一次供暖循环。通过控制调温阀门开度大小，可以调节暖风机的供热量，从而调节车厢内的温度。

4. 加热取暖系统的主要部件

加热取暖系统主要由加热器芯、热水管等组成。

加热器芯（图 2-21）的结构形式目前主要有管片式和管带式两种（图 2-22）。管带式加热器散热效率高、体积小、质量小，但制造工艺复杂些。现在应用最多的是管带式，可以采取减小管壁、在散热翅片上开槽等措施，提高传热效率。

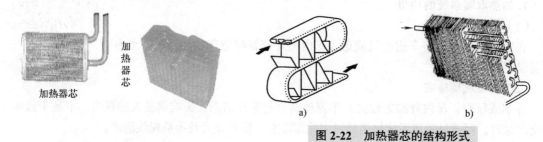

图 2-21　加热器芯实物

图 2-22　加热器芯的结构形式
a）管片式加热器芯　b）管带式加热器芯

> ❓ **引导问题**：夏天室内温度很高，人们上车后喜欢开大风量，吹迎面风，而冬天人们喜欢吹脚下风，那风量、流向的调节是如何实现的呢？

四、空调通风系统

1. 空调通风系统的类型

将新鲜的空气送入车内，并排出污浊空气的过程称为通风。空调通风系统可以有效地保证车内空气的新鲜，同时通风也可以对风窗玻璃进行除雾。汽车空调的通风主要有三种方式，自然通风、强制通风与综合通风。

汽车空调通风系统工作原理

（1）自然通风

汽车空调中的外循环系统指的就是自然通风。自然通风是利用汽车行驶过程中车身内外表面产生的风压差，在适当的地方开设通风口。通常，进气口设在前排乘员座的前方，空气经过空气室盖板后通过车身上的通风口后进入室内。排气口也称泄压口，设置在左右侧围钣金件上，室内空气从这里流出室外，最终实现在密闭状态下的车内空气的通风换气。当然最自然的通风就是开风窗或天窗。

如图 2-23 所示，车身内外壁面上开设进出风口，利用车辆行驶时产生的风压，将外部空气引入车内循环后再排出。

图 2-23　空调通风系统通风口

空气的入口设在正压区，出口设在负压区，形成空气的自然流动（图 2-24）。进、排气口设置必须保证车内空气略有正压，使车内空气压力略高于外界大气压力，防止有害气体进入车内。

（2）强制通风

当汽车车速低或停车时，车身内外表面气压差不足，仅仅依靠自然通风不能保证车内空气的新鲜，此时需要强制通风。强制通风的主要部件是鼓风机，鼓风机工作时，将车外新鲜空气强制送入车厢内，最终实现通风换气。

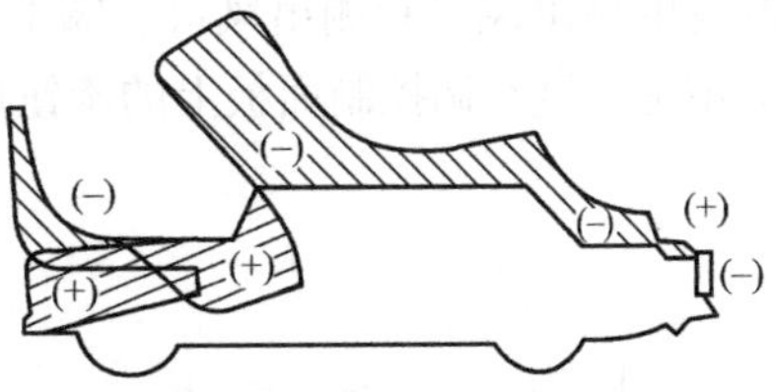

（3）综合通风

综合通风是指汽车上同时采用自然通风和强制通风。目前汽车上基本都是采用综合通风的方式。

图 2-24 轿车外表面空气压力分布

2. 汽车空调通风过程

（1）空气流动

空气从进风口到出风口，是一个密闭的管道系统，期间可以分为三个阶段。

第一阶段为空气进入段，主要由进气风门和风门执行机构（伺服电动机）、空气滤清器以及鼓风机组成，用来控制新鲜空气和车内再循环空气的进入。

第二阶段为空气混合段，主要是由调温门、蒸发器和热交换器组成。通过调节冷空气与热空气的比例来控制出风口空气的温度，进而控制车内温度。

第三阶段为空气分配段，主要由各种风门和风道组成，分别使空气吹向面部、脚部和风窗玻璃上。

（2）风门的控制

室内温度调节、空气循环方式以及各出风模式的控制都是通过改变风门的位置实现的。通过旋转温度调节旋钮，一根拉索拉动或由伺服电动机带动调温门旋转。调温门的旋转角度决定了冷气跟暖气的混合量。暖气从哪里来？加热器芯是"热源"。加热器芯里通的是发动机冷却液，空气流过则被加热。与家用暖气同理。冷气从哪里来？蒸发器则是"冷源"，蒸发器里流过的是制冷剂，空气流经蒸发器，则被降温。调温门的控制如图 2-25 所示。

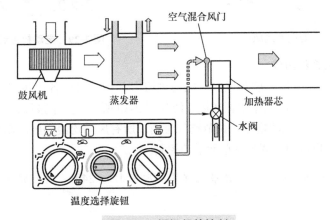

图 2-25 调温门的控制

车内的空气是从车外进来的新鲜空气，还是车内的空气自循环，是由图 2-26 所示的进气选择风门控制的。该风门处于水平位置时，车外的新鲜空气进入车内，风门处于垂直位置时则将新鲜空气挡住，鼓风机吸入的是车内的空气。

风从哪个出风口吹出来是由气流选择风门控制的，如图 2-27 所示。共有 4 个风门，分别控制着中央出风口和侧出风口、脚下出风口、前窗出风口。最末端的两个侧出风口则是手动控制而不是通过空调控制面板上的旋钮控制的。打开或关闭风门可实现侧出风口是否出风。

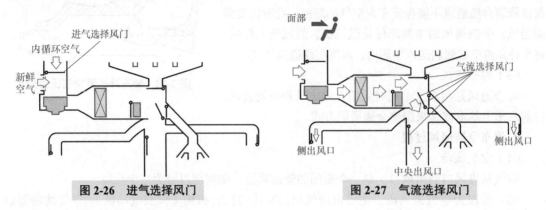

图 2-26 进气选择风门　　　　　图 2-27 气流选择风门

风门的控制方式有以下几种：

1）拉索式：通过一根拉索将风门与控制面板上的控制拨键或旋钮相连，操作拨键或旋钮将改变风门的开度，如图 2-28 所示。

2）电动机式：按键或旋钮控制的是电动机的电流通断和方向，最终实现风门的转动与否和转动方向，如图 2-29 所示。

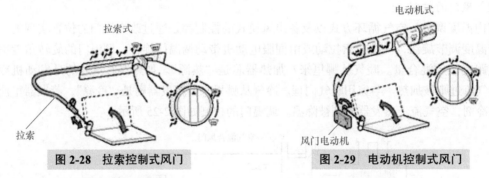

图 2-28 拉索控制式风门　　　　　图 2-29 电动机控制式风门

3. 汽车空调通风系统组成

汽车空调通风系统由各种控制风门、风门伺服电动机、通往各出风口的风道以及各出风口、鼓风机等组成。迈腾 B8 汽车空调通风系统如图 2-30 所示。其中鼓风机 v2 和鼓风机控制单元 J126，接受空调控制单元的指令，调节空气流速。所有风门均由伺服电动机控制。风门位置可以编程自动调整，也可用空调控制单元手动控制。

> **引导问题**：根据研究，人体最适宜的温度在 18~24℃，那空调的温度是如何调节的？

五、空调操纵控制系统

空调操纵控制系统的功能是对制冷系统、加热系统进行控制，调节车内的空气温度、风量、流向，保证空调系统正常工作。汽车空调操纵控制系统可以分为手动空调和自动空调操纵控制系统。

项目二 汽车空调系统的检修 45

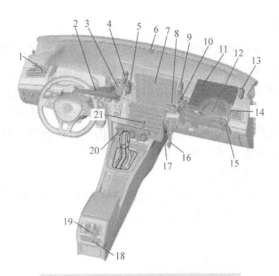

图 2-30 迈腾 B8 汽车空调通风装置

1—左侧出风口温度传感器 G150　2—驾驶人侧脚部空间出风口　3—脚部空间出风口温度传感器 G192　4—前侧气流分配风门伺服电动机 V426 或气流分配风门伺服电动机 V428　5—左侧温度风门伺服电动机 V158 或温度风门伺服电动机 V68　6—阳光照射光电传感器 G107　7—蒸发器　8—蒸发器温度传感器 G308　9—除霜风门伺服电动机 V107　10—右侧温度风门伺服电动机 V159　11—粉尘及花粉过滤器　12—新鲜空气鼓风机 V2 及新鲜空气鼓风机控制单元 J126　13—车内空气循环风门伺服电动机 V113 或新鲜空气/车内空气循环/速滞压力风门伺服电动机 V425　14—右侧出风口温度传感器 G151　15—前排乘员侧脚部空间出风口　16—冷凝水排水软管　17—热交换器　18—后部操作与显示单元　19—后部出风口温度传感器 G174　20—操作与显示单元　21—后部温度风门伺服电动机 V137

（一）汽车手动空调

迈腾 B8 汽车手动空调操纵控制面板如图 2-31 所示。

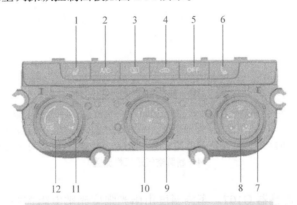

图 2-31 迈腾 B8 汽车手动空调操纵控制面板

1—左侧座椅加热装置按键 E653。3 档可调式。当前设定的档位会通过 LED 显示。如果 LED 未亮起，则表明座椅加热装置已关闭　2—A/C 按键。关闭 A/C 按键后，空调压缩机的输出功率近乎为 0　3—后窗玻璃加热装置按键。根据车外温度的不同，后窗玻璃加热装置保持开启状态 4~20min　4—循环空气运行模式按键。循环空气运行模式在点火开关关闭时会重新切换至新鲜空气运行模式　5—OFF 按钮。空调开启和关闭　6—右侧座椅加热装置按钮 E654。3 档可调式。当前设定的档位会通过 LED 显示。如果 LED 未亮起，则表明座椅加热装置已关闭　7—空气分配设置旋钮　8—空气分配显示　9—鼓风机档位设置旋钮。左侧：调低鼓风机档位；右侧：调高鼓风机档位　10—鼓风机档位显示　11—温度设置旋钮。左侧：调低温度；右侧：调高温度　12—温度设置显示

（二）汽车自动空调

手动控制的空调系统的鼓风机转速、出风温度和送风方式都是由驾驶人操纵和控制的，因此手动空调系统无法根据阳光照射强度、发动机热辐射和乘员热负荷等因素的变化进行精确调节。随着汽车电子技术的发展，出现了微机控制的全自动空调。这种空调系统利用各种传感器随时检测车内外温度、阳光强度等信号，并把传感器的信号送到空调系统的电子控制单元（ECU），电子控制单元按照预先编制的程序对传感器信号进行处理，并通过执行元件不断地对风机转速、出风温度、送风方式及压缩机工作状况等进行调节，从而使车内温度、空气流动状况等始终保持在驾驶人设定的水平上。

迈腾 B8 自动空调前脚部空间外的电气系统部件在车上的布置如图 2-32 所示；制冷剂循环回路的电气系统部件在车上的布置如图 2-33 所示。

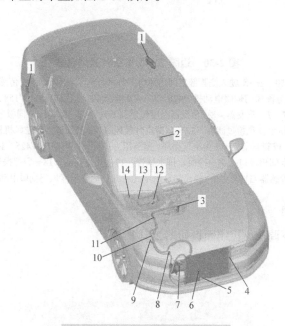

图 2-32　前脚部空间外的部件

1—乘员舱的强制通风装置　2—空调器空气湿度传感器 G260　3—膨胀阀　4—储液干燥器　5—车外温度传感器 G17　6—冷凝器　7—空调压缩机　8—高压侧抽吸和加注阀　9—制冷剂循环管路压力传感器 G805　10—低压侧抽吸和加注阀　11—带内置热交换器的制冷剂管路　12—空气质量传感器 G238　13—新鲜空气进气系统　14—新鲜空气进气格栅盖

1. 传感器及信号

1）阳光照射光电传感器 G107。车内温度由阳光强度光敏电阻控制，该电阻测量从车前及左、右侧照射到乘员身上的阳光强度，按入射光方向提高车内阳光强的地方的制冷效率。

2）空气质量传感器 G238。将检测车外有害物质的含量传递给控制单元 J255，当有害物质达到一定量时，J255 控制关闭空气循环风门。

3）车外温度传感器 G17。给控制单元 J255 信号，用来调节车内温度。环境温度低于 2℃ 时，切断压缩机电磁离合器。

4）空气湿度传感器 G260。检测空气湿度后将信号传递给控制单元 J255，J255 控制压缩机工作，达到除湿的目的。

5）左侧出风口温度传感器 G150。给控制单元 J255 信号，用来调节车内温度。

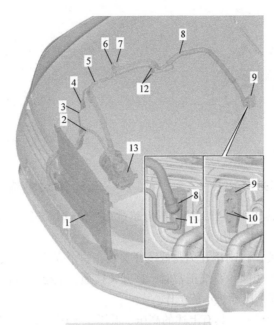

图 2-33 制冷剂循环回路

1—冷凝器　2—制冷剂管路　3—高压侧制冷剂管路　4—高压侧维修接口　5—低压侧制冷剂管路
6—制冷剂压力传感器 G805　7—低压端维修接口　8—带内置热交换器的制冷剂管路　9—膨胀阀
10、11—螺栓　12—螺母　13—空调压缩机

6）右侧出风口温度传感器 G151。给控制单元 J255 信号，用来调节车内温度。

7）后部出风口温度传感器 G174。给控制单元 J255 信号，用来调节车内温度。

8）脚部空间出风口温度传感器 G192。给控制单元 J255 信号，用来调节车内温度。

9）制冷压力传感器和开关。空调制冷系统中如果压力出现异常，将会造成系统的损坏。若系统压力过低，说明制冷剂量过少，冷冻润滑油不能随制冷剂一起循环，会使压缩机因润滑不足而损坏；若因为制冷剂过多或冷凝器工作不良造成系统压力过高，有可能造成系统部件胀裂而损坏。因此，在空调制冷系统工作时，采用制冷压力传感器或开关对系统压力进行监测，当系统压力超出或低于标准值时，空调压缩机将不工作。

① 制冷压力开关。

a. 低压开关：因某些原因造成空调系统制冷剂泄漏时，如果再开启空调制冷系统，将会因制冷剂不足或没有制冷剂而引起压缩机的润滑不良，损坏压缩机。因此，一般在高压管路中设有低压开关，当系统压力低于极限值时，切断电磁离合器，使压缩机停止工作。

低压开关原理如图 2-34 所示。制冷系统压力正常时，触点接通，电磁离合器通电，压缩机正常运转；制冷系统压力低于某一设定值（一般为 0.196MPa）时，弹簧的弹力大于制冷剂压力，推动膜片上行，触点断开，电磁离合器断电，压缩机停止工作。

b. 高压切断开关：它设在高压侧管路中，一般安装在储液干燥器与膨胀阀之间的高压管路上，电路连接与压缩机电磁离合器串联。当系统压力超过最高设定值（一般为 2.65 MPa）时，制冷剂压力大于弹簧弹力，推动膜片下行使触点断开，电磁离合器电路切断，压缩机停止工作，以防损坏机件。当制冷剂压力降到最低设定值（一般为 2.06MPa）以下时，弹簧张力使膜片回位，触点闭合，电路接通，压缩机重新开始工作，如图 2-35 所示。

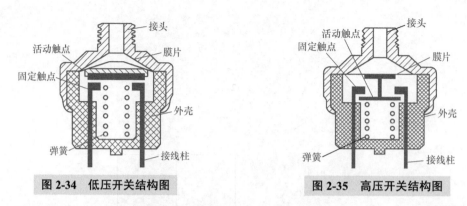

图 2-34　低压开关结构图　　　　图 2-35　高压开关结构图

c. 中压闭合开关：其作用是当系统中压力超过 2.3MPa 时，开关闭合，使冷凝器风机进入高速运转，以降低系统的温度和压力。

d. 高、低压组合开关：将高压开关与低压开关装在一个壳体内，安装在高压回路中。同时具有高压保护和低压保护功能，系统正常时，该开关接通，电磁离合器正常工作；若系统压力过高或过低时，开关断开，压缩机不能工作。

e. 高、低、中压组合开关：具有上述的高压、低压、中压三重开关的功能。

② 制冷压力传感器：现在很多的汽车空调上用制冷压力传感器代替了制冷压力开关，制冷压力传感器相对制冷压力开关有如下优点：发动机怠速能够准确地按照不同压缩机的功率消耗进行调整；散热器风扇可以更加快速地响应，在开启和关闭之间迅速切换。

制冷压力传感器将制冷系统的压力信号传递给空调控制单元，空调控制单元控制压缩机工作和风扇的转速。制冷压力传感器要监控制冷系统高、低压的状态，因此一般安装在冷凝器至膨胀阀之间的高压管路上。

以迈腾 B8 汽车的空调控制为例，图 2-36 为空调系统逻辑控制图，空调压力传感器 G65 将制冷剂压力信号传递给空调控制单元，当制冷剂压力低于 0.2MPa 或高于 3.2MPa 时，空调控制单元均会切断压缩机工作。同时，空调控制单元也会根据制冷压力控制散热器风扇的转速。

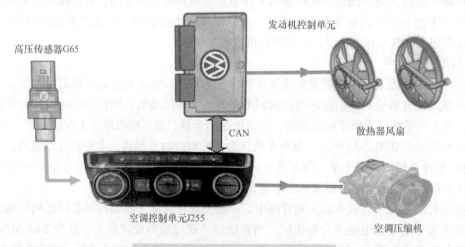

图 2-36　空调压力传感器信号逻辑图

空调压力传感器 G65 的结构如图 2-37 所示，其内部集成了硅晶体和一个微处理器，制冷剂压力施加于硅晶体元件上。根据压力大小不同，硅晶体会出现不同程度的形变。发生形变时，其电阻也随之改变。硅晶体两端的测试电压也发生改变，测试电压传导至微处理器，微处理器将其转化为脉宽调制信号传递给空调控制单元。

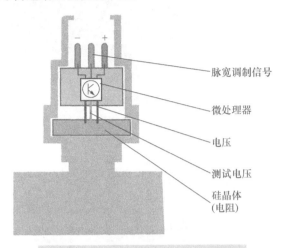

图 2-37　空调压力传感器 G65 的结构

10）冷却液过热开关或冷却液温度传感器。

① 功用：检测发动机冷却液温度，控制压缩机电磁离合器，防止发动机在过热的情况下压缩机工作。

② 结构、原理：冷却液温度开关一般是双金属片结构，安装在发动机散热器或冷却液管路上。当发动机冷却液温度超过规定值时，触点断开，直接切断（或者触点闭合通过空调放大器切断）电磁离合器电路，使压缩机停止工作；而发动机冷却液温度下降至某一规定值时，触点动作，自动恢复压缩机的正常工作。

冷却液温度传感器内部装有负温度系数的热敏电阻。当发动机冷却液温度逐渐升高时，热敏电阻的电阻值将逐渐下降，相反则增大，结果发动机冷却液温度发生变化时传感器的输出电压也相应变化。冷却液温度传感器将冷却液温度反馈至 ECU，当冷却液温度过高时 ECU 能够断开压缩机离合器而保护发动机。

11）其他信号。

① 车速信号。给控制单元 J255 信号，用来控制通风风门。

② 发动机转速信号：低于 300r/min 时，切断压缩机电磁离合器；高于 6000r/min 时，压缩机接通延迟 10s。

③ 各个风门伺服电动机电位计的信号。

2. 执行元件

1）鼓风机 v2。

2）空调压缩机调节阀 N280。

3）伺服电动机。风门可把空气引到各个出风口，所有风门均由伺服电动机控制。风门位置可以编程自动调整，也可用控制和显示单元手动控制。迈腾 B8 汽车 Climatronic 全自动空调前部伺服电动机如图 2-38 所示。

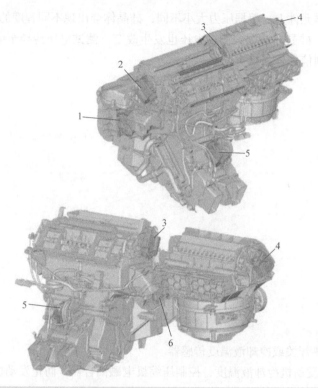

图 2-38　迈腾 B8 汽车 Climatronic 全自动空调前部伺服电动机

1—左侧温度风门伺服电动机 V158　2—前侧气流分配风门伺服电动机 V426 及前部空气分配风门伺服电动机电位计 G642　3—除霜风门伺服电动机 V107　4—新鲜空气/车内空气循环/速滞压力风门伺服电动机 V425　5—后部温度风门伺服电动机 V137　6—右侧温度风门伺服电动机 V159

① 左侧温度风门伺服电动机 V158。带左侧温度风门伺服电动机电位计 G220，用于驱动左侧温度风门。

② 前侧气流分配风门伺服电动机 V426 及前部空气分配风门伺服电动机电位计 G642。带有前部空气分配风门伺服电动机电位计 G642。

③ 除霜风门伺服电动机 V107。带有除霜风门伺服电动机电位计 G135，用于驱动除霜风门。

④ 新鲜空气/车内空气循环/速滞压力风门伺服电动机 V425。带新鲜空气/车内空气循环/速滞压力风门伺服电动机电位计 G644。

⑤ 后部温度风门伺服电动机 V137。带后部温度风门伺服电动机电位计 G479，用于驱动后部温度风门。

⑥ 右侧温度风门伺服电动机 V159。带右侧温度风门伺服电动机电位计 G221，用于驱动右侧温度风门。

3. 控制显示单元 J255

控制显示单元 J255 接收各个传感器信号，向各个执行元件发出指令，调节车内温度。控制显示单元按照预先编制的程序对传感器信号进行处理，并通过执行元件不断地对风机转速、出风温度、送风方式及压缩机工作状况等进行调节，从而使车内温度、空气湿度及流动状况始终保持在驾驶人设定的水平上。微机控制全自动空调还具备自我诊断功能，以利于对电控元件及线路故障的检修。

项目实施

一、制冷剂加注

1. 制冷剂环保及回收利用

汽车上使用的制冷剂有 R12、R134a 和 R1234yf，R12 已经停止使用，三种制冷剂不能混用；同时，制冷剂过多或过少都会影响制冷效果。因此，在加注前必须确定需要的加注量，一般在车辆上会有标记明确说明该车辆所用的制冷剂的类型及数量。制冷剂对环境有破坏作用，制冷剂管路检修时，制冷剂必须回收利用，不允许排入大气。

制冷剂回收

> 引导问题：空调制冷系统更换零部件后需要进行哪些操作？

2. 系统抽真空

检修完空调系统后，系统内难免会进入空气，空气中含有大量的水蒸气，它对空调系统有很大的破坏作用，因此必须将空气彻底抽出。抽真空时，由于压力越来越低，水逐渐汽化成为蒸气而被抽出，这个过程比较慢，因而抽真空时间至少需要 30min，若真空泵的容量小，还需要更长时间。同时，还可以采用该法检验空调制冷系统是否泄漏。为使空气尽可能被彻底抽出，还可以用重复抽真空法，即在第一次抽完后再重复抽 1~2 次。抽真空的具体操作方法如下：

空调系统抽真空

1）接阀：将歧管压力表组的高、低压软管分别与车辆空调系统的高、低压维修阀相连。

2）开阀、开泵：打开高、低压手动阀，并起动真空泵。系统开始抽真空。

3）观察、关泵：抽真空的过程中，注意观察两个压力表，经 30min 以上的时间后，抽真空至 -0.1MPa（低压表上的绿色刻度段）。

4）关阀、观察：关闭高、低压手动阀，观察压力表 5min，若压力不回升，再反复抽 1~2 次。

如果显示压力增加，则说明有空气进入空调系统，检查 O 形圈和空调系统的连接状况（如果抽真空不足，空调管道内的水分会冻结，将阻碍制冷剂的流动，并导致空调系统内表面生锈）。

5）关阀、关泵：抽真空结束后，先关闭高、低压手动阀，再关掉真空泵，否则，空气会进入空调系统。

3. 冷冻机油的加注

1）直接加注法：将冷冻机油按标准称好或用洁净的量杯量好，直接倒入压缩机内，这种方法只在更换蒸发器、冷凝器和储液干燥器时可以采用。

注意：若将冷冻机油直接倒入压缩机时，最好倒入高压管；若从低压管中倒入时，必须手动将压缩机转动几圈，以免发生液击现象。

2）真空吸入法：抽完真空后，将所需要加注的冷冻机油放入油瓶中，打开放油阀，打开高、低压手动阀，注意开度不要过大，冷冻机油便被吸入空调系统中。加注完毕后，关闭高、低压手动阀和阀，并抽真空。更换空调主要部件时的冷冻机油补充量见表 2-1。

表 2-1 更换主要部件时的冷冻机油补充量

更换的零部件		冷冻机油补充量 /mL
冷凝器	无渗漏油迹	10~30
	有大量渗漏油迹	40~60
蒸发器		40~50
储液干燥器		10~20
制冷管道	无渗漏油迹	不加油
	有大量渗漏油迹	10~20
制冷系统泄漏	无渗漏油迹	不加油
	有大量渗漏油迹	10~20

4. 加注制冷剂

抽完真空并确认系统密封性良好后,把中间软管与制冷剂罐注入阀的接头接好,打开制冷剂罐注入阀,拧开歧管压力表中间软管一端的螺母,让气体溢出几秒钟,把空气赶走,然后再拧紧螺母。拧开高压手动阀,把制冷剂罐倒立,液态制冷剂从高压侧进入制冷回路,加入规定量的制冷剂后,关闭制冷剂罐注入阀,关闭歧管压力表的高压手动阀,取下歧管压力表。其特点是:加注的是液态制冷剂,制冷剂罐要倒立;加注速度快,适合于第一次加注,即检查泄漏、抽完真空后的加注。高压侧加注制冷剂如图 2-39a 所示。如果补充制冷剂,需起动发动机从低压侧加注,如图 2-39b 所示。

加注制冷剂

注意:从高压侧加注时不能起动发动机,以防止产生压缩机液击现象。

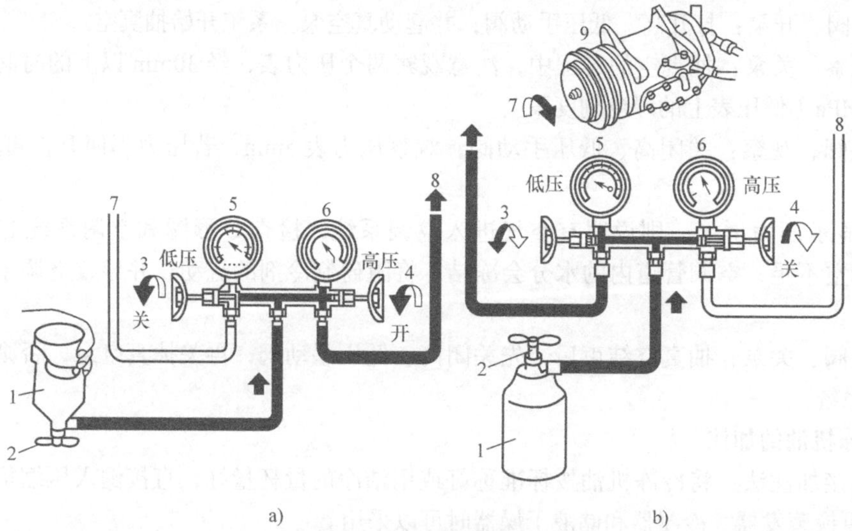

图 2-39 加注制冷剂
a)高压侧充注 b)低压侧充注
1—制冷剂罐 2—注入阀 3—低压手动阀 4—高压手动阀 5—低压表 6—高压表 7—接低压维修阀软管 8—接高压维修阀软管 9—空调压缩机

引导问题:空调不制冷了,如何判断故障出在哪里?

二、歧管压力表检测空调故障

汽车空调制冷系统不正常，可以用歧管压力表初步确定故障原因，其前提是压缩机电磁离合器吸合。

检查方法：连接歧管压力表，起动发动机，运行汽车空调，读取压力表的示数。与正常值进行对比。低压侧正常值：0.15~0.25MPa，高压侧正常值 1.37~1.57MPa。

歧管压力表检查空调故障

> 🔧 **师傅口诀**
> （1）压力双高要排气，或者散热有问题。
> （2）表抖系统有水汽，清洗抽空要彻底。
> （3）低压为负高压低，制冷系统有塞闭。
> （4）高低压均较低，系统里亏制冷剂。
> （5）高压正常低压高，膨胀阀里有故障。
> （6）低压高而高压低，问题在于压缩机。

1）在空调运行期间，高压偏高、低压偏高，如图2-40所示。

附加表现：除了高、低压表的示数均偏高，通过视液镜也看不到泡沫。

可能原因：冷凝器冷却不足或制冷剂过多。

处理措施：清洁冷凝器，检查冷却风扇，检查车辆冷却系统。如果上述均正常，则检查制冷剂量，并提供适量的制冷剂。

2）在空调运行期间，高压偏高、低压偏高，如图2-41所示。

附加表现：视液镜中制冷剂的量合适，并且低压管过热，手不能触摸。

可能原因：制冷系统进入空气。

处理措施：检查压缩机冷冻润滑油是否脏污或不充足，更换制冷剂、抽真空、加注新制冷剂。

3）制冷时有时无，压力表在空调起动时正常，过一段时间低压表指示真空，高压表的压力也降低很多，过几秒到几分钟，表的指示又恢复正常，如此循环，如图2-42所示。

图2-40 制冷剂过多或冷凝器冷却不足

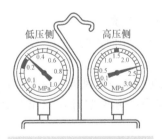

图2-41 制冷系统有空气

图2-42 制冷系统有水分

可能原因：系统中有水分，在膨胀阀口造成"冰堵"，阻滞制冷剂循环，融化时，状态恢复正常。

处理措施：更换储液干燥器，通过重复抽真空去除系统内水分，加注适量的制冷剂。

4）低压表指示真空（负压），高压表的压力也比正常压力低（非常低），如图2-43所示。

附加表现：从冷凝器到制冷装置的管路或在储液罐、膨胀阀前后的管路上有结霜。

可能原因：制冷系统里制冷剂循环差或没有循环。制冷系统有部件堵塞，多为储液干燥器或膨胀阀。

处理措施：要查明堵塞的原因，更换堵塞的部件，彻底清理制冷循环管路。

5）低压表指示过高，高压表指示正常（或偏高），如图2-44所示。

附加表现：低压管路上有大量结霜及水滴，制冷效果下降。

可能原因：膨胀阀故障，由于膨胀阀开度过大或感温装置不良，造成制冷剂的流量无法调整。

处理措施：维修时要重点检查膨胀阀热敏管的安装情况，在热敏管正常的情况下，应考虑更换膨胀阀。

6）高压表指示过低，低压表指示过高，如图2-45所示。

附加表现：关闭空调后，高、低压表指示很快趋于一致，触摸压缩机，压缩机的温度也不高。

可能原因：压缩机的效率不高，一般由压缩机内部有泄漏所致。

处理措施：更换或修理压缩机。此外，冷凝器冷却不足也可能造成高压表指示过低，低压表指示过高。

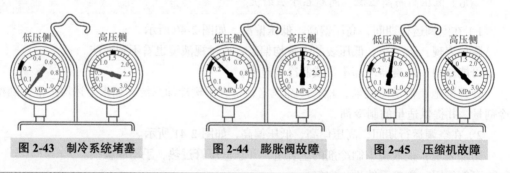

图2-43 制冷系统堵塞　　图2-44 膨胀阀故障　　图2-45 压缩机故障

引导问题：空调电控系统的哪些部件能引起不制冷故障呢？

三、空调电控系统检修

1. 故障现象验证

1）打开点火开关，仪表正常点亮。

2）起动发动机，按下空调控制面板的"AUTO"开关，将左侧和右侧温度调节按钮调到最低温度。

3）验证故障现象，用风速仪测量鼓风机是否正常出风；用温度计测量左右出风口温度是否正常，确定是一侧出风口温度不正常还是左右两侧出风口温度均不正常。

汽车空调控制系统故障检修

2. 故障诊断

（1）基本检查

1）检查空调系统部件有无损坏。

2）检查空调系统插接器及线束有无异常。

（2）故障诊断仪诊断

1）连接诊断仪，打开点火开关，选取和核对车辆信息，进入诊断界面，进入"空调/暖风电子装置系统"。

2）读取故障码，如有故障码，则记录下来，清除故障码后再次读取故障码，以判断故障码是否为偶发故障，判断哪些故障码与故障现象无关。如果是空调压力传感器的故障，应该有与压力传感器相关的故障码。

3）操作空调开关，读取数据流。主要读取传感器、空调压缩机、制冷剂压力的数据流，其中空调压缩机关闭请求必须阅读，引起压缩机关闭的相关故障会显示在数据流上。

（3）大众车型制冷压力传感器G805的检测

如果有关于制冷压力传感器G805的故障码或制冷压力传感器G805数据流不正常，需要对制冷压力传感器G805及其线路进行检测。

大众车型制冷压力传感器G805的电路图如图2-46所示。

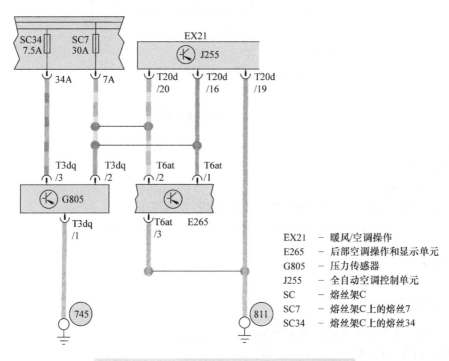

图2-46 大众车型制冷压力传感器G805电路图

1）关闭点火开关，拔下制冷压力传感器插接器。

2）打开点火开关，如图2-47所示，用万用表测量空调制冷压力传感器端子3和搭铁之间的电压，标准值为蓄电池电压。端子1和端子3之间的电压，标准值为蓄电池电压。

3）关闭点火开关，用万用表测量端子1和搭铁之间的电阻，标准值为小于1Ω。

4）用示波器测量制冷压力传感器信号线波形，红表笔连接制冷压力传感器端子2，黑表笔接地，测量波形为LIN总线标准波形，如图2-48所示。

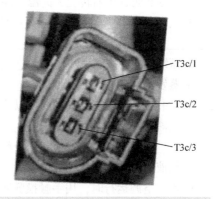

图2-47 制冷压力传感器G805插接器

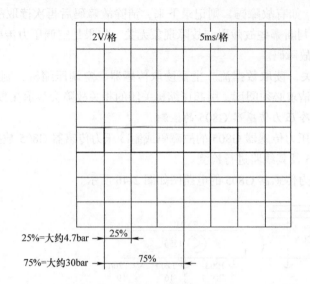

图 2-48　LIN 总线标准波形图

5）经过以上测量线路正常，分析故障原因在制冷压力传感器损坏。

3. 故障排除

1）更换或修复损坏部件。

2）连接诊断仪读取故障码和数据流，确认空调控制系统正常。

3）起动发动机，打开空调，测量左右侧出风口温度，确认空调制冷恢复正常。

复习思考题

一、填空题

1. 在空调制冷系统中热量传递的载体是_____。

2. 液体汽化的方法有_____和_____。

3. 制冷循环系统的动力源是_____，其作用是将从_____出来的低温、低压的气态制冷剂通过压缩转变为高温、高压的气态制冷剂，并将其送入_____。

4. 汽车空调正常运行时，用手触摸压缩机进、出口管路，应该有明显温差，即进口管路_____，而出口管路非常_____，否则说明系统有泄漏或_____。

5. 压缩机的冷冻润滑油功用有_____、_____、_____、_____。

6. 蒸发器也是一个热交换器，_____喷出的雾状制冷剂在蒸发器中蒸发，吸收通过蒸发器空气中的热量，使空气降温，以达到制冷的目的。

7. 储液干燥器的功用是使从_____出来的高压、中温制冷剂经过过滤、干燥后流向_____，同时，起到存储制冷剂的作用。一般位于_____边上。

8. 储液干燥器常见的故障是_____能力下降和滤网堵塞。

9. 汽车空调运行时，用手触摸膨胀阀两侧的管路，正常情况是：_____；否则，说明：_____。

10. 如果空调制冷循环系统里没有膨胀阀，则由_____取代了。

11. 膨胀管式空调制冷循环系统，膨胀管孔径固定，没有调节制冷剂流量的功能，靠_____确保压缩机不被"液击"。

12. 恒温开关又称为_____或_____，位于壳体内。它通过检测壳体表面温度，控制_____的接合、分离，从而使压缩机断续工作，有效地控制车内温度，防止蒸发器表面结霜。

13. 抽真空结束后，先关闭_____，再关掉_____，否则，空气会进入空调系统。

二、选择题

1. 目前汽车上用的制冷剂是（   ）。
A. R12　　　　　B. R22　　　　　C. R134a　　　　　D. R11

2. 用于冷却、散热、制冷剂液化的部件是（   ）。
A. 蒸发器　　　　B. 膨胀阀　　　　C. 冷凝器　　　　D. 储液罐

3. 用于吸热，使制冷剂由雾状液态变为气态的部件是（   ）。
A. 蒸发器　　　　B. 膨胀阀　　　　C. 冷凝器　　　　D. 储液罐

三、判断题

1. R134a 和 R12 可以混合使用。　　　　　　　　　　　　　　　　　　　　（   ）
2. 压缩机工作时，检查是否有金属撞击声；若有，则更换压缩机总成。　　　（   ）
3. 压缩机的润滑油不能与发动机、自动变速器的润滑油混用，但是只要是压缩机润滑油，型号不同是可以混用。　　　　　　　　　　　　　　　　　　　　　　　　（   ）
4. 压缩机用的润滑油可以用发动机的润滑油替代。　　　　　　　　　　　　（   ）
5. 更换制冷系统部件时，应适当补充一定量的冷冻润滑油，且不能过量，否则会影响制冷系统的制冷效果。　　　　　　　　　　　　　　　　　　　　　　　　（   ）
6. 汽车空调正常运行时，蒸发器的进、出口管路一条很烫，另外一条管路比较凉。（   ）
7. 制冷剂在蒸发器出口处为低压气态。　　　　　　　　　　　　　　　　　（   ）
8. 制冷剂在蒸发器吸热汽化蒸发。　　　　　　　　　　　　　　　　　　　（   ）
9. 蒸发器安装在发动机舱里。　　　　　　　　　　　　　　　　　　　　　（   ）
10. 蒸发器是一个热交换器。　　　　　　　　　　　　　　　　　　　　　（   ）
11. 膨胀管安装在冷凝器与蒸发器之间。　　　　　　　　　　　　　　　　（   ）
12. 膨胀阀能自动控制压缩机电磁离合器的开闭。　　　　　　　　　　　　（   ）
13. 制冷剂加注过少会影响制冷效果，制冷剂过多则不影响制冷效果。　　　（   ）
14. 汽车空调制冷剂（R134a）不足时可以应急补充加注制冷剂 R12。　　　（   ）

四、问答题

1. 空调制冷系统的工作原理是什么？
2. 如果空调运行时，制冷时有时无，用手触摸膨胀阀管路，温度一会正常一会不正常，可能是什么原因？应该如何处理？
3. 如何检修电磁离合器？

4. 哪些原因会使空调制冷系统中压力过低，对制冷系统会造成什么损坏？

5. 汽车空调系统中设置了什么部件监控系统压力过低？若压力过低，该部件如何动作保护制冷系统？

6. 汽车空调系统中设置了什么部件监控系统压力过高？若压力过高，该部件如何动作保护制冷系统？

7. 为什么必须在制冷剂加注以前进行空调制冷系统抽真空？

项目三 电动车窗的检修

项目导入

一位客户开车到4S店,反映他的爱车左前门电动车窗不工作,而其他门的电动车窗工作正常。电动车窗是如何工作的?一个车门的车窗不工作应该从哪里开始检修?如果四个电动车窗均不工作了,又应该从哪里开始检修?作为汽车专业的你可否指点一下?

项目目标

1)能够掌握电动车窗的结构和工作原理。
2)会查阅维修资料,会识读和分析电路原理图。
3)会正确使用万用表、示波器、解码器等常见设备。
4)能够对汽车玻璃升降器的常见故障进行诊断与排除。

相关知识

一、电动车窗系统的组成

电动车窗系统组成

现代汽车对车窗的舒适性和便捷性要求越来越高,电动车窗已经越来越多地成为汽车的通用配置。所谓电动车窗,就是通过车载电源来驱动玻璃升降器电动机,使升降器上下运动,带动车窗玻璃上下运动的装置,以达到车窗自动开闭的目的。

电动车窗系统由车窗、车窗玻璃升降器、电动机、继电器、开关和ECU等装置组成。

1. 玻璃升降器

玻璃升降器系统是电动车窗的主要部件,根据机械升降机构的不同工作原理,玻璃升降器可分为绳轮式、齿扇式和齿条式三种。

(1)绳轮式玻璃升降器

绳轮式玻璃升降器由滑轮、钢丝绳、张力器和张力滑轮等组成,如图3-1所示。它通过驱动电动机拉动钢丝绳来控制车窗玻璃的升降,可用于各种圆弧玻璃的车型中。

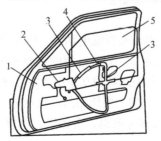

图3-1 绳轮式玻璃升降器

1—盖板 2—永磁电动机及减速器 3—导向套 4—钢丝绳 5—玻璃

（2）齿扇式玻璃升降器

它的齿扇上连有螺旋弹簧，当车窗上升时，弹簧展开，放出能量，以减轻电动机负荷；当车窗下降时，弹簧压缩，吸收能量，从而使车窗无论上升还是下降，电动机的负荷基本相同，如图3-2所示。

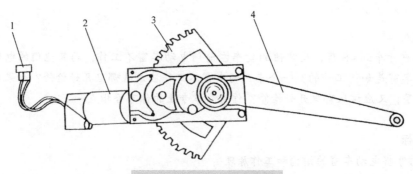

图3-2　齿扇式玻璃升降器

1—电缆接头　2—电动机　3—齿扇　4—推力杆

（3）齿条式玻璃升降器

它使用柔性齿条和小齿轮，车窗连在齿条的一端，电动机带动轴端小齿轮转动，使齿条移动，以带动车窗升降，如图3-3所示。

2. 电动机

车窗一般使用双向永磁电动机或绕线（绕组串联式）电动机，每个车窗安装有一只电动机，通过开关控制其电流方向，从而实现车窗的升降。另外，为了防止电动机过载，在电路或电动机内装有一个或多个热敏电路开关，用来控制电流，当车窗玻璃上升到极限位置或由于结冰而使车窗玻璃不能自由移动时，即使操纵控制开关，热敏开关也会自动断路，避免电动机通电时间过长而烧坏。

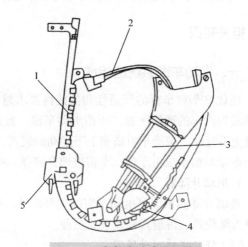

图3-3　齿条式玻璃升降器

1—齿条　2—电缆接头　3—电动机
4—小齿轮　5—定位架

迈腾B8玻璃升降器电动机采用永磁直流电动机，电动机的定子上安装有固定的主磁极和电刷，转子上安装有电枢绕组和换向器。直流电源的电能通过电刷和换向器进入电枢绕组，产生电枢电流，电枢电流产生的磁场与主磁场相互作用产生电磁转矩，使电动机旋转带动负载。

运行时转动的部分称为转子，它的主要作用是产生电磁转矩和感应电动势，是直流电动机进行能量转换的枢纽，所以通常又称为电枢，由转轴、电枢铁心、电枢绕组、换向器等组成，如图3-4所示。

项目三 电动车窗的检修

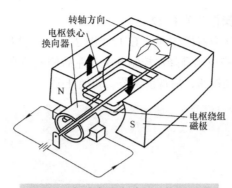

图3-4 永磁直流电动机结构原理图

改变玻璃升降器电动机上的两个电源线方向（+、-），电动机的转动方向将改变，随之，车窗玻璃将会在滑道内上升或者下降。

3. 开关

开关由主控开关、分控开关等组成。电动车窗控制系统中的主控开关用于驾驶人对电动车窗系统进行总的操纵，一般安装在左前车门把手上或变速杆附近；分控开关安装在每个车门的中间或车门把手上，用于乘客对车窗进行操纵。

> **引导问题**：电动车窗玻璃升降器控制开关将通常的四根信号线（上升、自动上升、下降、自动下降）输出改为采用一根信号线输出，这是怎样实现的？

二、电动车窗玻璃升降器系统工作原理

以迈腾B8玻璃升降器为例，迈腾B8玻璃升降器系统包含以下元器件和控制单元：车载电网控制单元J519、遥控钥匙、数据总线诊断接口J533、进入及起动系统接口J965、车门控制单元（驾驶人侧车门控制单元J386/前排乘员侧车门控制单元J387/后侧车门控制单元J388、J389）、玻璃升降器电动机（四个）、玻璃升降器开关（四个），如图3-5所示。

电动车窗系统工作原理

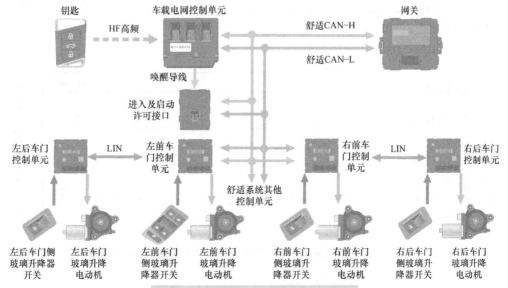

图3-5 迈腾B8玻璃升降器系统组成

1. 驾驶人侧玻璃升降器操作开关 E512

迈腾 B8 驾驶人侧玻璃升降器操作开关 E512（图 3-6）包含以下控制元件：驾驶人侧玻璃升降器控制开关，前排乘员侧玻璃升降器控制开关，左后侧玻璃升降器控制开关，右后侧玻璃升降器控制开关，儿童安全锁按钮，后视镜调节、转换开关。

图 3-6　迈腾 B8 驾驶人侧玻璃升降器操作开关 E512

为了减少普通线路连接数量，迈腾 B8 玻璃升降器控制开关采用分压方式，将通常的四根信号线（上升、自动上升、下降、自动下降）输出改为采用一根信号线输出，如图 3-7 所示。迈腾 B8 玻璃升降器开关内部装有不同的电阻，操作开关在不同的档位（上升、自动上升、下降、自动下降）时，通过开关内部的分压电阻将信号线输出电压改变，控制单元将这些输入的信号电压和控制单元内部预先存储的玻璃升降器图谱动作数据（上升、自动上升、下降、自动下降）电压对比，如果和哪一个图谱动作数据电压对比成功，将控制玻璃升降器相应的动作（上升、自动上升、下降、自动下降）。

图 3-7　迈腾 B8 驾驶人侧玻璃升降器操作开关 E512 电路原理图

2. 前排乘员侧、左后侧、右后侧玻璃升降器操作开关

迈腾 B8 前排乘员侧、左后侧、右后侧玻璃升降器操作开关如图 3-8 所示，电路原理图如图 3-9～图 3-11 所示。

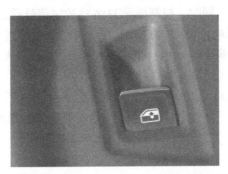

图 3-8　迈腾 B8 前排乘员侧、左后侧、右后侧玻璃升降器操作开关

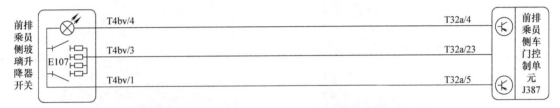

图 3-9　迈腾 B8 前排乘员侧玻璃升降器操作开关电路原理图

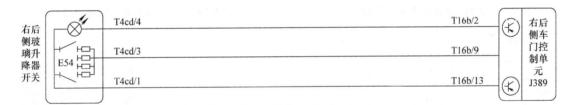

图 3-10　迈腾 B8 右后侧玻璃升降器操作开关电路原理图

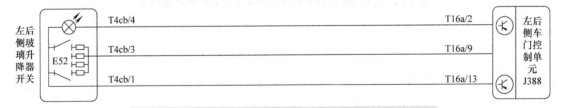

图 3-11　迈腾 B8 左后侧玻璃升降器操作开关电路原理图

迈腾 B8 前排乘员侧、左后侧、右后侧玻璃升降器操作开关为单体开关，只控制相对应的车门玻璃升降器动作，结构原理和驾驶人侧玻璃升降器操作开关 E512 一样。

3. 儿童安全锁按钮 E318

如图 3-12 所示，儿童安全锁按钮是为保证乘车儿童安全的一种主动安全装置，防止车辆行驶过程中儿童开启车窗产生的危险。在儿童安全锁按钮锁止情况下，只有驾驶人侧控制开关才能控制所有后门玻璃车窗，所有后门上的车窗玻璃升降器开关都无法控制对应的玻璃车窗。

按下驾驶人侧玻璃升降器操作开关 E512 上的儿童安全锁按钮 E318，驾驶人侧车门控制单元 J386 检测到开关开启信号，控制单元 J386 将这个模拟信号转换为数字信号，通过 LIN 总线发送给左后侧车门控制单元 J388，控制单元 J388 将停止左后侧玻璃升降器电动机动作，左后侧车门玻璃将无法上升或下降。同时，控制单元 J386 将数字信号通过 CAN 总线发送给前排乘员侧车门控制单元 J387，控制单元 J387 通过 LIN 总线发送给右后侧车门控制单元 J389，控制单元 J389 将停止右后侧玻璃升降器电动机动作，右后侧车门玻璃将无法上升或下降。

4. 玻璃升降器电动机

如图 3-13 所示，迈腾 B8 玻璃升降器电动机从上一代的控制模块、电动机为一体的结构中将电动机分离出来，采用单独控制，这将使得玻璃升降器机械结构有了更多的布局结构设计。

图 3-12　迈腾 B8 儿童安全锁按钮 E318

图 3-13　迈腾 B8 玻璃升降器电动机

玻璃升降器电动机电路原理图如图 3-14~ 图 3-17 所示。

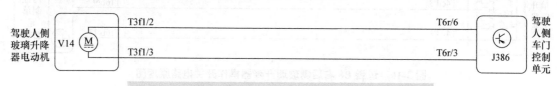

图 3-14　迈腾 B8 驾驶人侧玻璃升降器电动机电路原理图

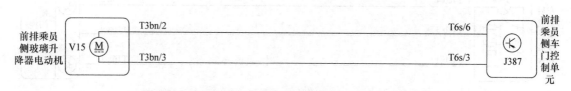

图 3-15　迈腾 B8 前排乘员侧玻璃升降器电动机电路原理图

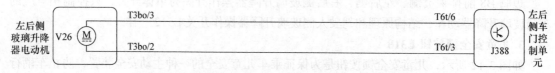

图 3-16　迈腾 B8 左后侧玻璃升降器电动机电路原理图

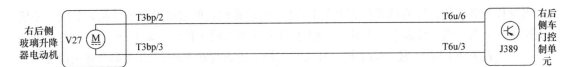

图 3-17　迈腾 B8 右后侧玻璃升降器电动机电路原理图

> **引导问题**：玻璃升降器有哪些功能是保护儿童的？玻璃防夹手功能是怎么回事？

三、玻璃升降器的功能及工作过程

（一）玻璃升降器的功能

迈腾 B8 玻璃升降器具有：车窗玻璃手动上升、车窗玻璃自动上升、车窗玻璃手动下降、车窗玻璃自动下降、儿童安全锁、车窗玻璃防夹手六个功能。

（二）迈腾 B8 玻璃升降器工作过程

1. 驾驶人侧车窗玻璃

驾驶人侧车窗玻璃控制过程如图 3-18 所示。驾驶人侧玻璃升降器控制开关在驾驶人侧玻璃升降器操作开关 E512 上，当向上拉动开关至一档（代表手动上升）、向上拉动开关至二档（代表自动上升）、向下按动开关至一档（代表手动下降）、向下按动开关至二档（代表自动下降）时，开关就会将电源电压分压后作为信号输出（上、下时电压相反），并输送给驾驶人侧车门控制单元 J386，J386 将模拟信号转变成数字信号，并根据内部的程序控制驾驶人侧玻璃升降器电动机的运行。

图 3-18　迈腾 B8 驾驶人侧车窗玻璃控制过程

2. 前排乘员侧车窗玻璃

1）驾驶人侧玻璃升降器操作开关控制如图 3-19 所示。

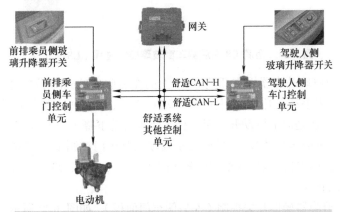

图 3-19　迈腾 B8 前排乘员侧车窗玻璃控制过程（E512 上）

当操作驾驶人侧玻璃升降器操作开关 E512 上的前排乘员侧玻璃升降器控制开关时，不管向上拉动开关至一档（代表手动上升）、向上拉动开关至二档（代表自动上升）、向下按动开关至一档（代表手动下降），还是向下按动开关至二档（代表自动下降），开关都会将电源电压分压后作为信号输出（上、下时电压相反），并输送给驾驶人侧车门控制单元 J386，J386 将模拟信号转变成数字信号，通过舒适 CAN 总线传送给前排乘员侧车门控制单元 J387，J387 根据内部程序控制前排乘员侧玻璃升降器电动机的运行。

2）前排乘员侧玻璃升降器操作开关控制（前排乘员侧车门面板），如图 3-20 所示。

图 3-20　迈腾 B8 前排乘员侧车窗玻璃控制过程（前排乘员侧车门面板上）

当操作前排乘员侧车门面板上的车窗玻璃升降器控制开关时，不管向上拉动开关至一档（代表手动上升）、向上拉动开关至二档（代表自动上升）、向下按动开关至一档（代表手动下降），还是向下按动开关至二档（代表自动下降），开关都会将电源电压分压后作为信号输出（上、下时电压相反），并输送给前排乘员侧车门控制单元 J387，J387 将模拟信号转变成数字信号，并根据内部程序控制前排乘员侧玻璃升降器电动机的运行。

3. 左后侧车窗玻璃

1）驾驶人侧玻璃升降器操作开关控制，如图 3-21 所示。

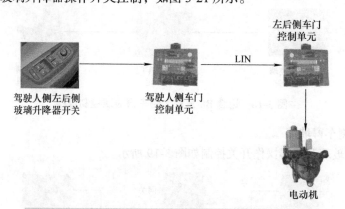

图 3-21　迈腾 B8 左后侧车窗玻璃控制过程（E512 上）

当操作驾驶人侧玻璃升降器操作开关 E512 上的左后侧玻璃升降器控制开关时，不管向上拉动开关至一档（代表手动上升）、向上拉动开关至二档（代表自动上升）、向下按动开关至一档（代表手动下降），还是向下按动开关至二档（代表自动下降），开关都会将电源电压分压后作为信号输出（上、下时电压相反），并输送给驾驶人侧车门控制单元 J386，J386 将模拟信号转变成数字信号，通过 LIN 总线传送给左后侧车门控制单元 J388，J388 根据内部程序控制左后侧玻璃升降器电动机的运行。

2）左后侧玻璃升降器操作开关控制（左后侧车门面板），如图 3-22 所示。

当儿童安全锁开关不起作用、操作左后侧车门面板上的车窗玻璃升降器控制开关时，不管向上拉动开关至一档（代表手动上升）、向上拉动开关至二档（代表自动上升）、向下按动开关至一档（代表手动下降），还是向下按动开关至二档（代表自动下降），开关都会将电源电压分压后作为信号输出（上、下时电压相反），并输送给左后侧车门控制单元 J388，J388 将模拟信号转变成数字信号，并根据内部程序控制左后侧玻璃升降器电动机的运行。

图 3-22　迈腾 B8 左后侧车窗玻璃控制过程（左后侧车门面板上）

4. 迈腾 B8 右后侧车窗玻璃

1）驾驶人侧玻璃升降器操作开关控制，如图 3-23 所示。

当操作驾驶人侧玻璃升降器操作开关 E512 上的右后侧车窗玻璃升降器控制开关时，不管向上拉动开关至一档（代表手动上升）、向上拉动开关至二档（代表自动上升）、向下按动开关至一档（代表手动下降），还是向下按动开关至二档（代表自动下降），开关都会将电源电压分压后作为信号输出（上、下时电压相反），并输送给驾驶人侧车门控制单元 J386，J386 将模拟信号转变成数字信号，通过舒适 CAN 总线传送给前排乘员侧车门控制单元 J387，再通过 LIN 总线传送给右后侧车门控制单元 J389，J389 根据内部程序控制右后侧玻璃升降器电动机的运行。

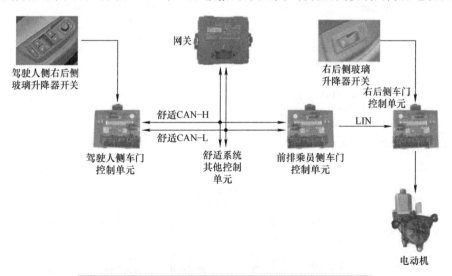

图 3-23　迈腾 B8 右后侧车窗玻璃控制过程（E512 上）

2）右后侧玻璃升降器操作开关（右后侧车门面板），如图 3-24 所示。

当儿童安全锁开关不起作用、操作右后侧车门面板上的车窗玻璃升降器控制开关时，不管向上拉动开关至一档（代表手动上升）、向上拉动开关至二档（代表自动上升）、向下按动开关至一档（代表手动下降），还是向下按动开关至二档（代表自动下降），开关都会将电源电压分压后作为信号输出（上、下时电压相反），并输送给右后侧车门控制单元J389，J389将模拟信号转变成数字信号，并根据内部程序控制右后侧玻璃升降器电动机的运行。

图3-24　迈腾B8右后侧车窗玻璃控制过程（右后侧车门面板上）

5. 儿童安全锁

迈腾B8儿童安全锁控制过程如图3-25所示。当操作驾驶人侧玻璃升降器操作开关E512上的儿童安全锁按钮E318时，如果是初次按下E318，代表驾驶人想让所有后侧车门玻璃动作锁止，如果再次按下E318，代表驾驶人想让所有后侧车门玻璃动作解锁。此时，开关就会将不同的电压信号输送给驾驶人侧车门控制单元J386，J386将模拟信号转变成数字信号，一方面通过LIN总线传送给左后侧车门控制单元J388，J388根据信号指令看是否锁止左后侧玻璃升降器电动机的运行；另一方面通过舒适CAN总线传送给前排乘员侧车门控制单元J387，再通过LIN总线传送给右后侧车门控制单元J389，J389根据信号指令看是否锁止右后侧玻璃升降器电动机的运行。

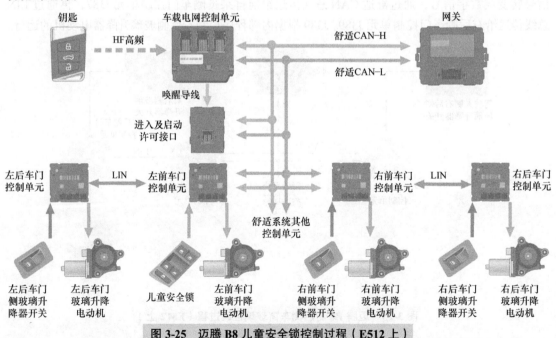

图3-25　迈腾B8儿童安全锁控制过程（E512上）

6. 车窗玻璃防夹手功能

迈腾B8车窗玻璃在手动上升和自动上升过程中都带有防夹手功能。

车窗玻璃在上升过程中的阻力变化与车窗玻璃到达终端的阻力不一样，后者的阻力远远大于前者，当玻璃上升时，若夹住物体，由于阻力增大且变化（电动机电流增大和变化），控制单元检测到阻力（电流）增大、变化，立即改变电动机控制方向，车窗玻璃立即下降至中间位置。

车窗玻璃到达终端（顶部或底部）时，阻力基本恒定（电动机电流恒定），且到达终端时电动机电流过载，控制单元检测到这个过载电流后停止电动机供电，车窗玻璃完全关闭或打开。

项目实施

一、迈腾 B8 玻璃升降器故障分析

1. 迈腾 B8 玻璃升降器常见的故障现象

迈腾 B8 玻璃升降器运行时常见的故障现象有以下四种：

1）驾驶人侧玻璃升降器开关控制所有车门玻璃升降异常。
2）驾驶人侧玻璃升降器开关控制驾驶人侧车门玻璃升降异常。
3）一侧玻璃升降器开关控制对应车门玻璃升降异常。
4）一侧玻璃升降器开关控制对应车门玻璃升或降异常。

2. 故障分析

1）打开点火开关时观察仪表显示是否正常。如果仪表（所有状态指示灯、转速表、车速表、提示信息等）显示异常，就需要结合电路图和维修手册，先排除仪表显示异常的故障。

2）操作驾驶人侧玻璃升降器开关 E512 上的驾驶人侧玻璃升降器开关，车窗玻璃应能正常手动上升、自动上升、手动下降、自动下降，驾驶人侧玻璃升降器控制电路图如图 3-26 所示，根据电路图分析常见故障及故障现象见表 3-1。

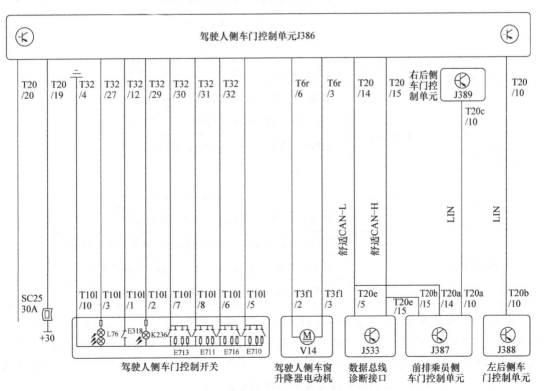

图 3-26　迈腾 B8 驾驶人侧玻璃升降器控制电路图

表 3-1　常见故障及故障现象

故障现象	故障原因
1）所有控制功能异常	① 开关本身、开关供电、信号电路
	② 驾驶人侧车门控制单元 J386 内部、供电
	③ 驾驶人侧玻璃升降器电动机、控制电路
2）单个功能异常	① E710 上的开关内部控制对应的触点、电阻、印制电路板
	② 驾驶人侧车门控制单元 J386 内部（此功能控制）

3）操作驾驶人侧玻璃升降器开关 E512 上的前排乘员侧玻璃升降器开关，车窗玻璃应能正常手动上升、自动上升、手动下降、自动下降；操作前排乘员侧车门面板上的玻璃升降器开关，车窗玻璃应能正常手动上升、自动上升、手动下降、自动下降，常见故障及故障现象见表 3-2。

表 3-2　常见故障及故障现象

故障现象	故障原因
1）E512 上的开关所有控制功能异常	① 开关本身、开关供电、信号电路
	② 驾驶人侧车门控制单元 J386 内部、供电
	③ 舒适 CAN 总线
	④ 前排乘员侧车门控制单元 J387 内部、供电
	⑤ 前排乘员侧玻璃升降器电动机、控制电路
2）前排乘员侧玻璃升降器开关 E107 所有控制功能异常	① 开关本身、开关供电、信号电路
	② 前排乘员侧车门控制单元 J387 内部、供电
	③ 前排乘员侧玻璃升降器电动机、控制电路
3）E512 上的开关控制异常而开关 E107 控制正常	① E512 上的开关本身、开关供电、信号电路
	② 驾驶人侧车门控制单元 J386 内部、供电
	③ 舒适 CAN 总线
4）开关 E107 控制异常而 E512 上的开关控制正常	① E107 开关本身、开关供电、信号电路
	② 前排乘员侧车门控制单元 J387 内部（局部）
5）单个功能异常	① E107 上的开关内部控制对应的触点、电阻、印制电路板
	② E512 开关内部控制对应的触点、电阻、印制电路板
	③ 前排乘员侧车门控制单元 J387 内部（此功能控制）

4）操作驾驶人侧玻璃升降器开关 E512 上的左后侧玻璃升降器开关，车窗玻璃应能正常手动上升、自动上升、手动下降、自动下降；操作左后侧车门面板上的玻璃升降器开关，车窗玻璃应能正常手动上升、自动上升、手动下降、自动下降，左后侧车门玻璃升降器控制电路图如图 3-27 所示，根据电路图分析常见故障及故障现象见表 3-3。

表 3-3　常见故障及故障现象

故障现象	故障原因
1）E512 上的开关所有控制功能异常	① 开关本身、开关供电、信号电路 ② 驾驶人侧车门控制单元 J386 内部、供电 ③ LIN 总线 ④ 左后侧车门控制单元 J388 内部、供电 ⑤ 左后侧玻璃升降器电动机、控制电路
2）左后侧玻璃升降器开关 E52 所有控制功能异常	① 开关本身、开关供电、信号电路 ② 左后侧车门控制单元 J388 内部、供电 ③ 左后侧玻璃升降器电动机、控制电路 ④ 儿童安全锁按钮 E318 开关本身、供电、信号电路（所有后门不能操作）
3）E512 上的开关控制异常而开关 E52 控制正常	① E512 上的开关本身、开关供电、信号电路 ② 驾驶人侧车门控制单元 J386 内部、供电 ③ LIN 总线
4）开关 E52 控制异常而 E512 上的开关控制正常	① E52 开关本身、开关供电、信号电路 ② 左后侧车门控制单元 J388 内部（局部） ③ 儿童安全锁按钮 E318 开关本身、供电、信号电路（所有后门不能操作）
5）单个功能异常	① E52 上的开关内部控制对应的触点、电阻、印制电路板 ② E512 开关内部控制对应的触点、电阻、印制电路板 ③ 左后侧车门控制单元 J388 内部（此功能控制）

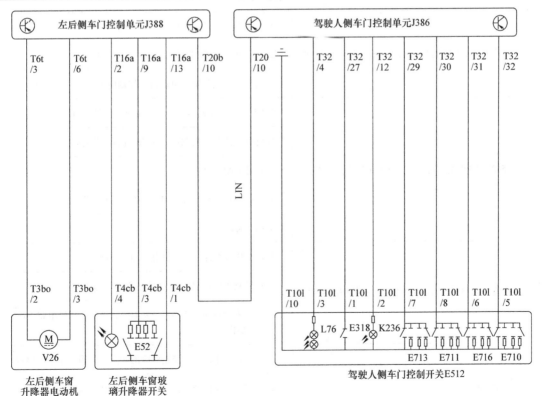

图 3-27　迈腾 B8 左后侧玻璃升降器控制电路图

5）操作驾驶人侧玻璃升降器开关 E512 上的右后侧玻璃升降器开关，车窗玻璃应能正常手动上升、自动上升、手动下降、自动下降；操作右后侧车门面板上的玻璃升降器开关，车窗玻璃应能正常手动上升、自动上升、手动下降、自动下降。右后侧玻璃升降器控制电路图如图 3-28 所示，根据电路图分析常见故障及故障现象见表 3-4。

表 3-4　常见故障及故障现象

故障现象	故障原因
1）E512 上的开关所有控制功能异常	① 开关本身、开关供电、信号电路
	② 驾驶人侧车门控制单元 J386 内部、供电
	③ 舒适 CAN 总线
	④ 前排乘员侧车门控制单元 J387 内部、供电
	⑤ LIN 总线
	⑥ 右后侧车门控制单元 J389 内部、供电
	⑦ 右后侧玻璃升降器电动机、控制电路
	⑧ 儿童安全锁按钮 E318 开关本身、供电、信号电路（所有后门不能操作）
2）右后侧玻璃升降器开关 E54 所有控制功能异常	① 开关本身、开关供电、信号电路
	② 右后侧车门控制单元 J389 内部、供电
	③ 右后侧玻璃升降器电动机、控制电路
3）E512 上的开关控制异常而开关 E54 控制正常	① E512 上的开关本身、开关供电、信号电路
	② 驾驶人侧车门控制单元 J386 内部、供电
	③ 舒适 CAN 总线
	④ 前排乘员侧车门控制单元 J388 内部、供电
	⑤ LIN 总线
4）开关 E54 控制异常而 E512 上的开关控制正常	① E54 开关本身、开关供电、信号电路
	② 右后侧车门控制单元 J389 内部（局部）
	③ 儿童安全锁按钮 E318 开关本身、供电、信号电路（所有后门不能操作）
5）单个功能异常	① E54 上的开关内部控制对应的触点、电阻、印制电路板
	② E512 开关内部控制对应的触点、电阻、印制电路板
	③ 右后侧车门控制单元 J389 内部（此功能控制）

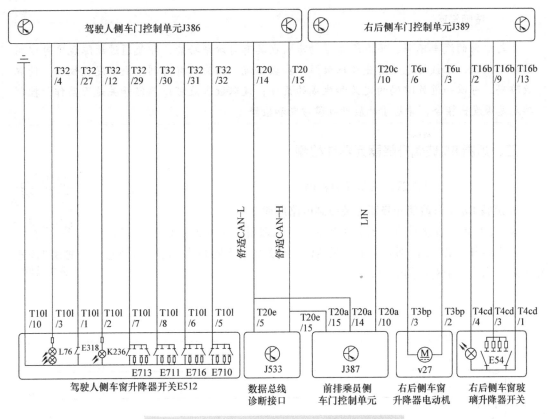

图 3-28 迈腾 B8 右后侧玻璃升降器控制电路图

6）操作驾驶人侧玻璃升降器开关 E512 上的儿童安全锁按钮 E318。驾驶人侧车窗玻璃升降器开关应能对所有后侧车门车窗玻璃进行控制，而所有后侧车门开关不能操作对应的车窗玻璃，儿童安全锁如图 3-26 所示。根据电路图分析常见故障及故障现象见表 3-5。

表 3-5 常见故障及故障现象

故障现象	故障原因
1）儿童安全锁所有控制功能异常	① E318 开关本身、开关供电、信号电路
	② 驾驶人侧车门控制单元 J386 内部、供电
	③ 舒适 CAN 总线
	④ LIN 总线
2）儿童安全锁一侧控制功能异常	① 舒适 CAN 总线
	② LIN 总线
	③ 前排乘员侧车门控制单元 J387 内部、供电

如果上边某一项出现异常，应结合其结构和工作原理，检测相关信号、电源、熔丝、线路以及部件本身。

> **技师经验**
>
> 与以前的汽车不同,现在汽车电动车窗也具有自诊断功能,即使通过故障现象可以明确故障范围,但最好也是首先读取故障码和数据流,因为这样有利于快速发现故障。读取故障码,可以知道故障码的定义和生成的条件;读取数据流可以确定开关是否动作,控制单元是否发出指令,并基于此展开故障诊断和检修。

二、迈腾 B8 玻璃升降器元器件检测

（一）车窗玻璃升降器开关信号的检测

1. 迈腾 B8 车窗玻璃升降器开关控制电路原理

从迈腾 B8 车窗玻璃升降器开关控制电路原理图（图 3-29）上可以看出,玻璃升降器开关 E710 内部为电阻分压结构,开关处于不同的档位时,信号电路上就会产生一个对应的电压。

玻璃升降器开关检测

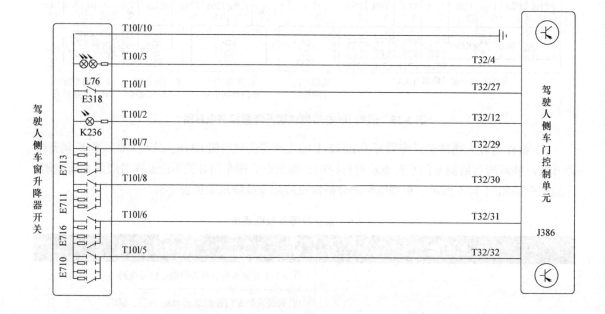

图 3-29　迈腾 B8 车窗玻璃升降器开关控制电路图

驾驶人侧车门控制单元 J386 通过 T32/32 端子输出一个参考电压给驾驶人侧玻璃升降器控制开关 E710 的 T101/5 端子,同时通过 T101/10 端子为开关提供搭铁回路。操作开关（上升、自动上升、下降、自动下降）时,T101/5 端子至 T32/32 端子这条线路上的电压会产生相应的变化,驾驶人侧车门控制单元 J386 监测线路上的电压,根据此电压确认开关处于哪种状态（上升、自动上升、下降、自动下降）,从而控制升降器电动机做相应的运转。

2. 车窗玻璃升降器开关及电路常见的故障

常见故障见表 3-6。

表 3-6　车窗玻璃升降器开关及电路常见的故障

序号	故障性质
1	E710 损坏
2	E710 信号线路断路
3	E710 信号线路虚接
4	E710 信号线路对搭铁短路
5	车窗玻璃升降器开关的（T101/10）搭铁线路断路
6	车窗玻璃升降器开关的（T101/10）搭铁线路虚接
7	驾驶人侧车门控制单元 J386 故障

3. 车窗玻璃升降器开关信号的检测诊断

此信号可以用示波器测量，也可以用万用表测量。

1）用示波器测量时，如图 3-30 所示，电路在开关无操作时会由车门控制单元 J386 输出一个 3.6V 左右的波形，操作开关（上升、自动上升、下降、自动下降）时，会通过开关内部的分压电阻将此电压下拉，会输出不同的波形。

2）用万用表测量，电路在开关无操作时会由车门控制单元 J386 输出一个 3.6V 左右的参考电压，操作开关（上升、自动上升、下降、自动下降）时，会通过开关内部的分压电阻将此电压下拉。

迈腾 B8 车窗玻璃升降器开关信号的检测诊断流程图如图 3-31 所示，J386 的 T32/32 端子对搭铁电压测量见表 3-7，玻璃升降器开关 E710 各档位电阻值见表 3-8。

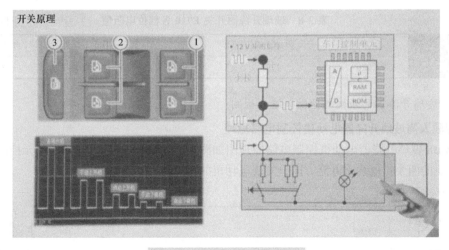

图 3-30　用示波器测量情况

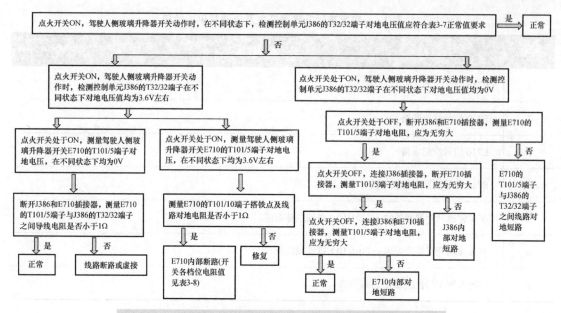

图 3-31　迈腾 B8 车窗玻璃升降器开关信号的检测诊断流程图

表 3-7　J386 的 T32/32 端子对搭铁电压测量

测置条件	实测结果	状态
开关至上升 2 档	1.13V 左右	
开关至上升 1 档	2.1V 左右	
无操作	3.6V 左右	正常
开关至下降 1 档	0.4V 左右	
开关至下降 2 档	0V	

表 3-8　玻璃升降器开关 E710 各档位电阻值　　　　　　　　　　　　单位：Ω

状态	手动上升	自动上升	空	手动下降	自动下降
电阻值	820	270	无穷大	100	0

（二）玻璃升降器电动机及控制电路的检测

1. 驾驶人侧玻璃升降器电动机控制电路原理

迈腾 B8 玻璃升降器电动机控制电路原理图如图 3-32 所示，通过车门控制单元控制玻璃升降器电动机的两个供电线路电流方向，实现电动机的正反转。

图 3-32　迈腾 B8 驾驶人侧玻璃升降器电动机控制电路原理图

2. 驾驶人侧玻璃升降器电动机常见故障

驾驶人侧车门控制单元 J386 通过其 T6t/6 端子至玻璃升降器电动机的 T3f1/2 端子之间的线路，连接至电动机的一端电刷。同时，其 T6t/3 端子至玻璃升降器电动机的 T3f1/3 端子之间的线路，连接至电动机的另一端电刷。操作开关（上升、自动上升、下降、自动下降）时，两条线路输出电压相反，驱动电动机运转。驾驶人侧玻璃升降器电动机常见故障见表 3-9。

表 3-9　驾驶人侧玻璃升降器电动机常见故障

序号	故障原因
1	玻璃升降器电动机损坏
2	玻璃升降器电动机 T3f1/2 端子信号线路断路
3	玻璃升降器电动机 T3f1/2 端子信号线路虚接
4	玻璃升降器电动机 T3f1/2 端子信号线路对搭铁短路
5	玻璃升降器电动机 T3f1/3 端子信号线路断路
6	玻璃升降器电动机 T3f1/3 端子信号线路虚接
7	玻璃升降器电动机 T3f1/3 端子信号线路对搭铁短路
8	驾驶人侧车门控制单元 J386 故障

3. 驾驶人侧玻璃升降器电动机及控制电路检测诊断

第一步：测量玻璃升降器电动机端的 T3f1/2 端子和 T3f1/3 端子之间电压，见表 3-10。

表 3-10　玻璃升降器电动机端的 T3f1/2 端子和 T3f1/3 端子之间电压测量

可能性	测量条件	实测结果	状态	操作
1	开关至上升档位	−B	正常	说明电动机损坏，转第四步
	开关至下降档位	+B		
2	开关至上升档位	0V	异常	转第二步第 1 种、第 2 种可能
	开关至下降档位	0V		
	开关至上升档位	除 −B 以外的任意电压值		转第二步第 1 种、第 3 种可能
	开关至下降档位	除 +B 以外的任意电压值		

第二步：测量车门控制单元端的 T6t/6 端子和 T6t/3 端子之间电压，见表 3-11。

表 3-11 T6t/6 端子和 T6t/3 端子之间电压测量

序号	测量条件	实测结果	状态	可能原因	操作
1	开关至上升档位	−B	正常	电路故障	转第三步
	开关至下降档位	+B		玻璃升降器电动机故障	转第四步
2	开关至上升档位/开关至下降档位	0V	异常	J386 电源搭铁故障	检修 J386 电源搭铁
				J386CAN 总线故障	检修 J386CAN 总线
				驾驶人侧玻璃升降器开关或其线路故障	检修驾驶人侧玻璃升降器开关或其线路
				玻璃升降器电动机线路相互短路	转第三步
				玻璃升降器电动机内部对搭铁短路	转第四步
				控制单元 J386 故障	更换控制单元 J386
	注：本步未考虑线路相互短路等小概率原因。				
3	开关至上升档位	除 −B 以外任意电压	异常	控制单元 J386 故障	转第三步
	开关至下降档位	除 +B 以外任意电压			

第三步：线路导通性检测。

测量车门控制单元端的 T6t/6 端子与玻璃升降器电动机端的 T3f1/2 端子间线路的导通性，见表 3-12。

表 3-12 T6t/6 端子与玻璃升降器电动机端的 T3f1/2 端子间线路的导通性测量

测量标准：关闭点火开关，拔下玻璃升降器电动机和车门控制单元插接器，该导线端对端电阻应小于 1Ω。				
可能性	实测结果	状态	可能原因	操作
1	<1Ω	正常	线束插接器故障	检修插接器
2	无穷大	异常	T6t/6 端子与 T3f1/2 端子之间线路断路	检修线路
3	>1Ω	异常	T6t/6 端子与 T3f1/2 端子之间线路虚接	

测量车门控制单元端的 T6t/3 端子与玻璃升降器电动机端的 T3f1/3 端子间线路的导通性，见表 3-13。

表 3-13 车门控制单元端的 T6t/3 端子与玻璃升降器电动机端的 T3f1/3 端子间线路的导通性测量

测量标准：关闭点火开关，拔下玻璃升降器电动机和车门控制单元插接器，该导线端对端电阻应小于 1Ω。				
可能性	实测结果	状态	可能原因	操作
1	<1Ω	正常	线束插接器故障	检修插接器
2	无穷大	异常	T6t/3 端子与 T3f1/3 端子之间线路断路	检修线路
3	>1Ω	异常	T6t/3 端子与 T3f1/3 端子之间线路虚接	

测量玻璃升降器电动机端的 T3f1/3 端子与 T3f1/2 端子间线路的导通性，见表 3-14。

表 3-14　玻璃升降器电动机端的 T3f1/3 端子与 T3f1/2 端子间线路的导通性测量

测量标准：关闭点火开关，拔下玻璃升降器电动机和车门控制单元插接器，该导线端对端电阻应为无穷大。				
可能性	实测结果	状态	可能原因	操作
1	无穷大	正常	—	—
2	<1Ω	异常	T3f1/3 端子与 T3f1/2 端子之间线路短路	检修线路
3	>1Ω	异常	T3f1/3 端子与 T3f1/2 端子之间线路虚接	

第四步：测量玻璃升降器电动机电阻，见表 3-15。

表 3-15　玻璃升降器电动机电阻测量

测量标准：关闭点火开关，断开玻璃升降器电动机 T3f1 接插件，测量值应为 1.3Ω。				
测量部位	实测结果	状态	可能原因	操作
测量玻璃升降器电动机 T3f1/2 端子和 T3f1/3 端子之间电阻	无穷大	异常	电动机断路	更换玻璃升降器电动机
	1.3Ω	正常	—	测量结束
	>1.3Ω	异常	电动机内部虚接	更换玻璃升降器电动机

复习思考题

一、填空题

1. 玻璃升降器的机械结构可分为_____、_____、_____三种。

2. 为了减少普通线路连接数量，迈腾 B8 玻璃升降器控制开关采用_____，将通常的四根信号线（上升、自动上升、下降、自动下降）输出改为采用一根信号线输出。

3. 儿童安全锁按钮是为保证乘车儿童安全的一种_____动安全装置，防止车辆行驶过程中儿童开启车窗产生的危险。在儿童安全锁按钮锁止情况下，只有_____侧控制开关才能控制所有后门玻璃车窗，所有_____的车窗玻璃升降器开关都无法控制对应的玻璃车窗。

4. 车窗玻璃在上升过程中的阻力变化与车窗玻璃到达终端的阻力不一样，后者的阻力远远_____前者，当玻璃上升时，若夹住物体，由于阻力增大且变化（电动机电流增大且变化），控制单元检测到阻力（电流）增大、变化，立即改变电动机控制方向，车窗玻璃立即下降至_____位置。

二、简答题

1. 说明迈腾 B8 车窗玻璃升降器功能及工作过程。
2. 请叙述迈腾 B8 车窗玻璃升降器开关信号的检测流程。
3. 请叙述迈腾 B8 玻璃升降器电动机及控制电路的检测步骤。

项目四 电动后视镜的检修

项目导入

一位客户开车到 4S 店反映他的爱车左侧电动后视镜只能上下调节而不能左右调节,右侧电动后视镜功能正常。这个故障应该如何检修?作为汽车专业的你可否指点一下?

项目目标

1)能够掌握汽车电动后视镜的结构组成和工作原理。
2)会正确使用万用表、示波器、解码器等常见设备。
3)会查阅维修资料,会识读和分析电路原理图。
4)能够正确操纵汽车电动后视镜。
5)能够对汽车电动后视镜的常见故障进行诊断与排除。

↓ 相关知识

一、电动后视镜结构

汽车上的后视镜位置直接关系到驾驶人能否观察到车后的情况,与汽车的安全性有着密切联系。而手动后视镜的调整一般来说比较麻烦,采用电动后视镜,可通过开关进行调整,操作起来十分方便。

电动后视镜的结构如图 4-1 所示。电动后视镜的背后装有两套电动机和驱动器,可操纵后视镜上下及左右转动。通常,上下方向的转动用一个电动机控制,左右方向的转动由另一个电动机控制。通过改变电动机的电路方向,即可完成后视镜的上下和左右调整。

电动后视镜的结构

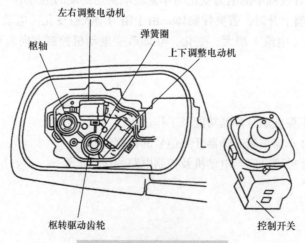

图 4-1 电动后视镜的结构

二、电动后视镜系统的组成和工作原理

以迈腾 B8 后视镜控制系统为例说明后视镜的系统组成和工作原理。

迈腾 B8 后视镜控制系统通过车门控制单元集中控制，系统包含后视镜控制开关、左侧后视镜总成、右侧后视镜总成、驾驶人侧车门控制单元 J386、前排乘员侧车门控制单元 J387，如图 4-2 所示。

电动后视镜系统组成

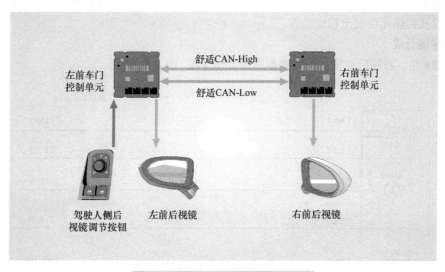

图 4-2　迈腾 B8 后视镜控制结构

1. 后视镜控制开关

后视镜控制开关由后视镜调节开关 E43、后视镜调节转换开关 E48、后视镜加热按钮 E231、后视镜内折开关 E263 四部分组成，如图 4-3 所示。

后视镜操作

图 4-3　迈腾 B8 后视镜控制开关

为了减少信号线路连接数量，迈腾 B8 后视镜控制开关内部采用触点和分压电阻相结合的输出方式，将通常的输出信号线（左侧后视镜调节、右侧后视镜调节、左侧后视镜垂直/水平调节、右侧后视镜垂直/水平调节、左右侧后视镜加热、左右侧后视镜折叠）简化为仅仅采用两根信号线输出，通过两根信号线上的电压组合判断后视镜的调节意图。

后视镜开关内部装有不同的触点开关和分压电阻，操作开关在不同的档位（左侧后视镜垂直/水平调节、右侧后视镜垂直/水平调节、左侧后视镜调节、右侧后视镜调节、左右侧后视镜加热、左右侧后视镜折叠）时，通过开关内部触点和分压电阻输出两个信号电压，驾驶人侧车门控制单元 J386 接收到这两个信号电压后，将对这些输入的信号进行处理分析，然后控制后视镜电动机以及加热元件做出相应动作。

2. 后视镜总成

迈腾 B8 左、右侧后视镜控制电路原理图如图 4-4、图 4-5 所示。

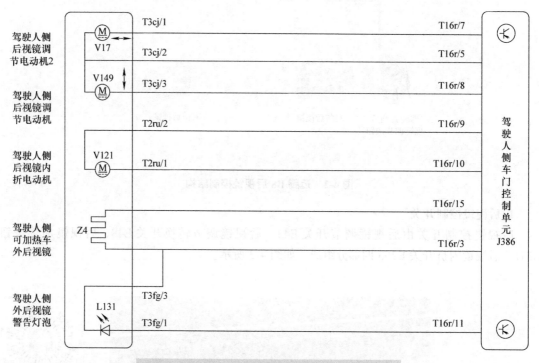

图 4-4 迈腾 B8 驾驶人侧后视镜控制电路原理图

后视镜主要让驾驶人观察汽车左右两侧的行人、车辆以及其他障碍物的情况，确保行车或倒车安全。迈腾后视镜总成包括：①后视镜水平/垂直调节电动机。②后视镜折叠/展开电动机。③后视镜加热丝。④后视镜转向灯。⑤后视镜登车照明灯。

（1）后视镜水平/垂直调节电动机

调节电动机主要以枢轴为中心，由能进行水平和垂直方向灵活变换位置的两个独立可逆的电动机、联动机构等组成。驾驶人侧后视镜水平/垂直调节（电动机控制）电路原理图如图 4-6 所示。

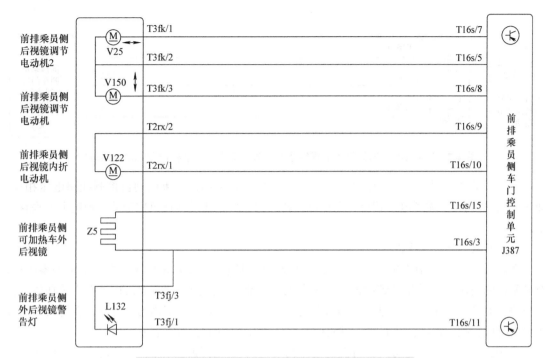

图 4-5　迈腾 B8 前排乘员侧后视镜控制电路原理图

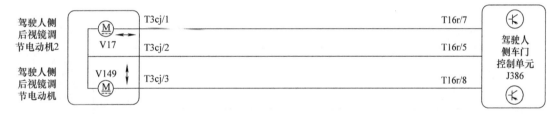

图 4-6　迈腾 B8 驾驶人侧后视镜水平/垂直调节（电动机控制）电路原理图

后视镜水平和垂直调节电动机有一条共用线路，即 V17 和 V149 有一个共用控制导线 T3cj/2，无论 V17 还是 V149 工作，这条线路都会出现低电位或高电位。

后视镜水平调节时，电动机 V17 可以沿两个方向工作，如果电动机控制线路电压相反，即 T3cj/2 和 T3cj/1 端子电压相反，电动机运转方向相反，通过连接机构带动后视镜左右水平摆动。

后视镜垂直调节时，电动机 V149 可以沿两个方向工作，如果电动机控制线路电压相反，即 T3cj/2 和 T3cj/3 端子电压相反，电动机运转方向相反，通过连接机构带动后视镜上下垂直摆动。

前排乘员侧后视镜水平/垂直调节（电动机控制）电路原理图如图 4-7 所示。

后视镜水平和垂直调节电动机有一根共用线路，即 V25 和 V150 有一个共用控制导线 T3fk/2，无论 V25 还是 V150 工作，这根线路都会出现低电位或高电位。

后视镜水平调节时，电动机 V25 可以沿两个方向工作，如果电动机控制线路电压相反，即 T3fk/2 和 T3fk/1 端子电压相反，电动机运转方向相反，通过连接机构带动后视镜左右水平摆动。

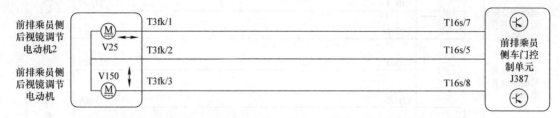

图 4-7 迈腾 B8 前排乘员侧后视镜水平/垂直调节（电动机控制）电路原理图

后视镜垂直调节时，电动机 V150 可以沿两个方向工作，如果电动机控制线路电压相反，即 T3fk/2 和 T3fk/1 端子电压相反，电动机运转方向相反，通过连接机构带动后视镜上下垂直摆动。

（2）后视镜折叠/展开电动机

车辆在行驶过程中难免发生一些意外事故，后视镜作为安装在车辆上宽度最宽的零部件，在被刮擦的情况下，最易受到冲击，为了最大限度地避免擦伤，就需要后视镜有折叠功能。具有折叠功能的后视镜，在通过狭窄路段时可以收缩起来，提高了车辆的通过性，在驾驶人离开车辆的时候，把后视镜折叠起来，方便行人和车辆通过，同时可以避免剐蹭。

后视镜折叠/展开电动机和后视镜垂直调节电动机工作原理一样，只不过此电动机在每个后视镜里只有一个，如图 4-8、图 4-9 所示。

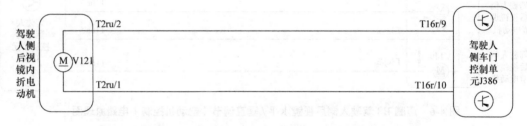

图 4-8 迈腾 B8 前排乘员侧后视镜折叠/展开电动机电路原理图

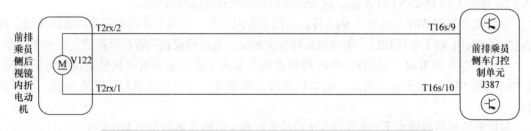

图 4-9 迈腾 B8 驾驶人侧后视镜折叠/展开电动机电路原理图

前排乘员侧后视镜：

后视镜折叠/展开工作时，电动机 V122 可以沿两个方向工作，如果电动机控制电压相反，即 T2rx/1（+、-）和 T2rx/2（-、+）端子电压相反，则电动机运转方向相反，通过连接机构带动后视镜折叠或展开。

（3）后视镜加热元件

迈腾 B8 后视镜带有加热功能，当镜片有雾或冬天有霜时可通过室内控制按钮对镜片进行加热，一般加热 20min 就可完全去霜，随后即可断电，如果空气湿度较大可连续加热。后视镜加热元件及加热电路如图 4-10、图 4-11 所示。

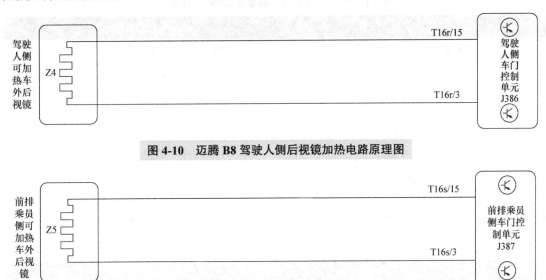

图 4-10　迈腾 B8 驾驶人侧后视镜加热电路原理图

图 4-11　迈腾 B8 前排乘员侧后视镜加热电路原理图

（4）后视镜转向灯

迈腾 B8 将翼子板上的转向灯移到后视镜上，采用集中管理，由 CAN 总线系统传输控制信号给车门控制单元，然后控制单元驱动转向灯运行，这样就可以简化布局，增加美观度。后视镜上转向灯采用 LED，发光率高，节省电量。后视镜转向灯及其电路如图 4-12、图 4-13 所示。

图 4-12　迈腾 B8 驾驶人侧后视镜转向灯电路原理图

图 4-13　迈腾 B8 前排乘员侧后视镜转向灯电路原理图

3. 驾驶人侧车门控制单元 J386

迈腾 B8 驾驶人侧车门控制单元 J386 信号输入见表 4-1。驾驶人侧车门控制单元 J386 信号输出见表 4-2。

表 4-1 驾驶人侧车门控制单元 J386 信号输入

序号	元件	信号
1	记忆操纵单元（选装）	后视镜位置记忆控制
2	后视镜位置传感器（选装）	后视镜位置记忆
3	后视镜调节转换开关 E48	后视镜左右调节选择
4	后视镜调节开关 E43	单侧后视镜左、右、上、下调节
5	后视镜内折开关 E263	后视镜折叠、收起
6	车外后视镜加热按钮 E231	车外后视镜加热
7	转向开关信号	左转向信号

表 4-2 驾驶人侧车门控制单元 J386 信号输出

序号	元件	信号
1	后视镜调节电动机	后视镜左、右、上、下调节
2	后视镜收折电动机	后视镜折叠、收起
3	加热式车外后视镜	后视镜加热
4	转向灯开关	后视镜上左转向信号灯闪烁

4. 前排乘员侧车门控制单元 J387

迈腾 B8 前排乘员侧车门控制单元 J387 信号输入见表 4-3。前排乘员侧车门控制单元 J387 信号输出见表 4-4。

表 4-3 前排乘员侧车门控制单元 J387 信号输入

序号	元件	信号
1	后视镜位置传感器（选装）	后视镜位置记忆
2	转向开关信号	右转向信号

表 4-4 前排乘员侧车门控制单元 J387 信号输出

序号	元件	信号
1	后视镜调节电动机	后视镜左、右、上、下调节
2	后视镜收折电动机	后视镜折叠、收起
3	加热式车外后视镜	后视镜加热
4	转向灯开关	后视镜上左转向信号灯闪烁

5. 迈腾 B8 后视镜工作过程

迈腾 B8 后视镜控制结构如图 4-14 所示。

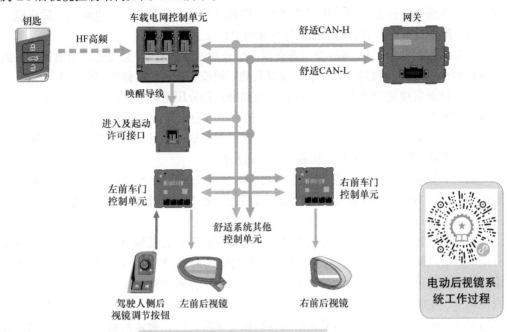

图 4-14　迈腾 B8 后视镜控制结构

注意：迈腾 B8 后视镜开关在驾驶人侧玻璃升降器操作开关 E512 上（图 4-15），在调节后视镜时需先调节左侧后视镜位置，再调节右侧后视镜位置。因为在调节左侧后视镜时右侧后视镜会随着左侧的调节运动，而在调节右侧后视镜时，左侧后视镜不会再次运动。

（1）左侧后视镜调节

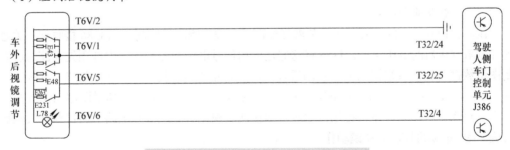

图 4-15　迈腾 B8 后视镜控制电路原理图

E43—后视镜调节开关　E48—后视镜调节转换开关　E231—车外后视镜加热按钮　E263—后视镜内折开关

打开点火开关，将后视镜开关选择在左侧后视镜调节位置，通过开关内部触点和分压电阻输出两个信号电压，控制单元 J386 接收到这两个信号电压后和控制单元内部预先存储的后视镜控制图谱数据（左侧后视镜调节、右侧后视镜调节、左侧后视镜垂直/水平调节、右侧后视镜垂直/水平调节、左右侧后视镜加热、左右侧后视镜折叠）电压对比，如果图谱动作数据电压对比成功，控制单元 J386 将准备接收后视镜调节开关发送的左侧后视镜调节信号。同时，控制单元 J386 将这一信息通过舒适 CAN 总线发送给前排乘员侧车门控制单元 J387，控制单元 J387 将准备接收后视镜调节开关发送的右侧后视镜调节信号。

向上推动后视镜调节手柄，通过开关内部触点和分压电阻输出两个信号电压，J386 控制单元接收到这两个信号后，控制左侧后视镜里的垂直电动机运转，机械机构带动后视镜向上运动，如果驾驶人感觉后视镜运动位置适合观察，则松开手柄，信号断开，电动机（后视镜）停止运动。向下推动后视镜调节手柄，控制过程和向上相反。

同时，控制单元 J386 将后视镜垂直调节信号通过舒适 CAN 总线发送给前排乘员侧车门控制单元 J387，J387 接收到此信号后，控制右侧后视镜垂直电动机做出相同动作。

向左推动后视镜调节手柄，通过开关内部触点和分压电阻输出两个信号电压，J386 控制单元接收到这两个信号后，控制左侧后视镜里的水平电动机运转，机械机构带动后视镜水平运动，如果驾驶人感觉后视镜运动位置适合观察，则松开手柄，信号断开，电动机（后视镜）停止运动。向右推动后视镜调节手柄，控制过程和向左相反。

同时，控制单元 J386 将后视镜水平调节信号通过舒适 CAN 总线发送给前排乘员侧车门控制单元 J387，J387 接收到此信号后控制右侧后视镜水平电动机做出相同动作。

（2）右侧后视镜调节

左侧后视镜调节完成后，将后视镜开关选择在右侧后视镜调节位置，通过开关内部触点和分压电阻输出两个信号电压，驾驶人侧车门控制单元 J386 接收到两个电压信号后，J386 将这两个输入的信号电压和控制单元内部预先存储的后视镜控制图谱数据（左侧后视镜调节、右侧后视镜调节、左侧后视镜水平 / 垂直调节、右侧后视镜水平 / 垂直调节、左右侧后视镜加热、左右侧后视镜折叠）电压对比，如果图谱动作数据电压对比后，确认要调节右侧后视镜位置，控制单元 J386 将这一信息通过舒适 CAN 总线发送给前排乘员侧车门控制单元 J387，J387 将准备接收后视镜调节开关发送的后视镜调节信号。

右侧后视镜调节和左侧调节一样，通过后视镜调节开关调节后视镜水平和垂直位置。但是，在调节右侧后视镜时，左侧后视镜里的电动机是不会运转的，即左侧后视镜镜片不动作，停止并保持在上次调节的位置。

（3）后视镜折叠和展开

按压后视镜开关上的后视镜折叠和展开按键，驾驶人侧车门控制单元 J386 接收到开关触点和内部电阻分压后的电压信号，J386 将这些输入的信号电压和控制单元内部预先存储的后视镜控制图谱数据（左侧后视镜调节、右侧后视镜调节、左侧后视镜水平 / 垂直调节、右侧后视镜水平 / 垂直调节、左右侧后视镜加热、左右侧后视镜折叠）电压对比，如果图谱动作数据电压对比后，确认要后视镜折叠或展开，J386 随即接通后视镜折叠或展开电路，通过驾驶人侧后视镜折叠 / 展开电动机控制后视镜动作。

同时控制单元 J386 将这一信息通过舒适 CAN 总线发送给前排乘员侧车门控制单元 J387，J387 将接收到后视镜折叠或展开信号，J387 随即接通后视镜折叠或展开电路，通过前排乘员侧后视镜折叠 / 展开电动机控制后视镜动作。

（4）后视镜加热

按压后视镜开关上的后视镜加热按键，驾驶人侧车门控制单元 J386 接收到开关触点和内部电阻分压后的电压信号，J386 将这些输入的信号电压和控制单元内部预先存储的后视镜控制图谱数据（左侧后视镜调节、右侧后视镜调节、左侧后视镜水平 / 垂直调节、右侧后视镜水平 / 垂直调节、左右侧后视镜加热、左右侧后视镜折叠）电压对比，如果图谱动作数据电压对比后，确认要加热后视镜，J386 随即接通后视镜加热电路，通过驾驶人侧加热元件对后视镜加热。

同时，控制单元 J386 将这一信息通过舒适 CAN 总线发送给前排乘员侧车门控制单元 J387，J387 将接收到后视镜加热信号，J387 随即接通后视镜加热电路，通过前排乘员侧加热元件对后视镜进行加热。

项目实施

一、迈腾 B8 后视镜元器件检测

（一）后视镜转换开关信号的检测

1. 迈腾 B8 后视镜转换开关工作原理

后视镜检测

从迈腾 B8 后视镜控制开关电路原理图（图 4-15）上可以看出，B8 的后视镜转换开关工作原理如下：驾驶人侧车门控制单元 J386 通过其 T32/24 端子输出一个高电位（4.5V 左右）至驾驶人侧后视镜调节开关的 T6v/5 端子，作为开关工作的参考信号，当操作后视镜调节开关时，开关闭合，通过内部的导线或分压电阻与搭铁电路构成回路，将此高电位信号拉低至对应的阶梯电压，J386 根据该电压来判断驾驶人操作的意图。

1）后视镜转换开关旋至左侧位置（L）时，开关内部电路将 4.5V 左右的参考电压拉低至 0.39V，J386 根据此电压值判定是否需要调节左侧后视镜的水平和垂直位置。

2）后视镜转换开关旋至右侧位置（R）时，开关内部电路将 4.5V 左右的参考电压拉低至 0.9V。J386 根据此电压值判定是否需要调节右侧后视镜的水平和垂直位置。

3）按压后视镜折叠开关时，开关内部电路将 4.5V 左右的参考电压拉低至 0V，J386 根据此电压值判定是否需要折叠或展开左右侧后视镜。

4）按压后视镜加热开关时，开关内部电路将 4.5V 左右的参考电压拉低至 1.9V，J386 根据此电压值判定是否需要左右侧后视镜加热起动。

2. 迈腾 B8 后视镜转换开关及线路的常见故障

常见故障见表 4-5。

表 4-5 后视镜转换开关及线路的常见故障

序号	故障性质
1	后视镜开关损坏
2	T6v/5 端子信号线路断路
3	T6v/5 端子信号线路虚接
4	T6v/5 端子信号线路对搭铁短路
5	T6v/2 端子搭铁线路断路（会引起多个的故障）
6	T6v/2 端子搭铁线路虚接（会引起多个的故障）
7	驾驶人侧车门控制单元 J386 故障

3. 迈腾 B8 后视镜转换开关信号的检测诊断

1）注意：检测前确保插接件、紧固件连接可靠，无锈蚀、无破损。此说明适用任何线路、部件的检测。

2）此信号电路会由车门控制单元 J386 输出一个 4.5V 左右的参考电压，开关动作时会通过

开关内部触点构成的回路将此电压下拉至 0V、0.39V 左右、0.9V 左右、1.9V 左右,因此测量时应先连接万用表或示波器,然后操作后视镜左右调整开关、加热开关和折叠开关,观察信号变化是否符合要求。迈腾 B8 后视镜转换开关信号的检测诊断流程图如图 4-16 所示。

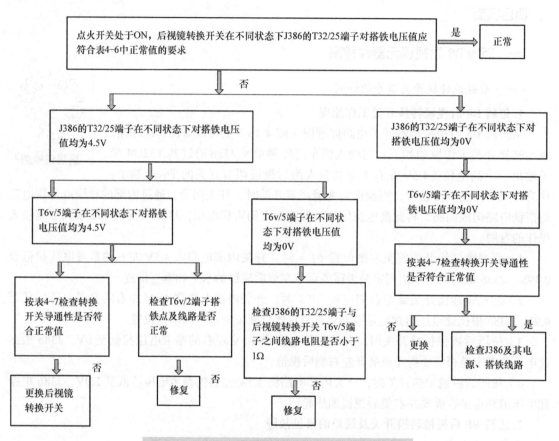

图 4-16　迈腾 B8 后视镜转换开关信号的检测诊断

表 4-6　车门控制单元 J386 的 T32/25 端子对搭铁电压测量

序号	测量标准:点火开关处于 ON 位,分别操作后视镜转换开关、加热开关和折叠开关,万用表显示的电压值都应变化。						
	实测结果(数值可能有误差)					状态
	未操作	L	R	折叠	加热	
1	4.5V	0.39V	0.9V	0V	1.9V	正常
2	4.5V	4.5V	4.5V	4.5V	4.5V	异常
3	0V	0V	0V	0V	0V	异常

表 4-7 开关导通性测量

测量标准：分别操作后视镜转换开关、加热开关和折叠开关，测量驾驶人侧后视镜开关 T6v/5 端子与 T6v/2 端子之间电阻，该电阻应有 5 种状态，即 100Ω、120Ω、小于 1Ω、140Ω，未操作时应为无穷大。							
序号	实测结果					状态	可能原因
	未操作	L	R	折叠	加热		
1	无穷大	100Ω	120Ω	<1Ω	140Ω	正常	搭铁线路断路
2	无穷大	无穷大	无穷大	无穷大	无穷大	异常	转换开关损坏（触点断路）
3	<1Ω	<1Ω	<1Ω	<1Ω	<1Ω	异常	转换开关损坏（触点短路）

（二）后视镜调节开关信号的检测

1. 迈腾 B8 后视镜调节开关工作原理

从迈腾 B8 后视镜控制开关电路原理图（图 4-15）上可以看出，B8 的后视镜调节开关工作原理如下所述：驾驶人侧车门控制单元 J386 通过其 T32/24 端子输出一个高电位（4.4V 左右）至驾驶人侧门锁的 T6v/1 端子，作为开关工作的参考信号，当操作后视镜调节开关时，开关闭合，通过其内部的导线或分压电阻与搭铁电路构成回路，将此高电位信号拉低至对应的阶梯电压，J386 根据此电压来判断驾驶人操作的意图（水平或垂直调节）。

1）后视镜调节开关向上拨动时，开关内部电路将 4.4V 左右的参考电压拉低至 0.39V，J386 根据此电压值判定是否需要调节后视镜垂直向上位置。

2）后视镜调节开关向下拨动时，开关内部电路将 4.4V 左右的参考电压拉低至 0V，J386 根据此电压值判定是否需要调节后视镜垂直向下位置。

3）后视镜调节开关向左拨动时，开关内部电路将 4.4V 左右的参考电压拉低至 0.9V，J386 根据此电压值判定是否需要调节后视镜水平向左位置。

4）后视镜调节开关向右拨动时，开关内部电路将 4.4V 左右的参考电压拉低至 1.9V，J386 根据此电压值判定是否需要调节后视镜水平向右位置。

2. 迈腾 B8 后视镜调节开关及线路的常见故障

常见故障见表 4-8。

表 4-8 后视镜调节开关 E43 及线路的常见故障

序号	故障性质
1	后视镜开关损坏
2	开关 E43 的 T6v/1 端子信号线路断路
3	开关 E43 的 T6v/1 端子信号线路虚接
4	开关 E43 的 T6v/1 端子信号线路对搭铁短路
5	开关 E43 的 T6v/2 端子搭铁线路断路（可能引起其他故障）
6	开关 E43 的 T6v/2 端子搭铁线路虚接（可能引起其他故障）
7	驾驶人侧车门控制单元 J386 故障

3. 迈腾 B8 后视镜调节开关信号的检测诊断

注意：检测前确保插接件、紧固件连接可靠，无锈蚀、无破损。

此信号电路由车门控制单元 J386 输出一个 4.4V 左右的参考电压，开关动作时会通过开关内部触点构成的回路将此电压下拉至 0V、0.39V 左右、0.9V 左右、1.9V 左右，所以测量时应先连接万用表或示波器，然后操作开关，观察信号电压的变化情况。迈腾 B8 后视镜调节开关信号的检测诊断流程图如图 4-17 所示。

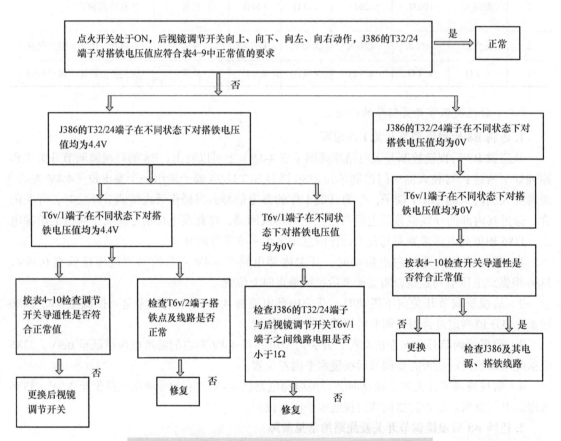

图 4-17　迈腾 B8 后视镜调节开关信号的检测诊断流程图

表 4-9　车门控制单元 J386 的 T32/24 端子对搭铁电压测量

测量标准：点火开关处于 ON 位，分别操作后视镜调节开关向上、向下、向左、向右动作，万用表显示的电压值都应变化，未操作时应显示 4.4V 左右。						
可能	实测结果（数值可能有误差）					状态
	未操作	向上	向下	向左	向右	
1	4.4V	0.39V	0V	0.9V	1.9V	正常
2	4.4V	4.4V	4.4V	4.4V	4.4V	异常
3	0V	0V	0V	0V	0V	异常

表 4-10　开关导通性测量

测量标准：分别操作后视镜调节开关（向上、向下、向左、向右）动作，测量驾驶人侧后视镜调节开关 T6v/1 端子与 T6v/2 端子之间电阻，该电阻应有 5 种状态，即 100Ω、小于 1Ω、270Ω、810Ω，未操作时应为无穷大。

可能性	实测结果					状态	可能原因
	未操作	向上	向下	向左	向右		
1	无穷大	100Ω	<1Ω	270Ω	810Ω	正常	搭铁线路断路
2	无穷大	无穷大	无穷大	无穷大	无穷大	异常	调整开关损坏（触点断路）
3	<1Ω	<1Ω	<1Ω	<1Ω	<1Ω	异常	调整开关损坏（触点短路）

（三）后视镜左右调节电动机控制的检查

1. 迈腾 B8 驾驶人侧后视镜电动机工作原理

两侧后视镜的左右调节电动机的结构和工作原理完全相同，其线路及信号的检查方法也基本一致，本书只针对驾驶人侧后视镜的左右调节电动机进行检测。

从迈腾 B8 驾驶人侧后视镜电动机控制电路原理图（图 4-18）上可以看出，B8 的后视镜由左右调节电动机 2（V17）和垂直调节电动机 1（V149）组成，两个电动机共用一根公共线路。车门控制单元控制后视镜电动机的供电线路和公共线路上的电流方向，实现电动机的正反转，进而带动后视镜水平或垂直运动。

左右调节：驾驶人侧车门控制单元 J386 通过其 T16r/7 端子至后视镜左右调节电动机的 T3cj/1 端子之间的线路连接至电动机的一端电刷，同时通过其 T16r/5 端子至后视镜电动机的 T3cj/2 端子之间的线路连接至电动机 V17 的另一端电刷。驾驶人侧车门控制单元 J386 同时给 2 条线路输出相反的电压信号时，电动机动作，带动后视镜左右运动。

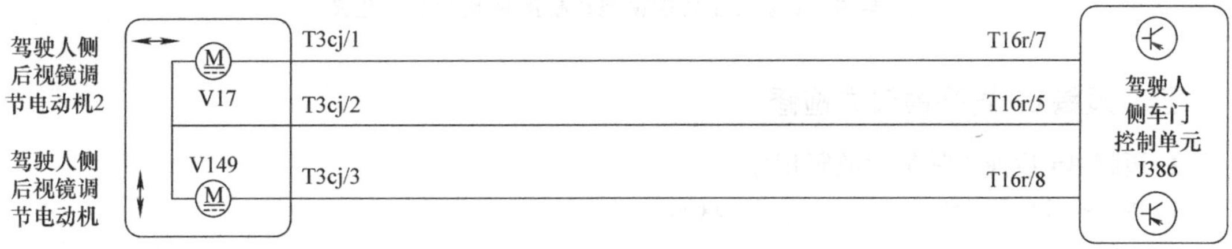

图 4-18　迈腾 B8 驾驶人侧后视镜电动机控制电路原理图

2. 迈腾 B8 后视镜电动机左右调节异常的常见故障

常见故障见表 4-11。

表 4-11　后视镜电动机左右调节异常的常见故障

序号	故障性质	序号	故障性质
1	后视镜电动机损坏	5	V17 的（T3cj/2）信号线路断路
2	V17 的（T3cj/1）信号线路断路	6	V17 的（T3cj/2）信号线路虚接
3	V17 的（T3cj/1）信号线路虚接	7	V17 的（T3cj/2）信号线路对搭铁短路
4	V17 的（T3cj/1）信号线路对搭铁短路	8	驾驶人侧车门控制单元 J386 故障

3. 迈腾 B8 后视镜电动机的检测诊断

1）注意：检测前确保插接件、紧固件连接可靠，无锈蚀、无破损。此说明适用任何线路、部件的检测。

2）诊断时未考虑 V149 电动机的运行情况，只考虑 V17 的运行情况。迈腾 B8 后视镜电动机的检测诊断流程图如图 4-19 所示。

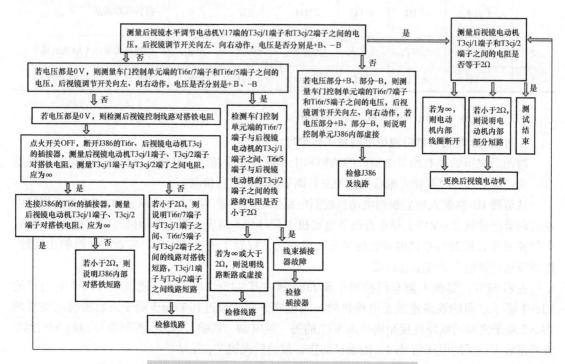

图 4-19　迈腾 B8 后视镜电动机的检测诊断流程图

二、迈腾 B8 后视镜故障检修

1. 迈腾 B8 后视镜常见的故障现象

迈腾 B8 后视镜常见的故障现象有两种：

1）所有后视镜异常。

2）一侧后视镜异常。

2. 故障检修

1）打开点火开关，观察仪表显示是否正常。如果仪表显示异常（如：所有状态指示灯、转速表、车速表、提示信息等），就需要结合电路图、维修手册先排除仪表显示异常的故障。

2）调节驾驶人侧后视镜。如图 4-3 所示，操作驾驶人侧玻璃升降器开关 E512 上的后视镜转换开关至左侧后视镜调节位置，上下或左右推动手柄，驾驶人侧后视镜应能正常调节，同时前排乘员侧后视镜应能随驾驶人侧后视镜的调节同时动作。驾驶人侧后视镜常见故障及故障现象见表 4-12。

项目 四 电动后视镜的检修 | 95

表 4-12 驾驶人侧后视镜常见故障及故障现象

故障现象	故障原因
如果左、右侧后视镜所有调节功能异常，则可能存在以下故障中的一个或多个	① 开关本身、开关供电、信号电路
	② 驾驶人侧车门控制单元 J386 内部、供电
	③ 驾驶人侧后视镜电动机、控制电路
	④ 前排乘员侧车门控制单元 J387 内部、供电
	⑤ 前排乘员侧后视镜电动机、控制电路
	⑥ 舒适 CAN 总线故障
如果只是驾驶人侧后视镜所有调节功能异常，则可能存在以下故障中的一个或多个	① 驾驶人侧车门控制单元 J386 内部故障（左侧后视镜控制信号输出）
	② 驾驶人侧后视镜电动机、控制电路
如果只是前排乘员侧后视镜所有调节功能异常，则可能存在以下故障中的一个或多个	① 前排乘员侧车门控制单元 J387 内部、供电
	② 前排乘员侧后视镜电动机、控制电路
	③ 舒适 CAN 总线故障
	④ 驾驶人侧车门控制单元 J386 内部故障（右侧信号输出）
如果所有后视镜水平调节功能异常，则可能存在以下故障中的一个或多个	① 开关内部水平调节触点、电路板故障
	② 驾驶人侧后视镜水平调节电动机、控制电路故障
	③ 前排乘员侧后视镜水平调节电动机、控制电路故障
如果所有后视镜垂直调节功能异常，则可能存在以下故障中的一个或多个	① 开关内部垂直调节触点、电路板故障
	② 驾驶人侧后视镜垂直调节电动机、控制电路故障
	③ 前排乘员侧后视镜垂直调节电动机、控制电路故障

3）调节前排乘员侧后视镜。如图 4-3 所示，操作驾驶人侧玻璃升降器开关 E512 上的后视镜转换开关至右侧后视镜调节位置，上下或左右推动手柄，前排乘员侧后视镜应能正常调节。

如果前排乘员侧后视镜功能异常，则只能为后视镜转换开关内部故障，即右侧后视镜选择调节信号故障，控制单元无法识别后视镜调节开关选择至右侧位置。

4）折叠后视镜。如图 4-3 所示，按操作开关 E512 上的后视镜折叠和展开按键，左、右侧后视镜应能正常折叠或展开，前排乘员侧后视镜常见故障及故障现象见表 4-13。

表 4-13 前排乘员侧后视镜常见故障及故障现象

故障现象	故障原因
如果左、右侧后视镜折叠或展开功能都异常，则可能存在以下故障中的一个或多个	① 开关本身、开关供电、信号电路
	② 驾驶人侧车门控制单元 J386 内部、供电
	③ 舒适 CAN 总线故障
	④ 前排乘员侧车门控制单元 J387 内部、供电
	⑤ 驾驶人侧后视镜电动机、控制电路
	⑥ 前排乘员侧后视镜电动机、控制电路

（续）

故障现象	故障原因
如果只是一侧功能异常，则可能存在以下故障中的一个或多个	① 某侧后视镜折叠或展开电动机、控制电路
	② 舒适 CAN 总线
	③ 某侧车门控制单元内部折叠或展开控制输出

5）按压后视镜加热按键。按压开关 E512 上的后视镜加热按键，左、右侧后视镜应开始加热，后视镜加热常见故障及故障现象见表 4-14。

表 4-14 后视镜加热常见故障及故障现象

故障现象	故障原因
如果左、右侧后视镜加热均异常，则可能存在以下故障中的一个或多个	① 开关本身、开关供电、信号电路
	② 驾驶人侧车门控制单元 J386 内部、供电
	③ 舒适 CAN 总线故障
	④ 前排乘员侧车门控制单元 J387 内部、供电
	⑤ 驾驶人侧后视镜加热片、控制电路
	⑥ 前排乘员侧后视镜加热片、控制电路
如果只是一侧功能异常，则可能存在以下故障中的一个或多个	① 驾驶人侧车门控制单元 J386 内部、供电
	② 驾驶人侧后视镜加热片、控制电路
	③ 舒适 CAN 总线故障
	④ 前排乘员侧车门控制单元 J387 内部、供电
	⑤ 前排乘员侧后视镜加热片、控制电路

如果上述某一项出现异常，应结合其结构和工作原理检测相关信号、部件电源、熔丝线路以及部件本身。

现在汽车一般都具有自诊断功能，即使通过故障现象可以明确故障范围，但也最好首先读取故障码，因为这样有利于快速发现故障。如果有故障码，应知道故障码的定义和生成的条件，并基于此展开诊断和故障检修；如果没有故障码，则基于系统的结构和工作原理进行系统诊断。

复习思考题

一、填空题

1. 迈腾后视镜总成包括_____、_____、_____、_____、_____。
2. 迈腾 B8 后视镜开关在驾驶人侧玻璃升降器操作开关 E512 上，在调节后视镜时需先调节_____侧后视镜位置，再调节_____侧后视镜位置。
3. 按压后视镜开关上的后视镜加热按键，驾驶人侧车门控制单元 J386 接收到开关触点和内部电阻分压后的电压信号，J386 将这些输入的信号电压和控制单元内部预先存储的后视镜控制图谱数据（左右侧后视镜加热）电压对比，如果经图谱动作数据电压对比后，确认要加热后视镜，J386 随即接通后视镜加热电路，通过_____侧加热元件对后视镜加热。同时控制单元

J386 将这一信息通过舒适 CAN 总线发送给前排乘员侧车门控制单元 J387，J387 将接收到后视镜加热信号，J387 随即接通后视镜加热电路，通过_____侧加热元件对后视镜进行加热。

二、简答题

1. 请简述迈腾 B8 后视镜转换开关和调节开关的工作原理。
2. 请简述迈腾 B8 后视镜转换开关和调节开关信号的检测诊断流程。

项目五 电动座椅的检修

项目导入

一位客户开车到4S店反映他的爱车驾驶人座椅倾斜、高度、前后和靠背调节均不动作了，而前排乘员座椅各项调节工作正常。电动座椅是如何工作的？电动座椅倾斜、高度、前后和靠背调节均不动作应该从哪里开始检修？如果是电动座椅倾斜、高度、前后和靠背调节中的某个位置不能调节，故障又应该从哪里开始检修？作为从事汽车专业工作的你可否指点一下？

项目目标

1）能够掌握汽车电动座椅的结构组成和工作原理。
2）会正确使用万用表、示波器、解码器等常用仪器仪表。
3）会查阅维修资料，会识读和分析电路原理图。
4）能够正确操纵汽车电动座椅。
5）能够对汽车电动座椅的常见故障进行诊断与排除。

相关知识

一、电动座椅的功能及类型

电动座椅是通过操纵控制按键调节座椅位置，以适应不同体型驾乘人员或满足驾乘人员的不同需要时的座椅位置要求。

座椅概述

（一）电动座椅的功能

1. 位置调节

电动座椅可以通过电动机的控制来调节座椅位置，包括8种位置调节：前后（100~160mm）、上下（30~50mm）、前部的上下、靠背的倾斜角度、侧背支撑、腰椎支撑、靠枕上下、靠枕前后调节，有的还带有位置存储功能。电动座椅越来越智能化和人性化。例如，驾驶人上车后，关好车门，接通点火开关，座椅会自动向前移动约25mm，以便于驾驶人操纵转向盘；驾驶人退出点火钥匙，打开车门准备离开时，座椅会自动向后移动约25mm，以便于驾驶人下车。

2. 温度调节

可以对座椅进行冷热调节，使驾乘人员感觉更加舒适。

3. 振动提醒

有的车型的控制系统能够振动电动座椅的一侧或者两侧，以提醒驾驶人注意某些事项。

4. 气垫功能（消除疲劳）

在气垫座椅上使用电动气泵，对各个专用气囊（腰椎支撑气囊、侧背支撑气囊、座位前部的大腿支撑气囊）进行充气，起到调节支撑腰椎、侧背、大腿的作用。

（二）电动座椅的类型

1. 根据电动机的数量分

电动座椅可分为单电动机式、双电动机式、三电动机式和四电动机式等。

1）单电动机式，只能实现电动座椅前、后两个方向的调整。

2）双电动机式，能实现电动座椅前、后、高、低4个方向的调整。

3）三电动机式，能对电动座椅的6个方向进行调整，即不仅能向前、后两个方向移动，还可分别对座椅的前部和后部的高低进行调整。

4）四电动机式，除了具有以上三电动机式的调整功能以外，还可对靠背的倾斜度进行调整。

电动座椅装用的电动机最多可达8个，除了保证上述基本运动外，还可对头枕高度、座椅长度和扶手的位置进行调整。

2. 根据有无加热器分

电动座椅可分为无加热器式与有加热器式。有加热器式电动座椅可以在冬季寒冷的时候对座椅的座垫进行加热，以使驾驶人或乘客乘坐更舒适。

3. 根据有无存储功能分

电动座椅可分为无存储功能与有存储功能两种。有存储功能的电动座椅，可以将每次驾乘人员或调整电动座椅后的数据存储下来，作为以后重新调整座椅位置时的基准。

具有8种位置调节功能的电动座椅如图5-1所示，具有全方位可调节功能的电动座椅如图5-2所示。

图 5-1　具有8种位置调节功能的电动座椅

1—座椅前后调节　2—靠背倾斜调节　3—座椅上下调节　4—靠枕上下、前后调节
5—座椅前部支撑调节　6—侧背支撑调节　7—腰椎支撑气垫调节

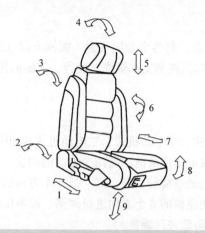

图 5-2　具有全方位可调节功能的电动座椅

1—座椅前后移动调节　2—靠背倾斜度调节　3—靠背上部调节　4—靠枕前后调节　5—靠枕上下调节
6—侧背支撑调节　7—腰椎支撑气垫调节　8—座椅前部支撑调节　9—座椅高度调节

> **引导问题**：电动座椅有多达 8 个电动机，这些电动机是怎样工作的？电动座椅位置记忆功能又是怎样实现的呢？

二、电动座椅的结构及工作原理

电动座椅系统一般由电控系统、传动装置和座椅调节器等组成，如图 5-3 所示。

电动座椅组成和调节功能

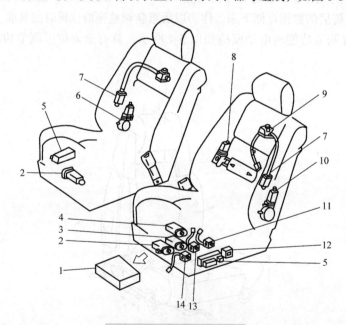

图 5-3　电动座椅的结构

1—电动座椅 ECU　2—滑动电动机　3—前垂直电动机　4—后垂直电动机　5—电动座椅电路开关　6—倾斜电动机
7—头枕电动机　8—腰垫电动机　9—位置传感器（头枕）　10—倾斜电动机和位置传感器　11—位置传感器（后垂直）
12—腰垫开关　13—位置传感器（前垂直）　14—位置传感器（滑动）

（一）电控系统

电控系统主要由座椅电路开关和位置传感器、电子控制器（ECU）、执行机构的驱动电动机三大部分组成。电路开关和位置传感器包括座椅各位置（头枕、靠背、腰部、滑动、前垂直、后垂直）的电动开关、座椅各位置传感器、安全带扣环传感器及转向盘倾斜传感器等；ECU包括转向柱倾斜与伸缩ECU和电动座椅ECU；执行机构主要包括座椅调整、安全带扣环及转向盘倾斜调整的驱动电动机等，而且这些电动机均可灵活地进行正反转，以执行各种装置的调整功能。

1. 电动机

电动座椅大多采用永磁式直流电动机驱动，并通过装在座位侧板上或门扶手上的肘节式控制开关来控制电路通路和电流方向，使某一电动机按所需的方向运转，以达到调整座椅的目的。

为了防止电动机过载，大多数永磁式直流电动机内装有热过载保护断路器。有些电动座椅采用串励直流电动机来驱动，并装有两个磁场线圈，使其可做双向运转。这种电动机多使用继电器控制电流方向，当开关换向时，可听到继电器动作的"咔嗒"声。

2. 手动调节开关

它主要是用来调整座椅的各种位置。当按下此开关后，电控单元就会控制相应电动机运转，按照驾乘人员的要求调整座椅的位置。

3. 存储和复位开关

它主要是用来存储或恢复驾驶人已经调整好的座椅位置。只要按下此按钮，就能按存储的各个座椅位置的要求调整座椅的位置。

4. 座椅位置传感器

座椅位置传感器用来检测座椅的各种位置，主要有两种类型，一种是滑动电位器式，如图5-4所示；另一种是霍尔式，如图5-5所示。

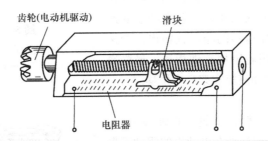

图5-4 滑动电位器式自动座椅位置传感器结构图

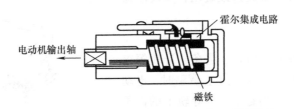

图5-5 霍尔式自动座椅位置传感器的结构图

滑动电位器式位置传感器主要由齿轮、滑块和螺旋杆（可变电阻器）组成，其工作原理和一般电位器相似。螺旋杆由电动机通过齿轮驱动旋转，并带动滑块在电阻器上滑动，从而将座椅位置信号转变成电压信号输入给 ECU。电控单元根据此电压信号决定座椅的位置。只要座椅位置调定后，驾乘人员按下存储和复位开关，电控单元就把这些电压信号存储起来，作为重新调整位置时的基准。

霍尔式位置传感器主要由永久磁铁、霍尔集成电路等组成。永久磁铁安装在由电动机驱动转轴上，由于转轴的旋转而引起通过霍尔元件磁通量的变化，从而使霍尔元件产生霍尔电压，再经霍尔集成电路进行放大并处理，然后取出旋转的脉冲信号输入 ECU。

5. ECU 及其控制

ECU 主要用来控制靠手动调节开关的座椅调节装置，也能根据从转向柱倾斜与伸缩 ECU、位置传感器等送来的信号存储座椅位置。考虑到驾乘人员的不同体型和喜好的坐姿，自动调节系统能在该 ECU 中存储两种不同的座椅位置（供选择），靠一"单独"开关的点动，ECU 即可将座椅调整到驾乘人员所期望的位置。

对座椅进行调整时，由手动调节开关通过电控单元控制调整量，然后利用存储和复位开关控制某一位置的数据存储；座椅位置信号取自变阻器上的电压降。ECU 通过每个自由度上的电动机驱动座椅，从而使变阻器随动。根据变阻器的电压降，控制单元识别座椅的运动机构是否到达"死点"，如果到达"死点"位置时，电控单元将及时切断供电电源，以保护电动机和座椅驱动机构。

（二）传动装置和座椅调节器

电动机的旋转运动通过传动机构实现座椅的空间位置移动。电动座椅的传动装置和座椅调节器主要包括变速器、联轴器、软轴及齿轮传动机构等。变速器的作用是降速增矩。电动机轴分别与软轴相连，软轴再和变速器的输入轴相连，动力经过变速器的降速增矩以后，从变速器的输出轴输出，变速器的输出轴与蜗杆轴或齿轮轴用软轴相连，最终通过蜗轮蜗杆或齿轮齿条带动座椅支架产生位移。

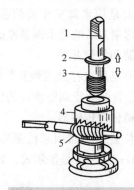

图 5-6　高度调整机构

1—铣平面　2—止推垫片　3—心轴
4—蜗轮　5—蜗杆轴

1. 高度调整机构

高度调整机构由蜗杆轴、蜗轮、心轴等组成，如图 5-6 所示。调整时，蜗杆轴在电动机的驱动下带动蜗轮转动，从而保证心轴旋进或旋出，实现座椅的上升和下降。

2. 纵向调整机构

纵向调整机构由蜗杆、蜗轮、齿条、导轨等组成，如图 5-7 所示。齿条装在导轨上，调整时，电动机转矩经蜗杆传至两侧的蜗轮上，经导轨上的齿条带动座椅前后移动。

（三）电动座椅工作过程

电动座椅电路开关接通后，电动机的动力通过

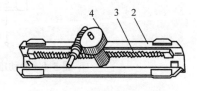

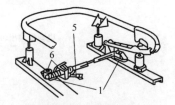

图 5-7　纵向调整机构

1—支撑及导向元件　2—导轨　3—齿条
4—蜗轮　5—电位计　6—电动机

齿轮、驱动轴使软轴转动，再驱动座椅调节器运动。当调节器到达行程终点时，软轴停止转动，如此时电动机仍在转动，其动力将被橡胶联轴器所吸收，用来防止座椅万一卡住时，电动机过载而损坏。当控制开关断电后，回位弹簧能使电磁阀柱塞和爪形接头分离，使其回到原来位置。

（四）电动座椅的控制电路

1. 电动座椅的基本控制电路

电动座椅主要由座椅本体、座椅调节器开关、座椅调节器和调节器电动机等组成，它的基本控制电路如图5-8所示。该电动座椅包括滑动电动机、前垂直电动机、倾斜电动机、后垂直电动机和腰垫电动机，可以实现座椅的前后移动、前部高度调节、靠背倾斜程度调节、后部高度调节及腰垫前后调节。电路中有5个开关，分别控制5个电动机。开关有一个共同特点：均为常搭铁型结构，即电动机没有动作时，电动机两端通过开关搭铁；当开关打向其一侧时，动作侧开关接通电源。每个电动机中均设有断路器，当座椅位置调整到极限时，流过电动机的电流增加，断路器断开，切断电动机电流，保护电动机不被烧损；松开调整开关，冷却后，断路器又重新复位。下面以座椅靠背的倾斜调节和腰垫前后调节为例，介绍电路的控制过程。

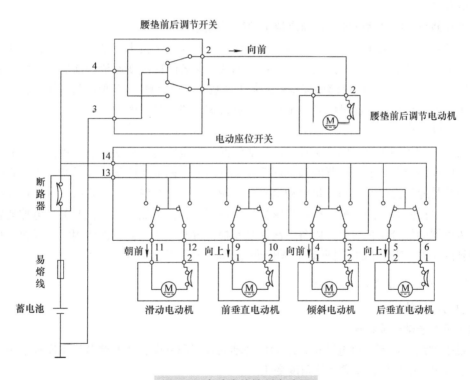

图5-8　电动座椅控制电路图

（1）座椅靠背的倾斜调节电路

当电动座椅的开关处于倾斜位置时，如果要调整靠背向前倾斜，则闭合倾斜电动机的前进方向开关，即端子4置于左位时，电路为：蓄电池正极→易熔线→断路器→端子14→（倾斜开关"前"）→端子4→1(2)端子→倾斜电动机→2(1)端子→端子3→端子13→搭铁。此时，座椅靠背前移。

当端子 3 置于右位时，倾斜电动机反转，座椅靠背后移。此时的电路为：蓄电池正极→易熔线→断路器→端子 14 →（倾斜开关"后"）→端子 3 → 2（1）端子→倾斜电动机→ 1（2）端子→端子 4 →端子 13 →搭铁。

（2）座椅靠背的腰垫前后调节电路

当电动座椅的开关处于腰垫前后调节位置时，如果要将腰垫向前调节，则闭合腰垫前后调节开关的向前方向开关，即端子 2 置于上位时，电路为：蓄电池正极→易熔线→断路器→腰垫前后调节开关端子 4 →（腰垫前后调节开关"前"）→腰垫前后调节开关端子 2 →腰垫前后调节电动机端子 2 →腰垫前后调节电动机→腰垫前后调节电动机端子 1 →腰垫前后调节开关端子 1 →腰垫前后调节开关端子 3 →搭铁。此时，座椅靠背的腰垫前移。

如果要将腰垫向后调节，则闭合腰垫前后调节开关的向后方向开关，即端子 1 置于下位时，电路为：蓄电池正极→易熔线→断路器→腰垫前后调节开关端子 3 →（腰垫前后调节开关"后"）→腰垫前后调节开关端子 1 →腰垫前后调节电动机端子 1 →腰垫前后调节电动机→腰垫前后调节电动机端子 2 →腰垫前后调节开关端子 2 →腰垫前后调节开关端子 4 →搭铁。此时，座椅靠背的腰垫后移。

2. 带存储功能的电动座椅（自动座椅）的控制电路

带存储功能的电动座椅（自动座椅）是人体工程学与电子技术相结合的产物，它能自动适应不同体型的乘员乘坐舒适性的要求。该座椅的调整装置除能改变座椅的前后、高低、靠背倾斜及头枕等的位置外，还能存储座椅位置的若干个数据（或信息），只要乘员一按按钮，就能自动调出座椅的各个位置，如果此时由不符合存储数据（或信息）的乘员乘坐，汽车便发出蜂鸣声响信号，以示警告。

自动座椅的控制电路如图 5-9 所示，其动作方式有座椅前后滑动调节、座椅前部的上下调节、座椅后部的上下调节、靠背的倾斜调节、头枕的上下调节及腰垫的前后调节等。其中腰垫的前后调节是通过腰垫开关和腰垫电动机直接控制的，并无存储功能。驾乘人员通过操纵电动座椅开关可以控制其余的五种调整。当座椅位置调好后，按下储存和复位开关，电控装置就把各位置传感器的信号储存起来，以备下次恢复座椅位置时再用。当下次使用时，只要一按位置储存和复位开关，座位 ECU 便驱动座椅电动机，将座椅调整到原来位置。

（五）自动座椅位置记忆与复位

1. 自动座椅的按键

（1）多个手动调节按键

通过手动调节控制直流电动机，改动传动轴的行程和方向，从而调节汽车座椅的位置，如座椅上下位置、前后位置及靠背的角度变化。

（2）多个存储按键

用来记忆或恢复座椅的位置信息。在控制系统上安装有一个自学习按键，用来自动测量座椅在汽车内部所能移动的极限位置，防止座椅在到达极限位置后，电动机仍长时间工作在堵转状态而烧毁。

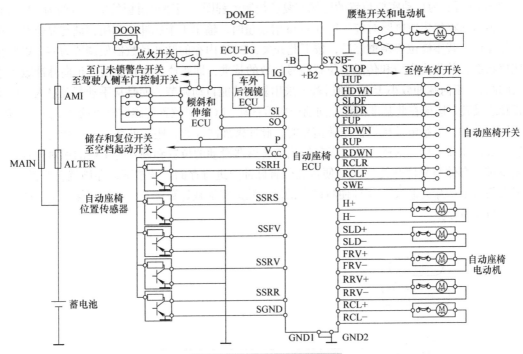

图 5-9 自动座椅控制电路

2. 自动座椅的座椅记忆功能

汽车座椅记忆功能的设计原理是：通过手动调节按键手动控制座椅各方向的电动机，使座椅到达感觉最舒适的位置。同时，计算各电动机上霍尔传感器所产生的脉冲数（即座椅的位置信息），然后按下存储按键时间超过 3s，系统将此时座椅各电动机的位置信息存入 FLASH ROM 的指定单元中，就可以完成座椅位置的记忆。

当需要恢复所记忆的座椅位置时，按下相应的存储按键时间不超过 3s。

3. 测量位置极限的自学习功能

由于汽车内部空间的大小不同，汽车座椅在车内所能移动的最大距离也各不相同。汽车自动座椅安装时应设置好极限位置，以便汽车座椅在极限位置内能安全移动；在设置座椅极限位置时，由于不同的汽车内部空间不同，使得所设置的极限位置各不相同；因此必须设计一个自学习功能软件，使系统能够自动测量座椅在车内所能移动的极限位置。

电动机运行在堵转状态时，转速变低，甚至停转；汽车座椅移动到极限位置时，由于受到汽车内部空间的限制，从而使电动机堵转。利用电动机的堵转状态，可以测量出座椅的极限位置。

在电动机转动过程中，监视电动机的转速，当转速远低于电动机的正常转速时，即可判断电动机此时处于堵转状态，使电动机停车，此时的位置则是汽车座椅的一个极限位置。然后，控制电动机往相反方向转动，能判断出另一个极限位置。设一个极限位置为零点，另一个则为最大极限位置，将最大极限位置的位置数据存放于单片机内的 FLASH ROM 内。汽车座椅在移动到极限位置时，控制电动机停车，且控制座椅此时只能朝相反方向转动，以防止电动机因堵转时间过长而烧毁。

4. 自动座椅位置记忆与复位的简单工作原理

图 5-10 所示为自动座椅位置的记忆与复位控制流程图。当座椅滑板的滑动量约为 240mm，位置传感器的霍尔集成电路对应于约 0.6mm 滑动量时，输出 1 个脉冲。利用存储与复位开关进行存储操作，若座椅位置调整好后，按下此开关，ECU 内存的脉冲计数器便调置为零，以此存储座椅状态，并作为座椅和传感器位置信号计数的基准，即座椅位置在此前，正向脉冲数大于 0，在此后，正向脉冲数小于 0。随后若未采用复位功能自动调节，而是从手动开关输入，电动机正转或反转，座椅在此基准位置上向前或向后移动，ECU 对位置传感器输出的脉冲进行计数。对于输出脉冲，当给电动机提供正转信号时，脉冲做加法计数，座椅前移；而反转时，脉冲做减法计数，座椅后移。这样，就可以获知当前传感器滑动的位置和调置时座椅的相对位置。但只要不按下存储与复位开关，ECU 便按此位置脉冲数进行存储。若按下，存储就会调置为零。若下次仍是手动开关输入，ECU 便将内存的脉冲数进行加减计数运算，随后存储一个新的脉冲数作为当前内存。

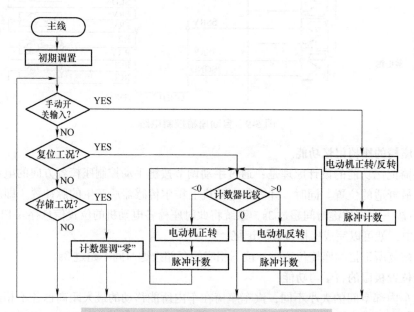

图 5-10 自动座椅位置记忆与复位控制流程图

利用存储器与复位开关进行重复操作时，若 ECU 内存的脉冲数大于 0，则当前位置位于存储位置的前侧，所以电动机反转，座椅向后移动，这一动作一直持续到 ECU 计数脉冲数为零时，即一直到达存储位置为止；若 ECU 内存的脉冲数小于 0，则座椅向前移动，直到 ECU 计数脉冲数为零，到达存储位置为止。

位置传感器采用电位计方式时，输出模拟电压，利用模数转换器，进行数据变换处理。利用电位计可以检测实际移动的位置，所以，该计数器的比较电路与前述不同，但它的控制流程是一样的。

> **引导问题**：寒冷的冬天坐在冰冷的座椅上是一件很不爽的事情，那怎样对座椅加热呢？

三、座椅加热系统

座椅加热系统可以对驾驶人和乘客的座椅进行加热，使乘坐更加舒适。有些汽车座椅的加热速度可以调节，有些不可以调节，下面分别对其进行介绍。

1. 加热速度不可调式座椅加热系统

图 5-11 为北京现代索纳塔轿车电动座椅加热电路图。该电路可以对驾驶人座椅和前排乘员座椅同时进行加热，也可以分别加热。其中，座椅加热线圈和靠背加热线圈是串联连接的。它的工作过程如下。

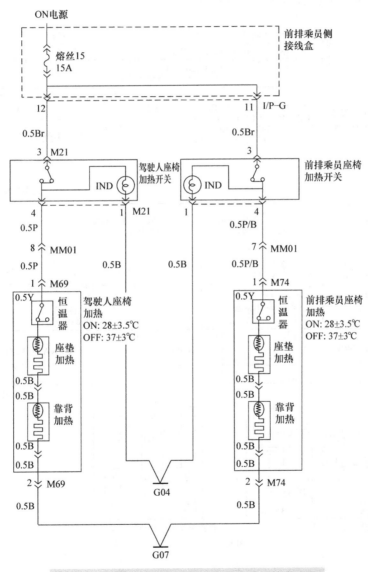

图 5-11　北京现代索纳塔轿车电动座椅加热电路图

若只需对驾驶人座椅进行加热，只闭合驾驶人座椅加热开关。电路为：电源→熔丝 15→端子 12→M21 端子 3→加热开关→M21 端子 4→恒温器开关→座椅加热丝→靠背加热丝→搭铁。

此时，只对驾驶人的座椅进行加热，同时驾驶人座椅加热指示灯（IND）点亮。单独对前排乘员座椅加热时的电路分析相同。

若要对两个座椅同时加热，则两座椅的加热开关同时接通，此时，两座椅的座椅加热丝和靠背加热丝串联以后再并联，两指示灯同时点亮。

2. 加热速度可调节座椅加热系统

图 5-12 为本田雅阁轿车座椅加热系统电路，此座椅加热器的加热速度可以调节。驾驶人和前排乘员座椅的加热器和加热控制开关相同。其中 HI 表示高位加热，LO 表示低位加热。该座椅加热系统可以单独对驾驶人或前排乘员的座椅进行加热，也可以同时对两座椅进行加热。下面以驾驶人座椅加热器为例，分析其工作过程。

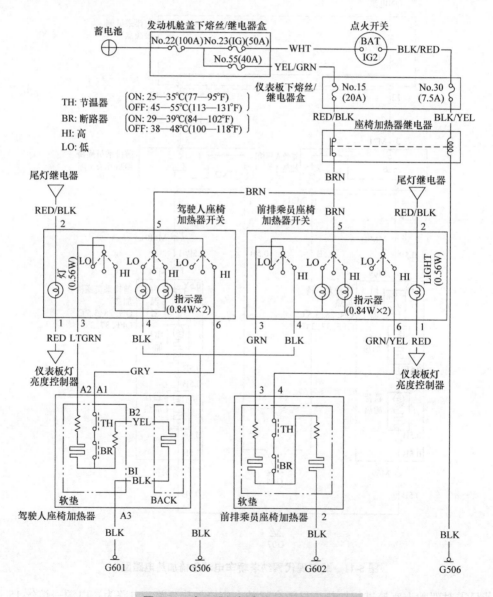

图 5-12　本田雅阁轿车座椅加热系统电路

1）当加热器开关断开时，加热系统不工作。

2）当加热器开关处于"HI"位置时，电流首先经过点火开关给座椅加热器的继电器线圈通电，线圈产生磁场使继电器触点闭合。此时，加热器的电路为：蓄电池"+"→熔丝→继电器触点→加热器开关端子5，然后电流分为三个支路：一路经指示灯→继电器端子4→搭铁，高位指示灯亮；另一路经加热器开关端子6→加热器端子A1→节温器→断路器→靠背线圈→搭铁；还有一路经加热器开关端子6→加热器端子A1→节温器→断路器→座垫线圈→加热器端子A2→加热器开关端子3→加热器开关端子4→搭铁。此时，靠背线圈和座垫线圈并联加热，加热速度较快。

3）当加热器开关处于"LO"位置时，电流流向为：蓄电池"+"→熔丝→继电器开关端子5，然后分为两个支路：一路经指示灯→加热器端子4→搭铁，低位指示灯亮；另一路经加热器开关端子3→加热器端子A2→加热器座垫线圈→加热器靠背线圈→搭铁。此时，靠背线圈和座垫线圈串联加热，电路中电流较小，因此加热的速度较慢。

项目实施

一、电动座椅主要部件的检测

电动座椅的主要部件有：调节开关、调节电动机、位置传感器和电控单元（ECU）等。

1. 调节电动机的检测

> **技师经验**
>
> 一般情况下对电动座椅调节电动机进行检测时，应先将其从座椅上拆下来，但电动机的拆装较麻烦，因此一定要先确定控制电动机的电源和搭铁线路没有问题，才能拆卸电动机。

调节电动机检测方法如下：

1）当将电动座椅调节电动机处于某一种调节状态时，检测各端子与电源之间的连接情况，必须符合要求。

分别用导线将电动机插接器的相应两个端子与蓄电池的正、负极相连接，检查电动机工作情况。必须注意的是，当电动机通电后不转，或有异常响声，均应立即停止检测。

2）如检测到某个调节电动机不运转或运转不平稳，则应拔下该电动机上的两芯插接器，直接将蓄电池正、负极用导线与该电动机连接，进行通电检测。如此时电动机运转无问题，则为调节电动机两芯插座之间的导线可能有断路、接地或接触不良现象。

3）如单独对电动机通电后仍不运转或运转不正常，则说明该电动机有故障，应更换新件。

2. 调节开关的检测

对电动机调节开关的检测，也应将其从驾驶人座椅处拆下。用万用表检测插接器各端子之间的导通状态，即可判断调节开关的好坏。

3. 位置传感器的检测

1）拆下电动座椅ECU。首先拆下驾驶人座椅，然后拆下前垂直调节器上的螺栓，并将座垫略微抬高。操作时一定要注意，不能将座垫抬得过高，否则线束会被拉出，夹箍可能会松动。座垫抬高后，可以从座垫下面的固定处随插接器一起拆下电动座椅ECU。

2）位置传感器检查。将电动座椅ECU的端子CHK连接到车身（接地），使ECU进入检查状态。用示波器测量电动座椅 ECU 的端子 s 与车身接地之间的电压波形。当示波器显示如图 5-13a 所示电压波形时，表示"已准备好"了。然后，接通电动座椅开关，用示波器检查座椅移动时的电压波形变化。如果示波器显示如图 5-13b 所示电压波形，表示输入信号正常，相应的位置传感器无故障。如果示波器显示如图 5-13c 所示电压波形，表示输入信号不正常，相应的位置传感器有故障，应更换位置传感器。

在进行该项检查时，当座椅移动到极限位置（例如头枕移到最高或最低位置）时，电压波形从正常变为不正常，这属于正常现象。

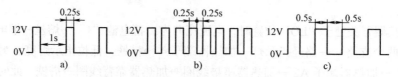

图 5-13 检测位置传感器的电压输出波形

a)"准备好"时的波形 b) 正常波形 c) 不正常波形

4. ECU 的检测

汽车的电控单元一般很少出现故障。如果怀疑其有故障，通常采用测量其线束插接器相关端子间的电压或电阻，再与标准值进行比较的方法。其值应符合标准值，否则应进一步检查电路。但测量之前应首先检查电控单元外观有无明显的损坏，外围元件是否脱焊或变质。若一切完好，可对电控单元 ECU 进行检测。

> **技师经验**
>
> ECU 故障的判断一定要借助诊断仪读取故障码，进行数据流和执行元件的全面测试，只有在检查开关、线路和电动机等部件均无问题的情况下，才可以确定为 ECU 故障。

二、电动座椅故障的检修

对电动座椅故障的初步检查，通常应检查易损件、导线，以及通过进行操作以确认故障的可能部位等。

座椅检测

1) 对易损件的检查：首先检查仪表板熔丝与熔丝盒内电动座椅的熔丝是否熔断。如果熔断，应检查电路是否有短路处。排除短路点以后，才可更换新的熔丝，否则又会熔断熔丝。

2) 对配线的检查：应检查电动座椅各部件之间的连接配线有无断路处、有无绝缘层破损现象。发现异常后，应及时进行处理。

3) 通过操作电动座椅，根据常见故障的现象判断故障产生的可能原因。

① 如果一个座椅调节器比另一个座椅调节器先到达最大水平位置或最大垂直位置，则可能为两座椅调节器不同相位，应对其进行适当的调整。

② 如果电动座椅不能水平或垂直移动，或水平和垂直两个方向均不能移动，则可能为座椅调节器电动机损坏，或控制电路有故障。

③ 如果电动座椅垂直移动迟缓或卡滞，则可能为垂直执行器与齿条之间配合不良或污垢过多，也可能为顶板总成有松动现象。

④ 如果一个座椅调节器不能垂直移动，则可能为垂直驱动钢丝脱开或折断，也可能是垂直执行器未工作所致。

⑤ 如果电动座椅水平移动迟缓或卡滞，则可能为水平执行器与齿条间配合不良或污垢过多，也可能是顶板总成有松动现象。

⑥ 如果一个座椅调节器不能水平移动，则可能为水平驱动钢丝脱开或折断，也可能是水平执行器未工作。

⑦ 如果电动座椅水平移动不平稳，则可能为水平执行器工作不良。

4) 电动开关的检查：电动座椅的开关接触不良，会造成电动座椅调整失效或不灵。

① 利用维修手册上的电动座椅连通性图表来检测开关的连通性。

② 如果开关损坏，则应更换同型号的电动座椅开关。

5) 控制电路的检查：电动座椅的控制电路，若有断路或短路现象，均会造成电流不能通过电动机，使电动座椅调整失效。可按断路或短路故障检测方法，仔细检查并排除故障。

6) 电动机的检查：电动座椅的电动机失灵，如电刷磨损、转子绕组及定子绕组断路或短路等故障，均会使电动机不能正常工作。

三、雷克萨斯电动座椅疲劳消除系统及其检修

（一）雷克萨斯电动座椅疲劳消除系统

2020年雷克萨斯M300的驾驶人座椅采用了8向电动座椅；前排乘客座椅采用了4向[7座车型]或8向[4座车型]电动座椅；后排1号座椅为老板式座椅，后排2号座椅为50/50折叠式手动座椅[7座车型]；后排座椅配备了通风功能，采用了座椅靠背和座椅座垫内部配备气袋的后排疲劳消除座椅[4座车型]。疲劳消除座椅系统通过充气袋充气对其背部和臀部区域施加适当刺激，有助于消除身心疲劳。

1. 疲劳消除座椅系统结构图

系统结构图见图5-14。

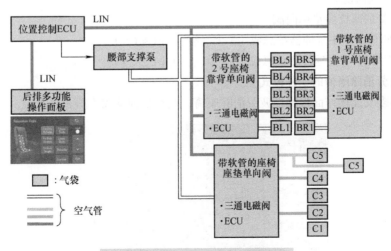

图5-14 疲劳消除座椅系统结构图

2. 后排座椅结构图

疲劳消除座椅的 2 级气囊安装在座椅靠背和座垫上。后排座椅结构如图 5-15 所示。

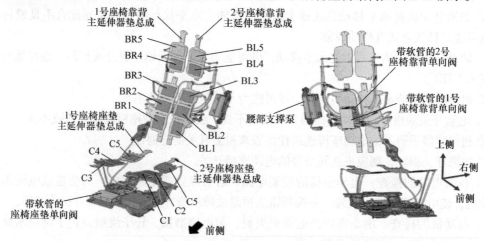

图 5-15　后排座椅结构图

1）带软管的 1 号座椅靠背单向阀通过 6 根空气管连接到腰部支撑泵和 5 个气袋。

2）带软管的 2 号座椅靠背单向阀通过 6 根空气管连接到腰部支撑泵和 5 个气袋。

3）带软管的座椅座垫单向阀通过 6 根空气管连接到腰部支撑泵和 6 个气袋。

4）各单向阀由三通电磁阀和 ECU 组成。

5）腰部支撑泵。

6）带软管的 1 号座椅靠背单向阀。

7）1 号座椅靠背主延伸器垫总成（5 个气袋：BR1/BR2/BR3/BR4/BR5），气袋位于带软管的 2 号座椅靠背单向阀后。

8）带软管的 2 号座椅靠背单向阀。

9）2 号座椅靠背主延伸器垫总成（5 个气袋：BL1/BL2/BL3/BL4/BL5），气袋位于带软管的 1 号座椅靠背单向阀前。

10）带软管的座椅座垫单向阀。

11）1 号座椅座垫主延伸器垫总成（3 个气袋：C3/C4/C5）。

12）2 号座椅座垫主延伸器垫总成（3 个气袋：C1/C2/C5）。

3. 后排疲劳消除座椅的 7 种模式

可用后排多功能操作面板操作疲劳消除座椅，共有 7 种模式（图 5-16）。

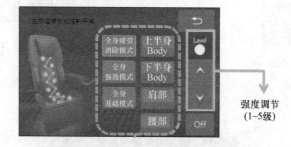

图 5-16　后排疲劳消除座椅的 7 种模式

（二）雷克萨斯电动座椅疲劳消除系统检修

1. 诊断数据表

用诊断仪可以读取存储在 ECM 中的数据流。将诊断仪连接到诊断座，将点火开关置于 ON（IG）位置，进入数据流读取菜单即可。诊断数据见表 5-1。

表 5-1 诊断数据表

诊断仪显示	测量项目	范围
Cushion Refresh Valve ECU Connection State	位置控制 ECU 和带软管的座椅座垫单向阀之间的 LIN 通信的连接状态	With/Without/Lost Communication
Back Refresh Valve ECU No.1/2 Connection State	左侧位置控制 ECU 总成和带软管的左侧 1/2 号座椅靠背单向阀之间的 LIN 通信的连接状态	With/Without/Lost Communication
Refresh OFF Operation Signal	疲劳消除关闭开关信号	ON 或 OFF
Refresh Level Up/Down Switch State	疲劳消除强度增大 / 减小开关信号	ON 或 OFF
Refresh Mode Selection Switch（Rear）	疲劳消除模式开关信号	OFF、Full Body Refresh、Full Body Stretch、Full Body Simple、Lower Body、Upper Body、Shoulder、Lumbar
RL Occupant Condition Setting	后排左侧座椅乘员状态设定	ON 或 OFF

2. 主动测试

使用诊断仪进行主动测试，无须拆下任何零件即可操作继电器、VSV、执行器和其他项目，且可以单独操作所有气袋。主动测试表见表 5-2。利用主动测试功能可以查找气袋或管路有无漏气处。

表 5-2 主动测试表

诊断仪显示	测量项目	控制范围
Refresh BL1 to BL5	座椅靠背气袋总成	ON（充气）/ OFF（放气）
Refresh BR1 to BR5	座椅靠背气袋总成	ON（充气）/ OFF（放气）
Refresh C1 to C5	座椅座垫气袋总成	ON（充气）/ OFF（放气）

3. 气动机构的检查

当气动机构不工作时，进行以下检查，如图 5-17 所示。

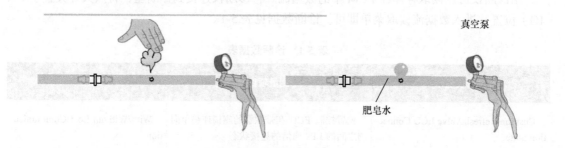

图 5-17　检查气动机构

1）用诊断仪可以读取存储在 ECM 中的故障码。
2）用诊断仪可以读取存储在 ECM 中的数据流。
3）执行主动测试以操作各气袋，倾听是否有漏气处。
4）检查空气管是否漏气。检查程序如下：
① 将真空泵连接到空气管或接头上。
② 加压 100kPa。
③ 检查空气管是否漏气。备注：难以确定漏气位置时，将肥皂水涂抹到空气管上。

4. 气动机构的维修

空气管损坏时，切断漏气位置并将空气管与接头接合。

1）确定漏气部位。
2）切断漏气位置周围 4mm 的空气管。
3）准备供应零件的接头。
4）将空气管与接头（供应零件）接合（图 5-18）。

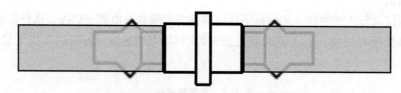

图 5-18　将空气管与接头（供应零件）接合

四、迈腾 B8L 带记忆功能的电动座椅

（一）带记忆功能的电动座椅结构组成

迈腾 B8L 汽车带座椅通风装置的电动调节式座椅电气和电子部件安装位置如图 5-19 所示，电动调节式前座椅装配一览如图 5-20 所示。

项目五 电动座椅的检修

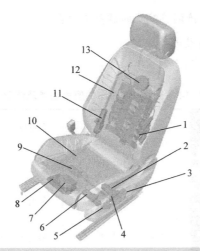

图 5-19 带座椅通风装置的电动调节式座椅电气和电子部件安装位置

1—腰部支撑（驾驶人座椅腰部支撑前后位置调节电动机 V125、驾驶人座椅腰部支撑高度调节电动机 V129、前排乘员座椅腰部支撑前后位置调节电动机 V126、前排乘员座椅腰部支撑高度调节电动机 V130） 2—座椅高度调整装置（驾驶人座椅高度调节电动机 V138、前排乘员座椅高度调节电动机 V246） 3—座椅调节操作单元（驾驶人座椅调整功能操作单元 E470、前排乘员座椅调整功能操作单元 E471） 4—座椅记忆功能的操作单元（驾驶人侧记忆功能的操作单元 E464） 5—腰部支撑调整开关（驾驶人座椅腰部支撑调节开关 E176、前排乘员座椅腰部支撑调节开关 E177） 6—座椅倾斜度调节装置（驾驶人座椅倾斜度调节电动机 V243、前排乘员座椅倾斜度调节电动机 V244） 7—座垫风扇（左前座垫风扇 1V514、右前座垫风扇 1V518） 8—控制单元（驾驶人座椅调节控制单元 J810） 9—座椅前后调节机构（驾驶人座椅前后调节电动机 V28、前排乘员座椅前后调节电动机 V31） 10—座椅加热元件（可加热驾驶人座椅 Z6、可加热前排乘员座椅 Z8） 11—靠背调节装置（驾驶人座椅靠背调节电动机 V45、前排乘员座椅靠背调节电动机 V46） 12—靠背加热元件（可加热驾驶人座椅靠背 Z7、可加热前排乘员座椅靠背 Z9） 13—座椅靠背风扇（左前座椅靠背风扇 1V512、右前座椅靠背风扇 1V516）

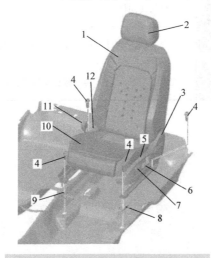

图 5-20 电动调节式前座椅装配一览

1—座椅靠背 2—头枕 3—门槛侧座椅饰板 4—螺栓 5—座椅记忆功能的操作单元（驾驶人侧记忆功能的操作单元 E464） 6—座椅调节操作单元（驾驶人座椅调整功能操作单元 -E470q 前排乘员座椅调整功能操作单元 E471） 7—腰部支撑调整开关（驾驶人座椅腰部支撑调节开关 E176、前排乘员座椅腰部支撑调节开关 E177） 8—盖板（用于门槛侧座椅导轨） 9—盖板（用于通道侧座椅导轨） 10—座椅槽 11—安全带锁 12—通道侧座椅饰板

（二）带记忆功能的电动座椅调节装置的调整与设置

1. 迈腾 B8 轿车的座椅功能及调整

座椅功能及调整见表 5-3、图 5-21。

表 5-3　迈腾 B8 轿车的座椅功能及调整

功能	操作	图示	说明
调整坐姿 （按箭头方向按压开关）	参见图 5-21 中①	参见图 5-21 中Ⓐ	前后移动座椅
		参见图 5-21 中Ⓑ	调整座垫倾斜角度
		参见图 5-21 中Ⓒ	升高或降低座椅
	参见图 5-21 中②	参见图 5-21 中Ⓓ	调整靠背角度
调整腰部支撑 （按压开关的相应区域）	参见图 5-21 中①或②		调整腰部支撑的曲率
	参见图 5-21 中③或④		调整腰部支撑的位置
调整座椅头枕高度	按住按钮①，同时沿箭头方向上推或下压头枕		
调整座椅头枕前后位置	按住按钮①，同时沿箭头方向向前或向后移动头枕		
调整转向盘位置（下推手柄）	驾驶人稍弯肘即可握在转向盘轮缘外侧（9 点或 3 点位置）		
调整转向盘位置（上推手柄）	直至与转向柱齐平		
背部按摩功能（开启时，腰部支撑自动移动并以此按摩背部的腰椎区域）	开启		按压座椅操作面板上的按钮
	关闭		再次按压座椅操作面板上的按钮

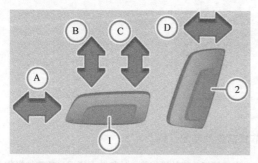

用于调整驾驶人座椅前后位置、靠背角度及座垫高度/倾斜角度的电动调整机构

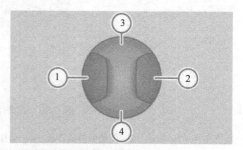

用于调整腰部支撑的调整机构

图 5-21　迈腾 B8 轿车的座椅功能及调整

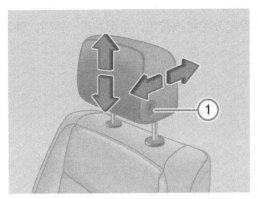
带前后调节功能

机械调整转向盘位置

驾驶人座椅外侧下部：背部按摩功能按钮可以与其他操作元件结合使用

图 5-21　迈腾 B8 轿车的座椅功能及调整（续）

2. 迈腾 B8 轿车的座椅功能的设置

本车设有两个记忆按钮，可将驾驶人座椅和车外后视镜的设定分配给其中任一按钮，如图 5-22 所示。

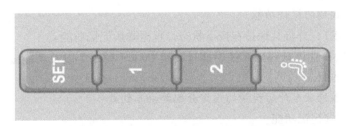

图 5-22　位于驾驶人座椅外侧的记忆按钮

（1）储存前行时驾驶人座椅和车外后视镜的设定
1）打开电子驻车制动器。
2）挂入空档。
3）打开点火开关。
4）将驾驶人座椅和车外后视镜调整至所需位置。

5）按压 SET 按钮 1s 以上。

6）10s 内按压某个想要使用的记忆按钮，将设定分配给该按钮。系统发出一锣声，确认已储存设定。

（2）储存倒车时前排乘员侧车外后视镜设定

1）打开电子驻车制动器。

2）挂入空档。

3）打开点火开关。

4）按压相应记忆按钮。

5）挂入倒档。

6）调整前排乘员侧车外后视镜，使之能清晰反映车后路缘景象。

7）系统自动存储后视镜位置设定，并将设定分配给开启轿车的轿车钥匙。

（3）调用驾驶人座椅及车外后视镜设定

1）轿车处于静止状态，点火开关处于关闭状态，打开车门后按一下相应记忆按钮。

2）另一种方法：点火开关处于打开状态时按住相应记忆按钮，直至驾驶人座椅及车外后视镜移至储存的位置。

3）轿车以超过 15km/h 的车速向前行驶时，或将车外后视镜调整旋钮自位置 R 拧至其他位置时，处于倒车设定位置的前排乘员侧车外后视镜自动自倒车设定位置移至设定的前行位置。

（4）激活轿车钥匙的记忆功能

1）解锁驾驶人侧车门。

2）按压任意一个记忆按钮，直至激活过程结束。

3）如需要，可一直按住记忆按钮，直至座椅移至储存的位置。

4）按住记忆按钮，同时，10s 内按压轿车钥匙上的开启按钮。系统发出一锣声，确认已激活轿车钥匙的记忆功能。

5）另一种方法：在信息娱乐系统中通过按钮 CAR（轿车）以及功能按钮 设置 和 座椅 激活轿车钥匙的存储功能。

（5）退出轿车钥匙的记忆功能

1）按压按钮 SET，并将其保持在按下状态，直至激活记忆功能。

2）另一种方法：在信息娱乐系统中通过按钮 CAR（轿车）以及功能按钮 设置 和 座椅 关闭轿车钥匙的存储功能。

（6）将驾驶人座椅及车外后视镜的设定分配给轿车钥匙

1）激活轿车钥匙记忆功能。

2）用同一把钥匙开启轿车。

3）调整车外后视镜和驾驶人座椅。

4）用钥匙上的闭锁按钮闭锁轿车，即可将驾驶人座椅及车外后视镜的设定储存在该轿车钥匙里。之后若用轿车钥匙的开启按钮或 Kessy（无钥匙进入）系统解锁轿车，打开驾驶人侧车门时，驾驶人座椅和车外后视镜即自动移至设定的位置。

（三）带记忆功能的电动座椅调节装置电路图

电路图见图 5-23～图 5-27。

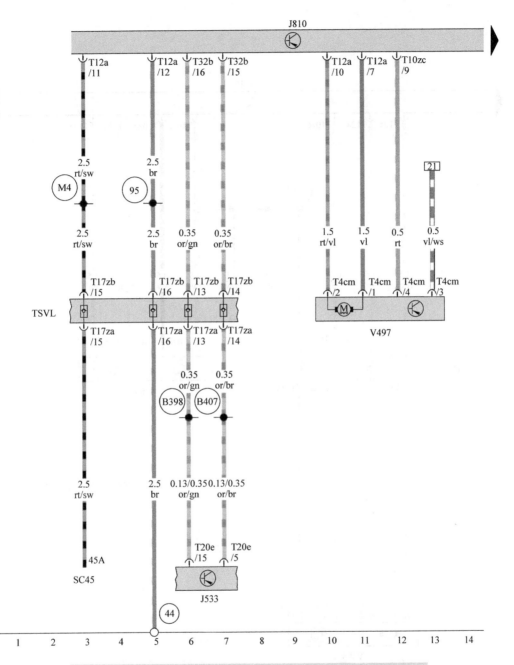

图 5-23　驾驶人座椅调节控制单元，驾驶人座椅倾斜度调节电动机

J533—数据总线诊断接口　J810—驾驶人座椅调节控制单元　SC45—熔丝架 C 上的熔丝　T4cm—4 芯插头连接，黑色　T10zc—10 芯插头连接　T12a—12 芯插头连接，黑色　T17za—17 芯插头连接　T17zb—17 芯插头连接　T20e—20 芯插头连接，黑色　T32b—32 芯插头连接，灰色　TSVL—驾驶人座椅连接位置　V497—驾驶人座椅倾斜度调节电动机　45A—左侧 A 柱下部的接地点　95—接地连接 1，在座椅调节导线束中　B398—连接 2（舒适 CAN 总线，High），在主导线束中　B407—连接 2（舒适 CAN 总线，Low），在主导线束中

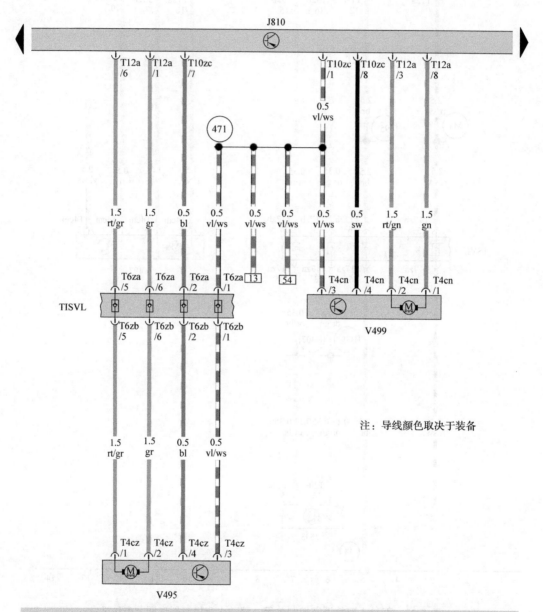

图5-24 驾驶人座椅调节控制单元，驾驶人座椅靠背调节电动机，驾驶人座椅高度调节电动机

J810—驾驶人座椅调节控制单元　T4cn—4芯插头连接，黑色　T4cz—4芯插头连接，黑色　T6za—6芯插头连接
T6zb—6芯插头连接　T10zc—10芯插头连接　T12a—12芯插头连接，黑色　TISVL—驾驶人座椅内的连接位置
V495—驾驶人座椅高度调节电动机　471—接地连接5，在座椅调节导线束中

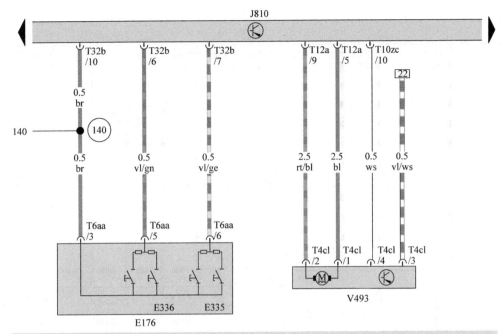

图 5-25 驾驶人腰部支撑调节开关，驾驶人座椅调节控制单元，驾驶人座椅纵向调节电动机

E176—驾驶人腰部支撑调节开关　E335—腰部支撑的高度调节按钮　E336—腰部支撑的前后位置调节按钮　J810—驾驶人座椅调节控制单元　T4cl—4芯插头连接，黑色　T6aa—6芯插头连接，黑色　T10zc—10芯插头连接　T12a—12芯插头连接，黑色　T32b—32芯插头连接，灰色　V493—驾驶人座椅纵向调节电动机　140—接地连接2，在座椅调节导线束中

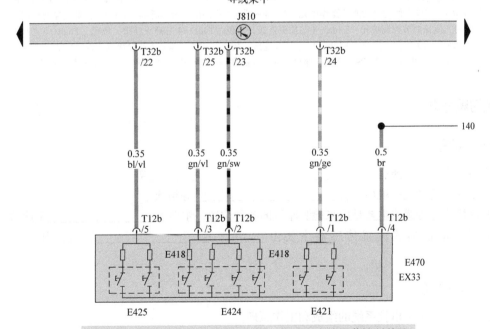

图 5-26 驾驶人座椅调节操作单元，驾驶人座椅调节控制单元

EX33—驾驶人座椅调节操作单元　E418—座椅纵向调节按钮　E421—倾斜度调节按钮　E424—座椅高度调节按钮　E425—靠背调节按钮　E470—驾驶人座椅调节操作单元　J810—驾驶人座椅调节控制单元　T12b—12芯插头连接，黑色　T32b—32芯插头连接，灰色　140—接地连接2，在座椅调节导线束中

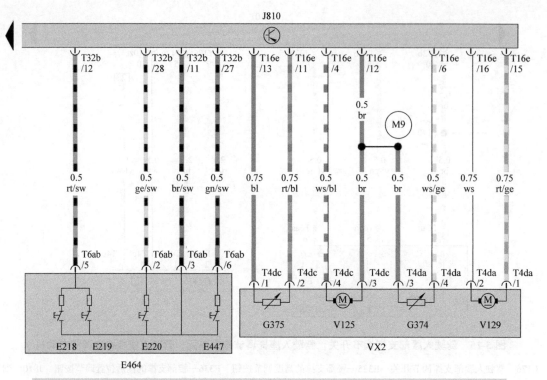

图 5-27 驾驶人侧记忆功能的操作单元，驾驶人座椅调节控制单元，驾驶人座椅腰部支撑

E218—带记忆功能的座椅按钮1　E219—带记忆功能的座椅按钮2　E220—带记忆功能的座椅按钮3　E447—座椅位置存储按钮　E464—驾驶人侧记忆功能的操作单元　G374—腰部支撑高度调节传感器　G375—腰部支撑前后调节传感器　J810—驾驶人座椅调节控制单元　T4da—4芯插头连接，黑色　T4dc—4芯插头连接，黑色　T6ab—6芯插头连接，棕色　T16e—16芯插头连接，黑色　T32b—32芯插头连接，灰色　VX2—驾驶人座椅腰部支撑　V125—驾驶人座椅腰部支撑纵向调节电动机　V129—驾驶人座椅腰部支撑高度调节电动机　M9—座椅调节装置导线束中的连接

复习思考题

一、填空题

1. 电动座椅的功能有_____、_____、_____、_____等。
2. 电动座椅系统一般由_____、_____、_____等组成。
3. 座椅位置传感器主要是用来检测座椅的各种位置，主要有_____、_____两种类型。
4. 滑动电位器式位置传感器主要由_____、_____、_____组成，其工作原理与_____相似。

二、简答题

1. 简述自动座椅电控系统的组成和工作原理。
2. 简述电动座椅加热的工作原理。

项目六 中控门锁系统的检修

项目导入

一位客户的爱车用遥控器打不开中控门锁了,作为从事汽车专业工作的你可否指点一下,如何让客户进入到驾驶室内?然后分析故障产生的原因,帮助客户解决这个问题呢?

项目目标

1)能够掌握汽车中控门锁系统的组成。
2)能够描述汽车中控门锁系统的工作原理。
3)会正确使用万用表、示波器、解码器等常用仪器仪表。
4)会查阅维修资料,会识读和分析电路原理图。
5)能够对汽车中控门锁系统的常见故障进行诊断与排除。

↘ 相关知识

一、中央门锁系统

1. 功能

由电动机或电磁铁操纵的车门锁称为电动门锁。随着对汽车安全性、可靠性和方便性要求的不断提高,大多数轿车配置了中央控制门锁,中央控制门锁(简称中央门锁或中控门锁)实现了门锁的驾驶人集中控制,其具有以下功能:

中央门锁知识

1)中央控制:当驾驶人锁住其身边的车门时,其他车门也同时锁住,驾驶人可通过门锁开关同时打开各个车门,也可单独打开某个车门。

2)速度控制:当行车速度达到一定时,各个车门能自行锁上,防止乘员误操作车门把手而导致车门打开。

3)单独控制:除在驾驶人侧车门以外,还在其他门设置单独的弹簧锁开关,可独立地控制一个车门的打开和锁住。

2. 组成

现代汽车的中央门锁系统由以下三个部分组成:信号输入装置、控制电脑(ECU)、执行机构。

(1)信号输入装置

1)门锁控制开关。门锁控制开关安装在驾驶人侧车门(或者还包括乘员侧车门)内侧的扶手上,如图6-1所示。门锁控制开关的作用是将驾驶人或前排乘员的锁上门锁或打开门锁的要求告诉ECU。按下此开关的前端为"上锁"(LOCK),按下后端为"开锁"(UNLOCK)。

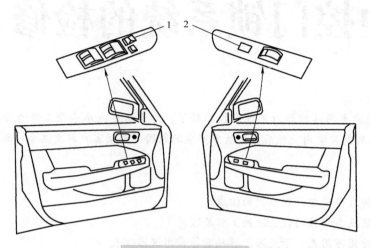

图 6-1 门锁控制开关

1—驾驶人侧车门扶手上的门锁控制开关 2—乘员侧车门扶手上的门锁控制开关

2）钥匙控制开关。钥匙控制开关（也叫钥匙操纵开关、钥匙上锁与开锁开关）安装在门锁锁芯的内端（图 6-2），其作用是检测是否有用钥匙锁车门锁或打开门锁的要求，并将此要求告诉 ECU。

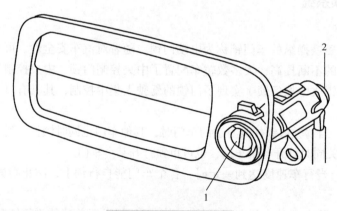

图 6-2 钥匙控制开关

1—门锁锁芯 2—钥匙控制开关

3）门控开关。门控开关（也叫门控灯开关、车门微开开关）安装在门框上，其作用是探测车门的开、闭状态，并将车门开、闭状态信号发送给 ECU。当车门开启时，此开关接通；当车门关闭时，此开关断开。

4）门锁开关。门锁开关安装在门锁总成内，其作用是检测车门的开、闭状态（也称为车门开启探测开关）。当车门开启时，此开关接通；当车门关闭时，此开关断开。

5）行李舱门锁开关。行李舱门锁也叫行李舱开启器。行李舱门锁执行器（电磁线圈）由两个串联的开关进行控制，一个是主开关，另一个是行李舱门锁开关，如图 6-3 所示。

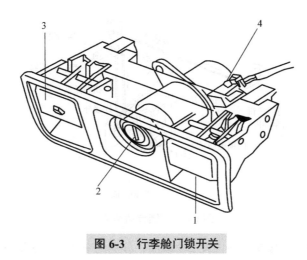

图 6-3 行李舱门锁开关

1—行李舱门锁开关 2—锁芯 3—燃油加注口盖开关 4—行李舱门锁主开关

6）位置开关。位置开关装在门锁总成内（图6-4），其作用是探测门锁的状态（也称为车门开锁探测开关）。当锁杆处于锁止位置时，位置开关断开；当锁杆处于开锁位置时，位置开关接通。

7）钥匙开锁警告开关（钥匙未拔出警告开关）。此开关安装在点火开关内，用于探测点火钥匙是否插在点火开关锁芯内，并将此信号发送给ECU，以便实现点火钥匙防遗忘功能（在钥匙没有从点火开关里拔出来的情况下，它能防止点火钥匙被锁在车内）。如果拔出钥匙，此开关断开。如果钥匙插在点火开关的锁芯内，钥匙开锁警告开关接通。

（2）ECU

控制电脑（ECU）的作用是接收信号输入装置送来的信号，并对这些信号进行处理，然后发出控制指令，控制执行机构，实现锁门或开锁。

ECU的组成包括输入电路、存储器、鉴别器、编码器、驱动级、抗干扰电路、显示装置、保险装置和电源等。

（3）执行机构

执行机构是用于执行驾驶人的指令，将门锁锁止或开启。门锁执行机构有电磁式、直流电动机式和永磁电动机式3种驱动方式。它们的结构都是通过改变极性转换其运动方向而执行锁门或开门动作的。

1）直流电动机式。直流电动机式执行机构通过直流电动机转动并经传动装置（传动装置有螺杆传动、齿条传动和直齿轮传动），将动力传给门锁锁扣，使门锁锁扣进行开启或锁止。由于直流电动机能双向转动，所以通过电动机的正反转实现门锁的锁止或开启。这种执行机构与电磁式执行机构相比，耗电量较小。直流电动机式电动车门锁的结构如图6-4所示，其工作过程如下：

当门锁电动机转动时，蜗杆带动蜗轮转动，继而推动锁杆摆动，使车门上锁或开锁。然后，在回位弹簧的作用下，蜗轮返回原位，以便防止操纵门锁按钮时电动机工作。说明：有些电动门锁不用蜗杆蜗轮传动，而采用齿轮齿条或螺杆螺母传动机构。

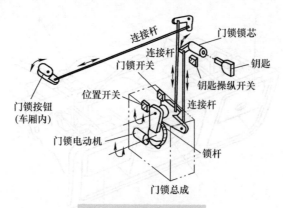

图 6-4　门锁传动结构

2) 电磁式。电磁式门锁执行器内设 2 个线圈,分别用来开启、锁闭门锁,门锁集中操作按钮平时处于中间位置。当给锁门线圈通正向电流时,衔铁带动连杆左移,门被锁住;当给开门线圈通反向电流时,衔铁带动连杆右移,门被打开。电磁铁式行李舱门锁如图 6-5 所示,其工作原理如下:当电磁线圈 2 中有电流通过时,所产生的电磁吸力使插棒式铁心 5 及轴销 6 向左移动,从而打开行李舱门锁。电磁线圈 2 中无电流,插棒式铁心 5 及轴销 6 处于右端位置,关闭行李舱门之后,行李舱便被上锁。电磁线圈 2 中是否有电流由行李舱门锁开关来控制。

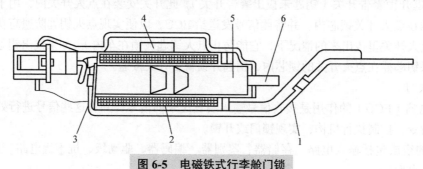

图 6-5　电磁铁式行李舱门锁

1—支架　2—电磁线圈　3—轭铁　4—断路器　5—插棒式铁心　6—轴销

3) 永磁电动机式。永磁电动机多是指永磁型步进电动机。它的作用与前两种基本相同,结构差异较大。

(4) 门锁控制器

门锁控制器是为门锁执行机构提供锁止/开启脉冲电流的控制装置。无论何种门锁执行机构都是通过改变执行机构通电电流方向控制连杆左右移动,实现门锁的锁止和开启。门锁控制器的种类很多,按其控制原理大致可分为晶体管式、电容式和车速感应式 3 种。

1) 晶体管式。晶体管式门锁控制器内部有两个继电器,一个控制锁门,一个控制开门。继电器由晶体管开关电路控制,它利用电容器的充放电过程控制一定的脉冲电流持续时间,使执行机构完成锁门和开门动作。

2) 电容式。该门锁控制器利用电容器充放电特性,平时电容器充足电,工作时把它接入控制电路,使电容器放电,继电器因通电而短时吸合,电容器完全放电后,通过继电器的电流中断而使其触点断开,门锁系统不再工作。

3）车速感应式。装有一个车速感应开关，当车速大于设定车速时，若车门未上锁，驾驶人不需动手，门锁控制器会自动将门上锁。

3. 工作原理

（1）用门锁控制开关锁门和开锁

1）锁门。如图6-6所示，当将驾驶人侧或乘员侧门锁控制开关15推向锁门（LOCK）位置时，防盗和门锁ECU 20的16号端子与搭铁之间接通，即开关15向ECU输入一个锁门请求信号，此信号经过反相器A、或门A、锁门定时器，使晶体管VT1（起开关作用）导通，从而使继电器No.1通电，电流通过继电器线圈的电路为：蓄电池1→易熔线3→熔断器6→ECU的24号端子→继电器No.1电磁线圈→晶体管VT1→搭铁。

中央门锁系统工作原理

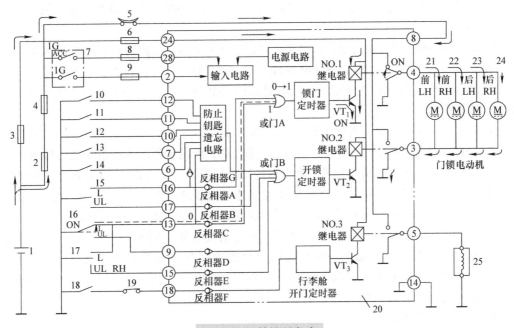

图6-6 门锁控制电路

1—蓄电池　2—易熔线ALT　3—易熔线MAIN　4—易熔线AM1　5—断路器　6—顶灯（DOME）熔断器　7—点火开关　8—点烟器（CIG）熔断器　9—ECU熔断器　10—驾驶人侧门锁开关　11—前排乘员侧门锁开关　12—驾驶人侧位置开关　13—前排乘员侧位置开关　14—钥匙开锁警告开关　15—门锁控制开关　16—驾驶人侧钥匙控制开关　17—前排乘员侧钥匙控制开关　18—行李舱门锁开关　19—行李舱门锁主开关　20—防盗和门锁ECU　21—驾驶人侧门锁电动机　22—前排乘员侧门锁电动机　23—左后侧门锁电动机　24—右后侧门锁电动机　25—行李舱门锁电磁线圈

继电器No.1通电使其触点闭合，接通了门锁电动机电路。电路为：蓄电池1→易熔线2、4→断路器5→ECU的8号端子→继电器No.1接通的触点→ECU的4号端子→门锁电动机21、22、23和24→ECU的3号端子→继电器No.2搭铁触点→搭铁→蓄电池负极。门锁电动机转动，将四个门锁全部锁上。

2）开锁。当将驾驶人侧或乘员侧门锁控制开关15推向开锁（UNLOCK）位置时，防盗和门锁ECU20的17号端子与搭铁之间接通，即开关15向ECU输入一个开锁请求信号，此信号经过反相器B、或门B、开锁定时器，使晶体管VT2（起开关作用）导通，从而使继电器No.2通电，电流通过继电器线圈的电路为：蓄电池1→易熔线3→熔断器6→ECU的24号端子→

继电器 No.2→晶体管 VT2→搭铁。

继电器 No.2 通电使其触点闭合，接通了门锁电动机电路。电路为：蓄电池 1→易熔线 2、4→断路器 5→ECU 的 8 号端子→继电器 No.2 接通的触点→ECU 的 3 号端子→门锁电动机 21、22、23 和 24→ECU 的 4 号端子→继电器 No.1 搭铁触点→搭铁→蓄电池负极。门锁电动机反向转动，将四个门锁全部开锁。

（2）用钥匙锁门和开锁

1）锁门。如图 6-6 所示，当将钥匙插入驾驶人侧或乘员侧门锁锁芯内并向锁门方向转动时，钥匙控制开关 16 向锁门（LOCK）侧接通，防盗和门锁 ECU 20 的 13 号端子与搭铁之间接通，即开关 16 向 ECU 输入一个锁门请求信号，此信号经过反相器 C、或门 A、锁门定时器，使晶体管 VT1（起开关作用）导通，从而使继电器 No.1 通电，电流通过继电器线圈的电路为：蓄电池 1→易熔线 3→熔断器 6→ECU 的 24 号端子→继电器 No.1 的电磁线圈→晶体管 VT1→搭铁。

继电器 No.1 通电使其触点闭合，接通了门锁电动机电路。电路为：蓄电池 1→易熔线 2、4→断路器 5→ECU 的 8 号端子→继电器 No.1 接通的触点→ECU 的 4 号端子→门锁电动机 21、22、23 和 24→ECU 的 3 号端子→继电器 No.2 搭铁触点→搭铁→蓄电池负极。门锁电动机转动，将四个门锁全部锁上。

2）开锁。当将钥匙插入驾驶人侧或乘员侧门锁锁芯内并向开锁方向转动时，钥匙控制开关 16 向开门（UNLOCK）侧接通，防盗和门锁 ECU 20 的 9 号端子与搭铁之间接通，即开关 16 向 ECU 输入一个开锁请求信号，此信号经过反相器 D、或门 B、开锁定时器，使晶体管 VT2（起开关作用）导通，从而使继电器 No.2 通电，电流通过继电器线圈的电路为：蓄电池 1→易熔线 3→熔断器 6→ECU 的 24 号端子→继电器 No.2 的电磁线圈→晶体管 VT2→搭铁。

继电器 No.2 通电使其触点闭合，接通了门锁电动机电路。电路为：蓄电池 1→易熔线 2、4→断路器 5→ECU 的 8 号端子→继电器 No.2 接通的触点→ECU 的 3 号端子→门锁电动机 21、22、23 和 24→ECU 的 4 号端子→继电器 No.1 搭铁触点→搭铁→蓄电池负极。门锁电动机反向转动，将四个门锁全部开锁。

（3）行李舱门锁的控制

当主开关 19 和行李舱门锁开关 18 接通时，防盗和门锁 ECU20 的 13 号端子与搭铁之间接通，即向 ECU 输入一个开锁请求信号，此信号经过反相器 F 和行李舱开锁定时器，使晶体管 VT3（起开关作用）导通，从而使继电器 No.3 电磁线圈通电，电流通过继电器线圈的电路为：蓄电池 1→易熔线 3→熔断器 6→ECU 的 24 号端子→继电器 No.3 的电磁线圈→晶体管 VT3→搭铁。

继电器 No.3 通电使其触点闭合，接通了行李舱门锁电磁铁线圈的电路。电路为：蓄电池 1→易熔线 2、4→断路器 5→ECU 的 8 号端子→继电器 No.3 接通的触点→ECU 的 5 号端子→行李舱门锁电磁线圈 25→搭铁→蓄电池负极，从而使行李舱门锁打开。

（4）防止钥匙锁入车内

驾驶人将钥匙插在点火开关的锁芯内没有拔出，便打开前车门，准备离开。由于前车门打开和点火钥匙未拔出，门锁开关 10 和钥匙开锁警告开关 14 均保持接通状态，并将信号送给 ECU 的防止钥匙遗忘电路。此时，当按下门锁按钮（或门锁控制开关）锁门时，门立刻被锁上。但位置开关 12（或门锁控制开关）经 ECU 的 10 号（或 16 号）端子将一信号送给防止钥匙遗忘电路，再经或门 B、开锁定时器到晶体管 VT2，使 VT2 导通，继电器 No.2 电磁线圈通电，因而使所有门锁开锁。

4. 迈腾 B8 中央门锁系统

迈腾中央门锁系统的门锁控制可分为车内控制和车外控制两种方式。车内控制可通过车门上锁按钮来执行，车外控制可以通过遥控器或车门锁孔中控开关来执行：驾驶人侧车门（钥匙锁孔）中控开关控制门锁开闭；驾驶人侧车门上的联锁按钮控制门锁开闭。另外，气囊控制单元在车辆发生碰撞时开启所有车门锁。

（1）驾驶人侧车门（钥匙锁孔）中控开关控制门锁开闭

将迈腾 B8 的机械钥匙插入驾驶人侧钥匙锁孔，通过钥匙的转动控制门锁开闭，如图 6-7 所示。迈腾 B8 驾驶人侧车门闭锁单元电路原理图如图 6-8 所示。驾驶人侧车门（钥匙锁孔）中控开关控制门锁开闭过程如下：

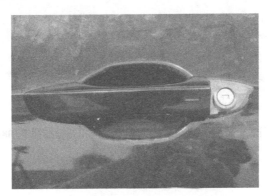

图 6-7 迈腾 B8 驾驶人侧钥匙锁孔

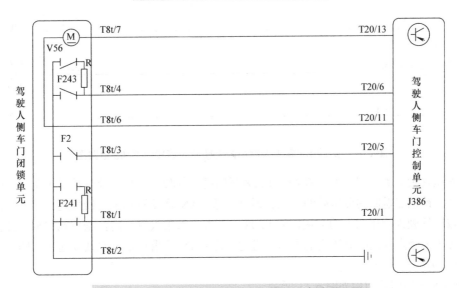

图 6-8 迈腾 B8 驾驶人侧车门闭锁单元电路原理图

① 使用钥匙顺时针扭转锁芯，机械联动机构带动驾驶人侧锁机构动作，使锁机构中的接触开关 F241 断开，驾驶人侧车门控制单元 J386 接收到开关 F241 的高电位电压后，通过舒适 CAN 总线和 LIN 总线发送车门开锁信息。

② 使用钥匙逆时针扭转锁芯，机械联动机构带动驾驶人侧锁机构动作，使锁机构中的接触开关 F241 接通，驾驶人侧车门控制单元 J386 接收到开关 F241 的低电位电压后，通过舒适 CAN 总线和 LIN 总线发送车门锁止信息。

（2）驾驶人侧车门上的联锁按钮控制门锁开闭

驾驶人侧车内上锁和开锁按钮 E308，如图 6-9 所示。驾驶人侧车内上锁和开锁按钮 E308 电路图如图 6-10 所示，驾驶人侧车门上的联锁按钮控制门锁开闭过程如下：

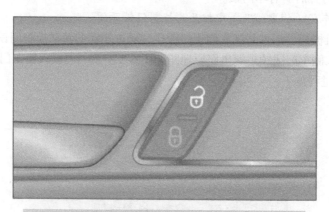

图 6-9　迈腾 B8 驾驶人侧车内上锁和开锁按钮 E308

图 6-10　迈腾 B8 驾驶人侧车内上锁和开锁按钮 E308 电路图

① 按压驾驶人侧车门上的上锁按钮 E308 开锁键，驾驶人侧车门控制单元 J386 接收到开关 E308 内部开锁触点返回的分压后的电压，通过舒适 CAN 总线和 LIN 总线发送车门开锁信息。

② 按压驾驶人侧车门上的上锁按钮 E308 闭锁键，驾驶人侧车门控制单元 J386 接收到开关 E308 内部闭锁触点返回的分压后的电压，通过舒适 CAN 总线和 LIN 总线发送车门闭锁信息。

（3）门锁工作过程

迈腾 B8 车门门锁结构如图 6-11 所示。

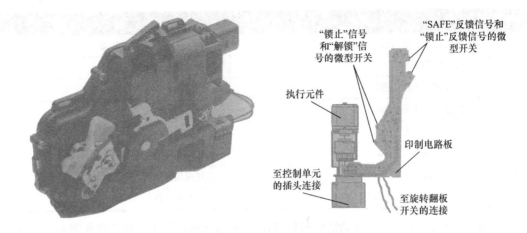

图 6-11 迈腾 B8 车门门锁结构

车门接触开关将车门打开时的低电位或关闭时的高电位信号传递给车门控制单元，车门控制单元以此来判断车门开启还是关闭状态。同时将信号通过舒适总线发送给组合仪表，如果车门打开，组合仪表会显示打开侧车门信息。门锁机构在完全闭锁的情况下才能执行开锁和闭锁功能。

车门控制单元检测到车门锁止信息后，控制锁单元中的中央门锁电动机工作，电动机转动，驱动机械机构动作，使门锁的机械机构处于安全锁止状态。

迈腾 B8 车门门锁内部安装有印制电路板，这些电路板上安装有微动开关，在门锁机械机构动作或门锁控制电动机动作时，触发这些微动开关，开关将门锁当前机械状态转换为电信号后被车门控制单元读取。

迈腾 B8 车门有两种闭锁状态，即：

① 安全（SAFE）锁止状态。在安全（SAFE）锁止状态下，从车内及车外均无法打开车门。

② 锁止状态。在锁止状态下，车门无法从车外打开，但可以从车内打开。

通过观察车门上指示灯的点亮情况，判断门锁的闭锁状态，红色 LED 快速闪烁 2s 左右，然后慢速闪烁，表示处于"安全锁止"状态。指示灯闪烁 2s 左右熄灭，30s 后再次开始闪烁，表示处于"锁止"状态。指示灯持续点亮 30s，表示中央门锁系统有故障，应尽快进行维修。

（4）车门控制信号输入和功能控制

车门控制信号输入到车门控制单元，车门控制单元控制车门锁电动机、灯光等的工作。

驾驶人侧车门控制单元 J386 输入的信号见表 6-1。

表 6-1 J386 信号输入

序号	元件	信号
2	联锁开关	所有中央门锁开启、关闭
3	车门接触开关	驾驶人侧车门状态（开或关）
4	锁芯中的接触开关	驾驶人侧车门锁机构开启、关闭状态
5	安全功能指示灯开关	安全灯、警告灯控制
6	中央门锁电动机	驾驶人侧车门锁机构开启、关闭状态

(续)

序号	元件	信号
7	中央门锁安全电动机（安全）	驾驶人侧车门锁机构状态
8	车门外把手开关	驾驶人侧车门开启
9	车门外把手接触传感器	进入信号
12	行李舱开启开关 E164	后行李舱开启
13	油箱盖开启开关 E204	油箱盖开启
14	儿童安全锁按钮 E254	后车门儿童安全锁开启
19	转向开关信号	左转向信号
20	驾驶人侧进入及起动系统天线 R134	进入及起动信号

驾驶人侧车门控制单元 J386 功能控制见表 6-2，驾驶人侧门锁电路原理图如图 6-12 所示。

表 6-2　驾驶人侧车门控制单元 J386 功能控制

序号	元件	动作
2	中央门锁执行元件（电动机）	所有车门开启、锁止
3	行李舱电动机	行李舱开启、锁止
4	油箱盖电动机	油箱盖开启、锁止
8	车门开启照明灯	车门开启照明灯点亮
9	上车灯	上车灯点亮
10	转向灯开关	后视镜上左转向信号灯闪烁

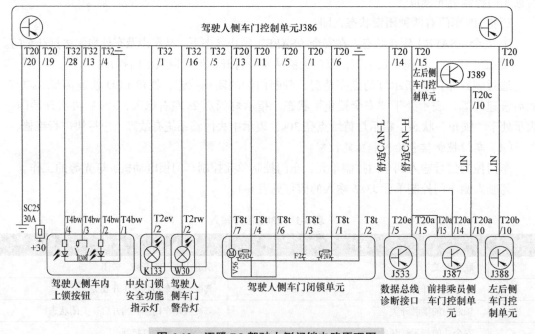

图 6-12　迈腾 B8 驾驶人侧门锁电路原理图

后侧车门控制单元 J388、J389 输入的信号有车门接触开关、车门外把手接触传感器、后进入及起动许可天线等，后侧车门控制单元分别控制各自车门的中央门锁执行元件（电动机）、车门开启照明灯、上车灯、后烟灰缸照明灯泡等。

迈腾 B8 左后侧门锁电路原理图如图 6-13 所示。

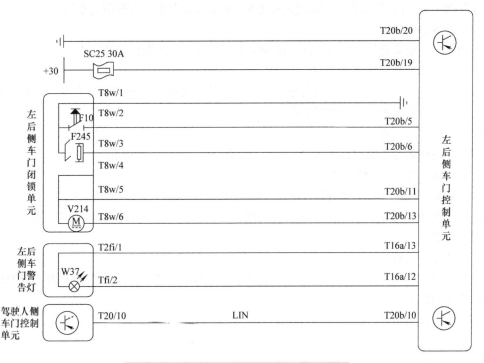

图 6-13　迈腾 B8 左后侧门锁电路原理图

> 引导问题：无线门锁遥控功能除了可以遥控门锁开门和锁门外，还有哪些功能？

二、无线门锁遥控系统

无线门锁遥控功能是指不用把钥匙插入锁孔中就可以远距离开门和锁门，其最大优点是：不管白天黑夜，无须探明锁孔，可以远距离、方便地进行开锁和闭锁。

1. 组成

（1）发射机

发射机由发射开关、发射天线（键板）、集成电路等组成，在键板上与信号发送电路组成一体。从识别代码存储回路到 FSK 调制回路，由于采用单芯片集成电路实现了小型化，在电路的相反一侧装有按钮型的锂电池。发射频率按照使用国的无线电法规进行选择，一般可使用27MHz、40MHz、62MHz 频带。发射开关每按按钮一次，进行一次信号发送。

（2）接收机

发射机利用 FM 调制发出识别代码，通过汽车的 FM 天线进行接收，并利用分配器进入接收机 ECU 的 FM 高频增幅处理器进行解调，与被解调节器的识别代码进行比较；如果是正确的代码，就输入控制电路并使执行器工作。

2. 功能

（1）所有车门的锁定/解锁功能

按发射机的 LOCK/UNLOCK 开关，对所有车门锁止或开锁。

（2）两步开锁功能

在驾驶人侧车门开锁后，在 3s 之内按 UNLOCK 开关两次，打开所有车门。

（3）应答功能

当锁定时，危险警告灯闪烁一次，解锁时闪烁两次，通知操作已经完成。

（4）发射机操作校验功能

按发射机的车门锁定/解锁或行李舱门打开器的开关时，操作指示灯点亮，通知系统正在发射此信号，如果电池用完，此灯不亮。

（5）行李舱门打开功能

保持发射机的行李舱门打开开关按住超过大约 1s，打开行李舱门。

（6）电动车窗开/关的功能

拔下钥匙，关闭车门，如果按下车门开锁/锁止开关长于 2.5s，所有的车门窗可以打开或关闭。当开关按住时，电动车窗的开/关操作继续进行，当开关不按时，操作停止。一些车型没有关闭功能。

（7）紧急警报功能

按住发射机的门锁或紧急开关长于约 2~3s，将触发防盗系统（喇叭发出声音，前照灯、尾灯和危险灯闪烁）。

（8）内部照明功能

在发射机对车门开锁的同时，内部灯光打开大约 15s。

（9）自动锁定功能

如果用发射机开锁后 30s 之内，没有车门被打开，则所有车门被锁止。

（10）重复功能

当发射机进行锁定操作时，如果某一车门没有锁上，组合继电器将在 1s 后输出一锁定信号。

（11）车门虚掩报警功能

如果有一车门开着或虚掩着，按发射机的门锁开关将致使无线电门锁蜂鸣器发声大约 10s。

（12）安全功能

1）在来自发射机的无线电波的某一部分中有按照某一固定规律变化的滚动代码。当车门控制接收机收到来自发射机的信号时，接收机先储存此滚动代码，当接收机收到下一个无线电波时，接收机将此代码与车辆自身的代码进行核对，这样可以提高安全性。

2）为了防止车窗开着时用一棒或等同物在门玻璃和门框之间的空间操纵门锁控制开关（手动操纵）而打开车门，用发射机（包括自动锁定功能）执行的锁定操作将设置门锁的安全功能，禁止通过车门控制开关（供手工操作用）来进行开锁操作。

（13）发射机识别密码注册功能

在 EEPROM 中能注册（写和存储）四个发射机识别密码，此 EEPROM 包括在车门接收器中。在重写识别密码、核查注册代码或丢失发射机时，可以擦掉代码并使无线电门锁遥控功能无效。

3. 工作原理

遥控的基本原理是：从车主身边发出微弱的电波，由汽车天线接收该电波信号，经电子控制器 ECU 识别信号代码，再由该系统的执行器执行启/闭锁的动作。用户可以通过设置门锁遥控 ECU 的开锁密码实现对自己汽车的保护，并在出现非法打开车门时进行报警。目前，此系统大都采用无线电波或红外线作为识别信号的传输媒介。

无线门锁遥控系统工作原理

（1）所有车门的锁定/解锁操作

1）传送和判断操作。当钥匙没有被插入点火开关锁芯中，并且所有门都关闭着，当按下发射机的锁定/解锁开关时，车辆自己的识别密码和功能码便被发送出去。当车门控制接收机收到这些代码时，控制接收机中的 CPU 开始核对和判断。如果接收器识别出收到的本车识别代码是车门锁定/解锁，它将车门锁定/解锁信号输出到组合继电器。无线门锁遥控系统电路图如图 6-14 所示。

2）在组合继电器侧的操作。当集成继电器收到车门锁定/解锁信号时，它导通 VT_1/VT_2，导致锁定/解锁继电器导通。结果，所有的门锁控制电动机开到锁定/解锁侧。

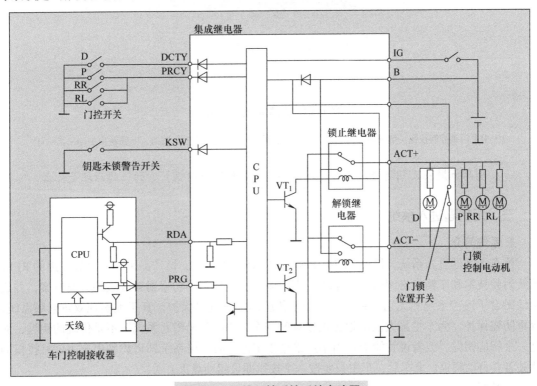

图 6-14 无线门锁遥控系统电路图

（2）两步开锁操作

要执行两步开锁操作，组合继电器中还要包括专用于驾驶人侧车门的开锁继电器（D）和控制开锁继电器（D）的 VT_3。

1）当发射机的开锁开关只按下一次时，组合继电器导通 VT_3 和驾驶人侧车门开锁继电器（D），只向解锁方向旋转驾驶人侧门锁控制电动机。

2）如果在 3s 之内连续按下发射机的开锁开关两次，组合继电器导通 VT_3 和 VT_2，导通驾驶人侧和乘员侧车门的开锁继电器（D）和（P），并将所有的门锁电动机转到开锁侧。

4. 迈腾 B8 无线门锁遥控系统

迈腾 B8 门锁车外控制可以通过遥控器来执行，按压遥控钥匙（图 6-15）上的功能按键，实现遥控钥匙遥控门锁的开闭。已匹配的钥匙发送一个特定的钥匙验证代码和功能请求代码。这些代码包括以下内容：

1）车门、油箱盖解锁。
2）行李舱解锁。
3）所有锁机构闭锁。
4）所有锁机构闭锁且车窗玻璃关闭。
5）车门、油箱盖解锁且车窗玻璃打开。
6）寻车请求。

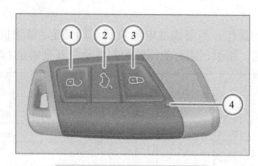

图 6-15　迈腾 B8 遥控钥匙

1—中央门锁控制按钮（解锁轿车）　2—解锁行李舱盖　3—中央门锁控制按钮（闭锁轿车）　4—指示灯

> **引导问题**：无钥匙进入系统是不需要钥匙就能进车内吗？它的工作原理是什么？

三、无钥匙进入系统

1. 系统简介

汽车无钥匙进入系统，简称 PKE（Passive Keyless Enter），该产品采用了世界先进的 RFID 无线射频技术和车辆身份编码识别系统，率先应用小型化、小功率射频天线的开发方案，并成功地融合了遥控系统和无钥匙系统，沿用了传统的整车电路保护，真正地实现双重射频系统，双重防盗保护，为车主最大限度地提供便利和安全。"汽车无钥匙系统"不是传统的钥匙，而是一个智能钥匙，或者说智能卡。当车主踏进指定范围时，该系统即可识别出车主就是授权的驾驶者并自动解锁。上车后，车主只要按一个按钮即可起动点火开关。

2. 功能

（1）无钥匙进入功能

1）当钥匙靠近车体时，车门自动开锁并解除防盗警戒状态，同时转向灯闪烁 2 次；当钥匙离开车体时，车门自动上锁并进入防盗警戒状态，此时转向灯闪烁 1 次，喇叭响一短声。

2）主门的有效检测距离不小于 1.5m，其他门要求在门边时有效。

（2）自动升窗与设防功能

1）当钥匙离开车体 5~6m 时，车门自动上锁并进入防盗警戒状态，此时转向灯闪烁 1 次，喇叭响一短声。

2）车窗会自动升起。

（3）无线遥控功能

1）遥控上锁：按此按键，车门上锁，转向灯闪烁1次，同时喇叭响一声，汽车进入防盗警戒状态。

2）遥控开锁：按此按键，车门开锁，转向灯闪烁2次，同时解除防盗报警状态。

3）寻车功能：按此按键，电子喇叭响8声，转向灯闪烁8次；若主机检测到钥匙或接收到开门信号，则自动终止寻车功能。

4）无线遥控距离不小于20m。

（4）防盗报警功能

1）在防盗警戒状态下，有边门触发或ACC信号触发，则系统开始报警，此时，电子喇叭鸣叫30s，转向灯闪烁3min。

2）一旦防盗被触发，则系统必须切断起动电路和油路，只有防盗被解除后方可恢复。

3）若在防盗警戒启动后发现车门未正确关好，则系统发出警示信号：电子喇叭鸣叫8次，同时转向灯闪烁8次；5s后若仍未关好门则自动断开油路和起动电路。

（5）其他功能

1）遥控器低电量提示：当遥控器电池电量过低时，在无钥匙或遥控开门关门时喇叭鸣叫4短声。

2）在线诊断：可在线检测系统故障、在线升级系统设置。

3）省电模式：系统采用模糊控制，可自动进入省电模式。

3. 迈腾B8无钥匙进入系统

迈腾B8在开启或锁闭车门时，KESSY（Key-less Access）无钥匙进入系统可以靠感应，在不操作钥匙的情况下锁闭和解锁车辆。无钥匙进入系统由车外门把手触摸传感器、天线、车门外把手开关、进入及起动系统控制单元J965、驾驶人侧车门控制单元J386、前排乘客侧车门控制单元J387、后侧门控制单元J388和J389、车门锁等组成。

无钥匙进入系统组成

（1）车外门把手触摸传感器

迈腾B8车外门把手触摸传感器（无钥匙进入/起动系统），如图6-16所示。

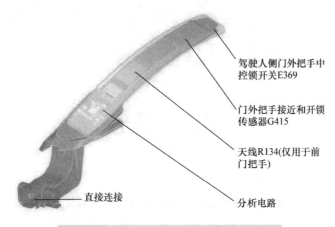

图6-16 迈腾B8车外门把手触摸传感器

迈腾 B8 的 4 个车门外把手上有以下传感器（图 6-17）：

1）驾驶人侧车门外把手触摸传感器 G415。

2）前排乘员侧车门外把手触摸传感器 G416。

3）左后侧车门外把手触摸传感器 G417。

4）右后侧车门外把手触摸传感器 G418。

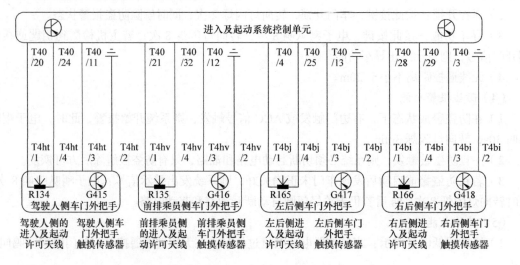

图 6-17　迈腾 B8 车外门把手触摸传感器电路原理图

车外门把手触摸传感器是电容式的，集成在车外门把手内，由直流电压来起动，每个把手和支座上都装上了一个电容片。把手的凹坑起介质作用，如果电容片之间插入新的介质，那么就会有一个电流短时流过，进入及起动授权控制单元就会识别并分析这个电流。

（2）天线

迈腾 B8 车辆带进入及起动许可系统的汽车配有以下天线，如图 6-18 和图 6-19 所示。

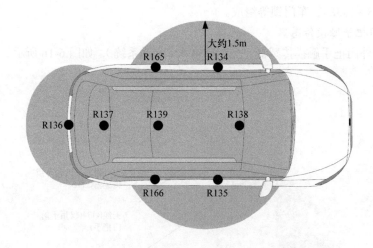

图 6-18　无钥匙进入及起动许可系统天线位置

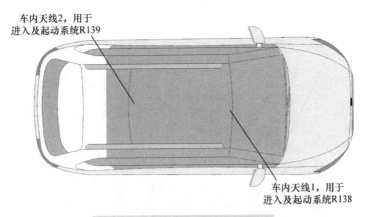

图6-19 一键起动系统天线位置

1）驾驶人侧的进入及起动许可天线R134（无钥匙进入/起动系统）。

2）前排乘员侧的进入及起动许可天线R135（无钥匙进入/起动系统）。

3）右后侧进入及起动许可天线R166（无钥匙进入/起动系统）。

4）左后侧进入及起动许可天线R165（无钥匙进入/起动系统）。

5）后保险杠内的进入及起动许可天线R136（无钥匙进入/起动系统）。

6）行李舱内的进入及起动许可天线R137（无钥匙进入/起动系统）。

7）车内空间的进入及起动许可天线1-R138。

8）车内空间的进入及起动许可天线2-R139。

每个车门外把手内都集成有一根磁棒天线，该天线的任务是将进入和起动授权控制单元的信号发送到车钥匙上，如图6-20所示。

遥控钥匙的有效范围如图6-21所示，天线电路原理图如图6-22所示。

1）解锁/锁闭车辆≤6m。

2）寻车≤30m。

3）KESSY功能范围：＜1m。

（3）车门外把手开关

每个车门的外把手上都装有一个按钮，用来关闭中央门锁。只有当钥匙被同侧的车外天线识别出来时，才能关闭中央门锁。

如果车钥匙处于中央门锁的识别范围内，那么就可以将手放到门扣手内来打开车门，或按下车门外把手上的中央门锁按钮来锁上车门。如果在锁车门过程中，车内还有其他钥匙，那么就无法正常锁车了。

（4）进入及起动系统控制单元J965

进入及起动系统控制单元J965（图6-23）功能：

1）通过车门外把手触摸传感器感知车门是否需要开启（无钥匙进入/起动系统）。

2）通过天线向钥匙发送特定的查询码（125kHz低频信号）（无钥匙进入/起动系统）。

3）向J519发送中控锁钥匙识别的转换代码（433MHz高频信号）。

4）确认J519向J965发送的解锁钥匙数据并反馈给J519（无钥匙进入/起动系统）。

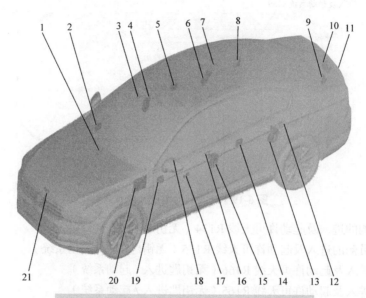

图 6-20 迈腾 B8 中央门锁系统元件分布位置图

1—报警喇叭 H12　2—前排乘员侧车门控制单元 J387　3—进入及起动许可系统的天线　4—前排乘员侧车门锁　5—右后侧车门控制单元 J389　6—右后侧车门锁　7—进入及起动许可系统的天线　8—油箱盖执行元件　9—行李舱盖锁　10—解锁元件　11—进入及起动许可系统的天线　12—进入及起动许可系统的天线　13—左后侧车门锁　14—左后侧车门控制单元 J388　15—驾驶人侧车门锁　16—进入及起动许可系统的天线　17—玻璃升降器中央开关　18—中央锁止装置按钮　19—驾驶人侧车门控制单元 J386　20—车载电网控制单元 J519　21—发动机舱盖触点开关 F266

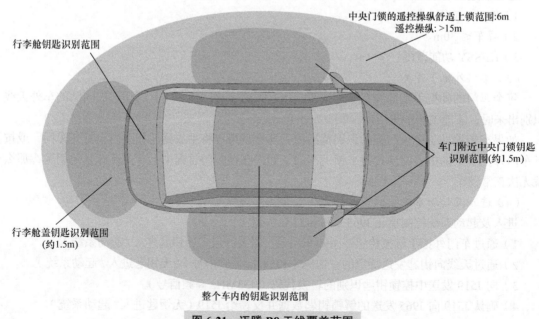

图 6-21 迈腾 B8 天线覆盖范围

项目六 中控门锁系统的检修 | 141

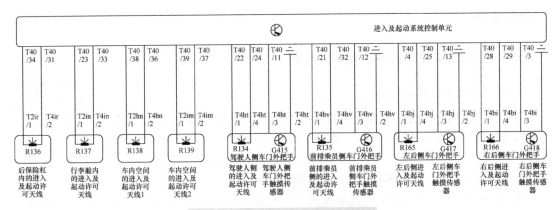

图 6-22 迈腾 B8 天线电路原理图

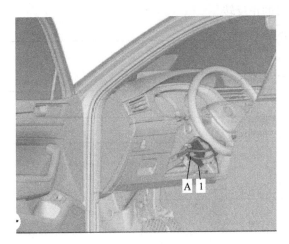

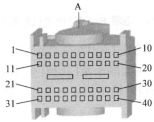

图 6-23 进入及起动系统控制单元

5）接收一键起动装置按钮 E378 的点火信号。
6）接收一键起动装置按钮 E378 的起动信号。
7）通过舒适总线发送一键起动装置按钮 E378 的点火信号。
8）通过舒适总线发送一键起动装置按钮 E378 的起动信号。

（5）驾驶人侧车门控制单元 J386、前排乘客侧车门控制单元 J387、后侧车门控制单元 J388 和 J389

车门控制信号输入到车门控制单元，在防盗检测通过的情况下车门控制单元控制车门锁电动机的工作。在防盗检测不通过的情况下，车门控制单元禁止控制车门锁电动机工作，并发出灯光报警信号。

项目实施

一、迈腾 B8 中央门锁系统元器件检测

（一）门锁电动机控制的检测

中央门锁电机控制的检测

注意：因为四个车门门锁电动机的结构和工作原理完全相同，它们的线路及信号的检测也基本一致，所以，本节只针对驾驶人侧门锁电动机的控制进行检测和测量。其他车门门锁电动机的检测和测量方法相同。

1. 驾驶人侧门锁电动机的检测原理及电路图

从迈腾 B8 门锁电动机控制电路原理图（图 6-24）上可以看出，B8 的门锁电动机比原来的 B7 减少一个安全电动机，只使用一个电动机进行控制，通过车门控制单元控制门锁电动机的供电电流方向，实现电动机的正反转。

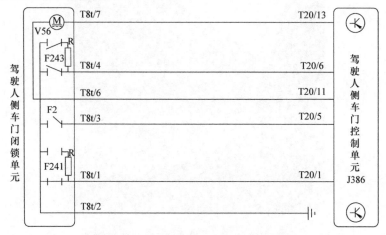

图 6-24　迈腾 B8 门锁电动机控制电路图

驾驶人侧车门控制单元 J386 通过其 T20/13 端子至门锁电动机的 T8t/7 端子之间的线路连接到电动机的一个电刷，同时通过 T20/11 端子至门锁电动机的 T8t/6 端子之间的线路连接到电动机的另一个电刷。J386 同时给 2 条线路输出相反电压时，电动机动作，带动机械机构闭锁或开启车门锁止机构。

2. 门锁电动机工作异常的常见故障

常见故障见表 6-3。

表 6-3　门锁电动机工作异常的常见故障

序号	故障性质	序号	故障性质
1	门锁电动机损坏	5	V56 的 T8t/6 端子信号线路断路
2	V56 的 T8t/7 端子信号线路断路	6	V56 的 T8t/6 端子信号线路虚接
3	V56 的 T8t/7 端子信号线路虚接	7	V56 的 T8t/6 端子信号线路对搭铁短路
4	V56 的 T8t/7 端子信号线路对搭铁短路	8	驾驶人侧车门控制单元 J386 故障

3. 驾驶人侧门锁电动机的检测和诊断

> **技师经验**
>
> 1）检测前确保插接件、紧固件连接可靠，无锈蚀、无破损。很多故障是由于接触不良引起的。
>
> 2）门锁电动机驱动电压时间很短，万用表反应速度过慢，无法准确测量驱动电压，建议使用示波器进行测量，测量时应先连接示波器，设置好波形参数，然后再操作中控门锁开关。

第一步：测量车门电动机端的 T8t/7 端子和 T8t/6 端子对搭铁波形。

测量标准：任何时候，按压驾驶人侧车门内衬上的联锁按键上的开锁按键或闭锁按键，门锁电动机两端控制线路上会出现瞬间的相反的电压差（+B）。

1）按下开锁或闭锁开关时，正确的波形如图 6-25 所示。

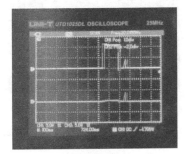
按下开锁开关时

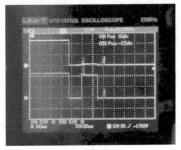
按下闭锁开关时

图 6-25　按下开锁或闭锁开关时，正确的波形

2）当 T8t/6 至 T20/11 线路断路时，检测的波形如图 6-26 所示。

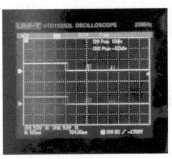
按下开锁开关时

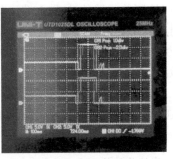
按下闭锁开关时

图 6-26　线路断路时，按下开锁或闭锁开关时，检测的波形

第二步：测量车门控制单元端的 T20/11 端子和 T20/13 端子对搭铁波形。

1）按下开锁或闭锁开关时，正确的波形如图 6-27 所示；

2）当 T8t/6 至 T20/11 线路断路时，按下开锁或闭锁开关时，检测的波形如图 6-28 所示。

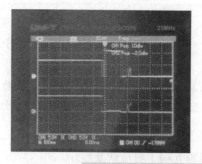 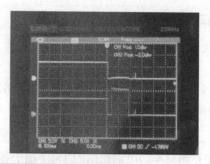

图 6-27　按下开锁或闭锁开关时，正确的波形

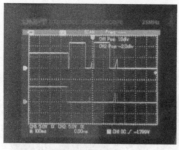 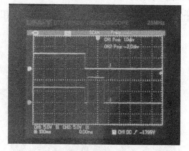

按下开锁开关时　　　　　　　　　按下闭锁开关时

图 6-28　当 T8t/6 至 T20/11 线路断路时，按下开锁或闭锁开关时，检测的波形

第三步：线路导通性检测。

1）检测车门控制单元端的 T20/11 端子与车门电动机端的 T8t/6 端子之间线路的导通性。测量标准：关闭点火开关，拔下门锁电动机和车门控制单元插接器，该导线端对端电阻应小于 1Ω。如果为无穷大，则说明 T20/11 端子与 T8t/6 端子之间线路断路。

2）检测车门控制单元端的 T20/13 端子与车门电动机端的 T8t/7 端子之间线路的导通性。测量标准：关闭点火开关，拔下门锁电动机和车门控制单元插接器，该导线端对端电阻应小于 1Ω。如果为无穷大，则说明 T20/13 端子与 T8t/7 端子之间线路断路。

第四步：检测门锁电动机电阻。

测量标准：关闭点火开关，断开门锁电动机 T8t 插接件，测量门锁电动机 T8t/6 端子和 T8t/7 端子之间电阻，正常值应符合规定值。如果为无穷大，则说明电动机断路，应更换门锁电动机。

（二）联锁开关信号的检测

1. 联锁开关控制原理及电路图

1）驾驶人侧车门控制单元 J386 通过其 T32/28 端子输出一个高电位（4.4V 左右）至驾驶人侧门锁 T4n/4 端子（图 6-29），作为开关工作的参考电压，当按压驾驶人侧车门上的联锁开关闭锁键时，联锁开关闭合，信号电路通过触点直接和搭铁构成回路，将此高电压拉低至 0.6V 左右，控制单元 J386

联锁开关信号的检测

根据此信号控制门锁电动机闭锁。

2）当按压驾驶人侧车门上的联锁开关锁键时，联锁开关的另外一个触点闭合，信号电路通过分压电阻 R 和搭铁构成回路，将此高电压拉低至 0V。控制单元 J386 根据此信号控制门锁电动机开锁。

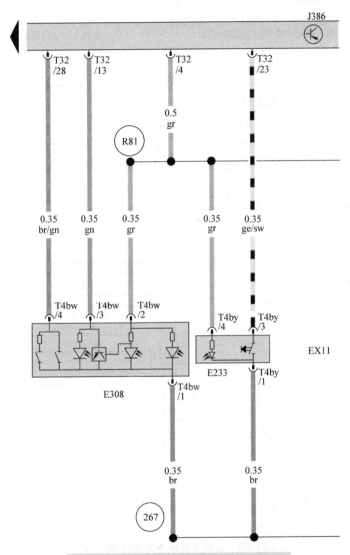

图 6-29　迈腾 B8 门锁电动机控制电路图

E308—驾驶人侧联锁开关　E233—行李舱盖遥控开锁按钮　T32—32 芯插头连接（灰色）　T4bw—4 芯插头连接（黑色）　T4by—4 芯插头连接（黑色）　267—接地连接 2（在驾驶人侧车门电缆导线束中）　R81—连接 1（58d）（在驾驶人侧车门电缆导线束中）

2. 驾驶人侧联锁开关及线路的常见故障

常见故障见表 6-4。

表6-4 驾驶人侧联锁开关及线路的常见故障

序号	故障性质	序号	故障性质
1	联锁开关损坏	5	联锁开关的T4bw/1端子信号线路断路
2	联锁开关的T4bw/4端子信号线路断路	6	联锁开关的T4bw/1端子信号线路虚接
3	联锁开关的T4bw/4端子信号线路虚接	7	驾驶人侧车门控制单元J386故障
4	联锁开关的T4bw/4端子信号线路对地短路		

3. 驾驶人侧联锁开关的检测和诊断

此信号电路由车门控制单元J386输出一个4.4V左右的参考电压，见表6-5。开关动作时，会通过开关内部触点构成的回路将此电压下拉至0V或0.6V左右，因此测量时应先连接好测量仪器，在操作中控门锁开关的同时观察信号电压的变化，检测流程图如图6-30所示。

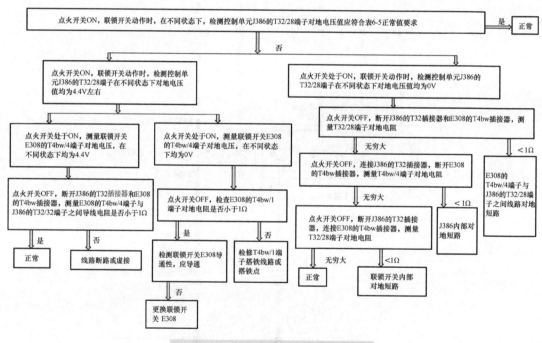

图6-30 驾驶人侧联锁开关检测流程

表6-5 控制单元J386的T32/28端子对地电压标准值

动作	未操作	开锁	闭锁
标准值/V	4.4	0	0.6

二、迈腾 B8 中央门锁系统故障检修

1. 迈腾 B8 中央门锁运行常见的故障现象

常见故障现象见表 6-6。

表 6-6 迈腾 B8 中央门锁运行常见的故障现象

序号	故障现象	序号	故障现象
1	所有车门不能闭锁	6	行李舱盖不能开锁
2	所有车门不能开锁	7	行李舱盖不能闭锁
3	所有车门不能开锁和闭锁	8	油箱盖不能闭锁
4	单个或多个车门不能闭锁	9	油箱盖不能开锁
5	单个或多个车门不能开锁		

2. 故障检修

（1）按压遥控器上的开锁、闭锁和行李舱锁按键，观察车辆外部警告灯闪烁是否正常

1) 如果车辆外部警告灯在开锁和闭锁时都异常闪烁，则存在以下故障：
① 遥控钥匙电池电量不足。
② 遥控钥匙损坏。
③ 遥控钥匙和车辆不匹配。
④ 进入及起动许可控制单元 J965 电源、通信、本身故障。
⑤ 车载电网控制单元 J519 电源、通信、本身故障。
⑥ 进入及起动系统天线 1-R138、天线 2-R139 故障。
⑦ 电磁干扰。

2) 如果车辆外部警告灯只在开锁或闭锁时闪烁异常，则说明遥控钥匙对应的功能按键、内部线路板故障。

（2）仔细倾听在按压遥控器上的开锁或闭锁按键时的声音

仔细听是否能听到车门锁电动机动作的声音。同时在开锁时，所有车门应能拉开；在闭锁时，所有车门应不能拉开。

1) 如果在开锁或闭锁时外部灯闪烁、无车门锁电动机动作的声音，且车门无法拉开或锁止，则说明存在以下故障：
① 车载电网控制单元 J519 电源、通信、本身故障。
② 舒适 CAN 总线故障。
③ 以下故障同时出现：
a. 驾驶人侧车门控制单元 J386、电动机的电源、控制、信号、通信、本身故障。
b. 前排乘员侧车门控制单元 J387、电动机的电源、控制、信号、通信、本身故障。
c. 左后侧车门控制单元 J388、电动机的电源、控制、信号、通信、本身故障。
d. 右后侧车门控制单元 J389、电动机的电源、控制、信号、通信、本身故障。

2) 如果在开锁或闭锁时只有个别车门无法上锁或解锁，则说明存在以下故障：
① 驾驶人侧车门电动机的控制、开关信号故障。
② 前排乘员侧车门控制单元 J387 的电源、通信、本身故障。

③ 前排乘员侧车门电动机的控制、开关信号故障。
④ 左后侧车门控制单元 J388 的电源、通信、本身故障。
⑤ 左后侧车门电动机的控制、开关信号故障。
⑥ 右后侧车门控制单元 J389 的电源、通信、本身故障。
⑦ 右后侧车门电动机的控制、开关信号故障。
⑧ 左右后车门 LIN 总线故障。
⑨ 左右前车门舒适 CAN 总线故障。

（3）使用机械钥匙通过驾驶人侧车门把手上的锁芯打开中央门锁

驾驶人侧车门应能正常打开，其余的则应无法打开；闭锁时，所有车门应能锁止而无法打开。

1）如果无法打开驾驶人侧车门，则存在以下故障：
① 驾驶人侧车门锁机械机构故障。
② 机械钥匙不匹配。
③ 锁芯故障。

2）如果无法锁止所有车门，则说明存在以下故障：
① 驾驶人侧车门电动机的控制、开关信号故障。
② 驾驶人侧车门控制单元 J386 的电源、通信、本身故障。
③ 舒适 CAN 总线故障。
④ 以下故障同时出现：
a. 驾驶人侧车门控制单元 J386、电动机的电源、控制、信号、通信、本身故障。
b. 前排乘员侧车门控制单元 J387、电动机的电源、控制、信号、通信、本身故障。
c. 左后侧车门控制单元 J388、电动机的电源、控制、信号、通信、本身故障。
d. 右后侧车门控制单元 J389、电动机的电源、控制、信号、通信、本身故障。

3）如果在闭锁时只是个别车门无法锁止，则说明存在以下故障：
① 驾驶人侧车门电动机的控制、开关信号故障。
② 前排乘员侧车门控制单元 J387 的电源、通信、本身故障。
③ 前排乘员侧车门电动机的控制、开关信号故障。
④ 左后侧车门控制单元 J388 的电源、通信、本身故障。
⑤ 左后侧车门电动机的控制、开关信号故障。
⑥ 右后侧车门控制单元 J389 的电源、通信、本身故障。
⑦ 右后侧车门电动机的控制、开关信号故障。
⑧ 左右后车门 LIN 总线故障。
⑨ 左右前车门舒适 CAN 总线故障。

（4）按压遥控器上的行李舱锁按键

行李舱应能正常打开。

（5）打开车门

一名操作人员入座（驾驶人座椅）后，关闭所有车门，按压按钮 E308 上的闭锁键，从内部应能打开所有车门，另一名操作人员在外部应无法打开任何车门；按压驾驶人侧车门上锁按钮 E308 上的开锁键，从内部应能打开所有车门，另一名操作人员在外部应能打开所有车门。

1）如果无法锁止或解锁所有车门，则说明存在以下故障：

① 上锁按钮 E308 本身、线路故障。

② 驾驶人侧车门控制单元 J386 的电源、通信、电动机本身故障。

③ 以下故障同时出现：

a. 驾驶人侧车门控制单元 J386、电动机的电源、控制、信号、通信、电动机本身故障。

b. 前排乘员侧车门控制单元 J387、电动机的电源、控制、信号、通信、电动机本身故障。

c. 左后侧车门控制单元 J388、电动机的电源、控制、信号、通信、电动机本身故障。

d. 右后侧车门控制单元 J389、电动机的电源、控制、信号、通信、电动机本身故障。

2）如果只是无法锁止或解锁所有车门（单一功能失效），则可能为上锁按钮 E308 中解锁或闭锁按键、内部电路板故障。

3）如果在开锁或闭锁时只是个别车门无法锁止或解锁，则说明存在以下故障：

① 驾驶人侧车门电动机的控制、开关信号故障。

② 前排乘员侧车门控制单元 J387 的电源、通信、本身故障。

③ 前排乘员侧车门电动机的控制、开关信号故障。

④ 左后侧车门控制单元 J388 的电源、通信、本身故障。

⑤ 左后侧车门电动机的控制、开关信号故障。

⑥ 右后侧车门控制单元 J389 的电源、通信、本身故障。

⑦ 右后侧车门电动机的控制、开关信号故障。

⑧ 左右后车门 LIN 总线故障。

⑨ 左右前车门舒适 CAN 总线故障。

复习思考题

一、填空题

1. 中央控制门锁系统的组成包括_____、_____、_____三个部分。

2. 中央控制门锁系统的信号输入装置有_____、_____、_____、_____、_____、_____和_____。

3. 钥匙开锁警告开关（也叫钥匙未拔出警告开关）安装在_____的内端，其作用是探测是否有_____的要求，并将此要求告诉 ECU。

4. 门控开关的作用是探测_____的开、闭状态，并将此状态信号发送给 ECU。当车门开启时，此开关_____；当车门关闭时，此开关_____。

5. 位置开关安装在_____内，其作用是探测_____的状态，并将此信号发送给 ECU。

6. 无线门锁遥控系统是一个从_____发送信号的系统，它即使离开车辆有一段距离，也能用来锁定/解锁车门。汽车的_____接收此发射器发出的信号，并将操作信号送到_____。集成继电器收到操作信号时控制门锁。

二、判断题

1. 中央门锁系统的门锁开关的作用是检测门锁的状态并将此信号发送给 ECU。（　　）
2. 装有中央门锁系统的汽车，用钥匙只能打开或锁上驾驶人侧车门锁。（　　）
3. 一般装备有无钥匙进入系统的车辆，其车门把手上有感应按钮，同时也有钥匙孔，当智能卡损坏或没电时，车主仍可用普通方式开启车门。（　　）
4. 当车主上车起动车辆后，第一脚制动时，四门将会自动落锁。（　　）
5. 如果忘记关闭车窗，无须重新起动发动机逐个关闭车窗，车辆安全系统会自动升起车窗，大大提高了汽车的安全防范水平，不会因忘记关闭车窗而且发生淋雨等意外事件。（　　）
6. 在驾驶人侧车门开锁后，在 5s 之内按 UNLOCK 开关两次，将打开所有车门。（　　）

三、问答题

1. 简述中央门锁系统的工作原理。
2. 无线门锁遥控系统有哪些功能？
3. 简述无钥匙起动系统的工作原理。
4. 叙述驾驶人侧联锁开关的检测和诊断流程。
5. 叙述门锁电动机控制的检测过程。

项目七 防盗系统的检修

项目导入
一位客户的迈腾 B8L 轿车无钥匙进入功能失效，使用遥控器解锁，只有行李舱和油箱盖可以解锁，使用机械钥匙解锁，只能打开驾驶人侧车门，按下一键起动开关，仪表不亮，转向柱无法解锁。有人说转向柱无法解锁是防盗系统锁死所致，作为汽车专业的你可否指点一下：这种说法是否正确？汽车防盗系统的工作原理是什么？防盗系统故障如何检修？

项目目标
1）能够掌握汽车防盗系统的组成和工作原理。
2）会正确使用万用表、示波器、解码器等常见设备。
3）会查阅维修资料，会识读和分析电路原理图。
4）能够对汽车防盗系统的常见故障进行诊断与排除。

相关知识

> **引导问题：** 俗话说"道高一尺魔高一丈"，面对各种盗窃手段，汽车上有哪些防盗系统呢？

一、防盗系统的分类

汽车防盗系统是指为防止汽车本身或车上的物品被盗所设的系统。它由电子控制的遥控器或钥匙、电子控制电路、报警装置和执行机构等组成。防盗系统按其结构可分五大类：机械式、芯片式、电子式、网络式和生物识别防盗器。

1. 机械式防盗器

机械式防盗器是用机械的方法对变速杆、转向盘、制动器等进行控制，如变速杆锁（锁住变速杆使其不能移动）、转向盘锁（挂在转向盘与离合器踏板之间）、轮胎锁（固定住轮胎）等。这种方法虽然价格便宜，安装简便，但使用不便，安全性差，现在极少应用。

2. 芯片式防盗器

芯片式防盗的基本原理是锁住汽车的发动机的电路和油路，在没有芯片钥匙的情况下无法起动车辆。

在点火钥匙手柄里面有收发器（芯片），对于每一把钥匙，都有自己唯一的代码值，钥匙重复的概率约为 3 万亿分之一。防盗控制模块包括防盗识别模块和励磁器，励磁器实际上是一组线圈，相当于一个天线，环绕在点火开关锁芯上。线圈由防盗模块供电，释放出电磁能量，激励钥匙手柄内的收发器芯片。收发器本身没有电源，它接收防盗器线圈的励磁能量，受激发后传送唯一的代码值，由防盗控制器/励磁模块总成检测，并将该值与内存中存储的数值读出值进行比较，如果接收的收发器值与读出值匹配，防盗模块向发动机控制单元发送一个密码，发动机控制单元将该密码与内存中存储的密码进行比较，如果密码匹配，发动机控制单元允许发动机起动工作。

3. 电子式防盗器

所谓电子防盗，简而言之就是给车锁加上电子识别，开锁配钥匙都需要输入十几位密码的汽车防盗方式。它一般具有遥控技术，是随着电子技术的发展而迅速发展起来的一种防盗方式。电子式防盗器有如下四大功能：

1）防盗报警功能。这个功能是指在车主遥控锁门后，报警器即进入警戒状态，此时如有人撬门或用钥匙开门，会立即引起防盗器鸣叫报警，吓阻窃贼行窃。

2）车门未关安全提示功能。行车前车门未关妥，警告灯会连续闪烁数秒。汽车熄火遥控锁门后，若车门未关妥，车灯会不停闪烁，喇叭鸣叫，直至车门关好为止。

3）寻车功能。车主用遥控器寻车时，喇叭断续鸣叫，同时伴有车灯闪烁提示。

4）遥控中央门锁。当遥控器发射正确信号时，中央门锁自动开启或关闭。电子遥控防盗装置的遥控器、电子钥匙都有相对应的密码。遥控器发射部分采用微波/红外线系统。利用手持遥控器将密码信号发向停车位置，门锁系统接收开启。

4. 网络式防盗器

网络式防盗器采用的防盗系统有 GPS 卫星定位等。

GPS 的工作原理是利用接收卫星发射信号与地面监控设备和 GPS 信号接收机，组成全球定位系统，卫星星座连续不断发送动态目标的三维位置、速度和时间信息。保证车辆在地球上的任何地点、任何时刻都至少能收到卫星发出的信号。GPS 主要是靠锁定点火或起动来达到防盗的目的，同时还可通过 GPS 卫星定位系统，将报警处和报警车辆所在位置无声地传送到报警中心。因此，只要每辆移动车辆上安装的 GPS 车载机能正常地工作，再配上相应的信号传输链路（如 GSM 移动通信网络和电子地图），建一个专门接收和处理各个移动目标发出的报警和位置信号的监控室，就可形成一个卫星定位的移动目标监控系统。GPS 卫星定位汽车防盗系统有如下五大功能：

1）定位功能。监控中心在全国范围内可随时监控某辆车的运营状况，可以 24 小时不间断地检测目标车辆当前的运行位置、行驶速度和前行方向等数据。

2）通信功能。GPS 适应信息时代的需求，在行车中可以为车主提供 GSM 网络上的全国漫游服务。车主可以随时随地与外界和服务中心保持联络。在实际使用过程中，对劫车者也具有震慑作用。

3）监控功能。如果万一不幸遇上劫匪，可以通过 GPS 系统配备的脚踏/手动报警、防盗报警等报警设施与监控中心取得联系。

4）停驶功能。假若爱车不幸丢失，可通过监控中心对它实行"远程控制"。监控中心在对失主所提供的信息和警情核实无误后，可以遥控该车辆，对其实行断油断电。

5）调度功能。在车辆日渐增多的大城市遇上塞车怎么办？GPS 同样可以帮忙。监控服务中心可以将当前的道路堵塞和交通信息广播，发布中文调度指令，提高客货运效率。

5. 生物识别防盗器

生物识别防盗器是利用每个人不同的生物特征，如指纹、人脸、视网膜图纹等制成的一种汽车门锁。

指纹锁制作时先在锁内存储车主的指纹图形，当车主开启车门时，只要将手指往门锁上一按，如果指纹图形相符，车门即开。

眼睛锁是利用视网膜图纹来控制的汽车门锁。这种锁内设有视网膜识别和记忆系统，车主开锁时只需凑近门锁看一眼，视网膜图形与记录相吻合时，车门会自动打开。

> **引导问题**：汽车防盗系统目前发展到了第五代，那么每一代的防盗系统的组成和工作原理有什么不同呢？

二、防盗系统的组成和工作原理

下面以大众车系为例介绍防盗系统的组成和工作原理。

（一）第一代防盗系统（机械式防盗系统）

大众第一代防盗系统一般采用机械式防盗系统，例如锁住转向盘、变速器，这里不再讲述。

（二）第二代防盗系统（芯片式数码防盗系统）

该系统由防盗器控制单元、点火开关上的读写线圈（天线）、点火钥匙（送码器）、发动机控制单元组成，如图7-1所示。

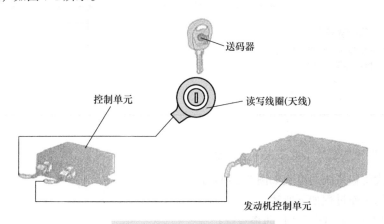

图7-1　第二代防盗系统组成

1）固定码的传输。点火开关打开，防盗止动器ECU通过改变天线磁场能量，向送码器传输数据提出质询。然后，钥匙发送回它的固定码（首次匹配中这个固定码储存在防盗止动器中），传送的固定码与储存的码在防盗止动器中进行比较，如果相同则开始传送可变码。

2）可变码的传输。防盗止动器随机产生一个可变码，这个码是钥匙和防盗止动器用于计算的基础。在钥匙内和防盗止动器内有一套公式列表（密码术公式）和一个相同且不可改写的SKC（隐秘的钥匙代码），在钥匙和防盗止动器中分别计算结果。钥匙发送结果给防盗止动器。防盗止动器把这个结果和自己的计算结果进行比较，如果相同，则钥匙确认完成。

发动机控制单元随机产生一变码并传送给防盗止动器。防盗止动器把这个码和存储的码进行比较，如果它们相同，发动机被允许起动。发动机控制单元每次起动后按随机选定原则产生一个密码（变化的码）；并把这个码储存在发动机控制单元和防盗止动器中，用于下次发动机起动时计算（大众车系由 W 线传输），见表 7-1。

表 7-1 第二代防盗系统的密码传输过程

第 1 阶段			
步骤	防盗器控制单元	传送	钥匙的发射机应答器
1	打开点火开关		
2		→ 能量 ← 固定密码	
3	如固定密码正确则给予准许指令		
以上过程属于普通的固定密码发射机应答器			
4	产生变换式密码	→ 变换式密码	
5	按固定的公式进行计算		按固定的公式进行计算
6	控制单元的计算结果	← 钥匙发射机应答器的计算结果	
7	如果 控制单元的计算结果 = 钥匙 发射机应答器的计算结果		
控制单元准许点火指令（发动机控制单元）			

（三）第三代防盗系统（电子式防盗系统）

大众第三代防盗系统的组成如图 7-2 所示。

防盗系统的工作过程如下所述。

1）固定码的传输。同第 2 代防盗系统。

2）可变码的传输。防盗止动器随机产生一个可变码，这个码是钥匙和防盗止动器用于计算的基础（同第二代防盗系统）。

发动机控制单元随机产生一个可变码，在发动机控制单元和防盗止动器内有另一套密码术公式列表和一个相同的 SKC 防盗钥匙代码，防盗止动器返回这个计算结果到发动机控制单元内与其计算结果进行比较，这个数据由 CAN 总线进行传递。如果结果相同，发动机被允许起动（第 3 代由 CAN 总线传输），如图 7-2 所示。

（四）第四代 WFS 防盗系统

1. 第四代 WFS 防盗系统（网络、GPS）结构图

大众第四代 WFS 防盗系统并不是一个常规的、简单的控制单元，而是一种防盗控制系统。它将所有与防盗相关的控制单元的数据（车辆查询和中央识别单元），都存储在中央数据库（FAZIT）中，FAZIT 是第四代 WFS 防盗系统的重要组成部分。

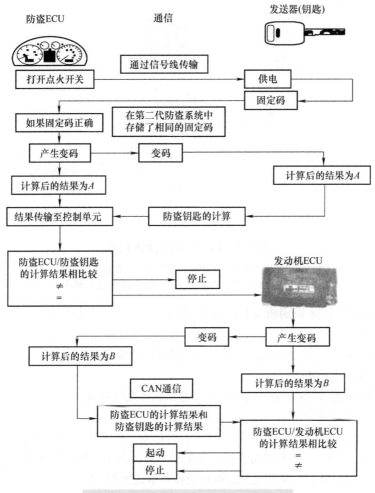

图 7-2 第三代防盗系统密码传输过程

FAZIT 与控制单元内的"防盗锁止"和"元件保护"功能联成一体。相关控制单元与 FAZIT 的匹配只有通过在线连接才能实现。通过在线连接,可以将数据准确、快捷且可靠地传递到车辆上。

以奥迪 A6L 防盗系统为例,其防盗系统主要由防盗系统控制单元 J518、进入和起动许可开关 E415、车钥匙、发动机控制单元 J623 等组成,如图 7-3 所示。

(1)防盗系统控制单元 J518

轿车的防盗系统控制单元有的是独立配备的,有的则安装在组合仪表中。在奥迪 A6L 轿车上,WFS 防盗系统控制单元与进入和起动许可控制单元制成一体。组合仪表总成不是防盗系统的组成部分,而是元件保护单元的组成部分。防盗系统控制单元 J518 的功能如下。

1)防盗锁和元件保护。J518 是防盗锁和元件保护的主控制器,同时也是 CAN 舒适总线系统的一个用户。

2)锁止转向柱。J518 固定安装在转向柱上,转向盘锁执行元件 N360 集成在 J518 内,受 J518 控制对转向盘进行闭锁或开锁。J518 损坏是不能单独更换的,只能与转向柱同时更换。

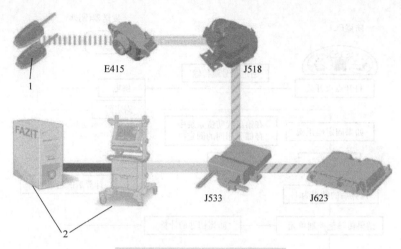

图 7-3　第四代 WFS 防盗系统

1—车钥匙　2—计算机　E415、J533—没有集成在防盗器内的控制单元
J623—已经集成在防盗器内的控制单元　J518—主控制单元

3）接线柱控制。J518 识别插入 E415 内的钥匙合法，它会根据钥匙意图控制接线柱 15 和 75x 的继电器接通或将起动请求信号发送给发动机控制单元，让发动机控制单元控制起动。同时将接线柱 15、75x、50、S 和 P 的信息放到舒适 CAN 总线上。

（2）发动机控制单元 J623

发动机控制单元是 WFS 防盗系统的组成部分，必须在线接通。

（3）进入和起动许可开关（点火开关）E415

奥迪 A6L 轿车上配用的是一种不同寻常的点火开关，点火开关锁孔内没有机械齿，用任何一把车钥匙均可转动锁体。钥匙身份的识别是借助于点火开关内的读取线圈，它将点火钥匙传输的密码数据经由双向数据电缆传送到防盗系统控制单元 J518 中。

（4）车钥匙

奥迪 A6L 车钥匙由折叠式机械齿、送码器和电子部件组成。车钥匙机械齿形是用于驾驶人侧车门和行李舱盖锁芯处，方便打开车门和行李舱盖。送码器与 E415 中的读识线圈配对使用，让 J518 识别钥匙的身份。奥迪 A6L 车钥匙增设了一个电子部件，电子部件与钥匙送码器合成一整体，用它实现与进入和起动许可控制单元之间的无线双向通信，通过观察钥匙发光二极管（LED），用来监控中央门锁的状态。

（5）其他部件

所有其他电子部件，如车门把手、天线、起动/停止按钮等都属于高级钥匙系统的部件，它们不属于 WFS 防盗系统和元件保护系统。

2. 第四代 WFS 防盗系统出现故障时的匹配

大众第四代 WFS 防盗系统出现故障时，单靠传统的诊断仪已经不能完成匹配，必须借助 VAS505X 在线功能才能完成。在线功能必须同时满足以下条件。

1）网络：具备了同一汽 - 大众连接的专线网络。

2）硬件：具有 VAS5051 和 VAS5051 网卡或 VAS5052（自带网卡）。

3）软件：具有 VAS505X 相应的基础盘和品牌盘。

在线功能完好的情况下,所有防盗系统功能的菜单均采用菜单引导的方式通过"引导性功能查询"菜单来完成。如更换 J518、编码、匹配钥匙、发动机控制单元匹配等,如图 7-4 所示。

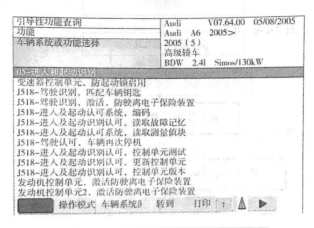

图 7-4　J518 引导性功能查询菜单(一)

3. 元件保护功能

元件保护单元是控制单元的电子安全系统,因此控制单元在被盗之后无法用于其他车辆。信息系统和舒适系统的大多数控制单元均集成在元件保护单元中。带有元件保护功能的控制单元均有车辆专用密码。若控制单元没有与某车辆进行匹配,不仅对于不匹配的控制单元将会产生一个故障存储记录,而且该控制单元的功能将受到限制。因此在维修过程中必须取消部件保护。要想取消部件保护,还得需要在线功能。例:取消 J393 控制单元部件保护,采用菜单引导的方式通过"引导性功能查询"中"46- 便利系统中央模块,部件保护"菜单来完成,如图 7-5 所示。

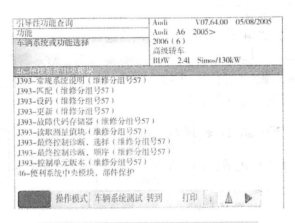

图 7-5　J393 引导性功能查询菜单(二)

4. 故障诊断

(1)部件保护的诊断功能

对于部件保护被激活的控制单元来说,在故障存储器中记录故障码。

(2)故障检测方法

蓄电池管理功能和部件保护功能的增加,对车辆部件的功能产生影响,因此改变了故障查询的流程，如图7-6所示。

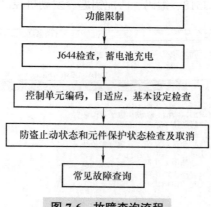

图 7-6　故障查询流程

（五）第五代防盗系统

1. 奥迪第五代防盗系统的组成

作为第四代防盗器的升级版，奥迪第五代防盗系统在维修服务方面与第四代防盗系统基本一致。只是在使用诊断仪进行有关防盗器方面的工作的程序极大地简化了，例如更换防盗器元件以后的匹配。第五代防盗器中的许多操作步骤已更倾向于自动化，而且为了简化操作，一些询问步骤已经删除。

奥迪第五代防盗系统，在组成上最主要的变化是把舒适系统控制单元J393作为防盗器主控单元，在该控制单元内集成了智能进入起动控制单元J518。图7-7中数据总线诊断接口J533和电子点火锁E415仅用于传输防盗信息。其他组件都是防盗锁组件。

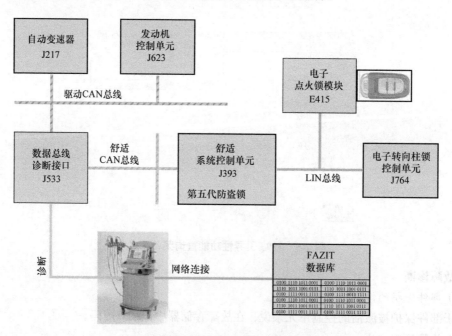

图 7-7　第五代防盗系统

配置了奥迪第五代防盗锁的车辆，在防盗系统执行任何操作之前必须先通过诊断仪与 FAZIT 数据库建立在线连接。

（1）舒适系统控制单元 J393

自奥迪 A5 起，"新"舒适系统控制单元 J393 包括了以下控制单元（原先为独立装置）的所有功能："旧"舒适系统控制单元 J393、智能进入起动控制单元 J518、用于智能无匙进入系统 J723 的天线读取单元。

J393 有关防盗方面的主要功能包括：

1）电子转向柱锁 ELV：通过 LIN 总线与 ELV 控制单元进行通信；通过分立线路输出锁定激活信号；读取 ELV 中"接线端 15"使能信号。

2）电子点火锁 EZS 与相关功能：通过 LIN 总线与 EZS 进行通信；读取 EZS 中微型开关信息；激活点火钥匙防拔出锁接线端管理。

3）高级钥匙：激活所有无钥匙天线；读取所有车门中的电容传感器信息；读取起动/停止键信息。

4）安全功能：第五代防盗锁主设备；组件保护系统；用户撞车信号评估。

5）防盗报警系统（ATA）：通过 LIN 总线与防盗报警传感器进行通信；通过 LIN 总线与报警喇叭进行通信。

（2）钥匙

1）钥匙（图 7-8）插入点火锁，从而按动不同的微型开关，通过 E415 将点火开关状态发送给 J393。

2）发送无线电信号以启动中控锁系统。

3）存储防盗锁所需的数据。

4）存储车辆数据以便运行"奥迪服务钥匙"功能。

5）通过进入授权天线信号定位当前钥匙位置；含一个机械式应急钥匙。

（3）点火开关 E415（电子点火锁）

点火开关 E415（图 7-9）具有一个所谓的 S 触点微型开关，钥匙插入到点火锁中后，该开关会连接地线。舒适系统中央控制单元 J393 直接读取此微型开关的信息，钥匙防拔锁中的磁吸装置也由舒适系统中央控制单元直接供电，同车钥匙相互交换的信息，将通过 LIN 总线传递至点火锁，然后由电子点火锁接收并处理，如图 7-10 所示。点火锁中的电子设备随即激活识读线圈以便传输数据。

图 7-8　钥匙

图 7-9　电子点火锁 E415

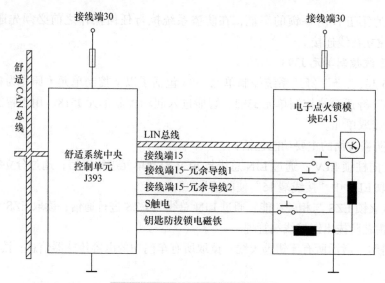

图 7-10　点火开关 E415 控制

（4）电子转向柱锁 J764

在新款奥迪 A5 中，电子转向柱锁控制单元 J764 与以往车型一样，由两个旋入式螺钉连接到转向柱上（图 7-11）。如果电子转向柱锁发生故障，必须整体更换转向柱。

转向柱能锁止的前提条件是在两个 ELV 使能导线上识别到电源电压。也就是说当转向柱未锁止时，接线端 30 是一直连通到相应的 ELV 使能导线上的。如果舒适系统中央控制单元 J393 接收到"接线端 15"的请求信息，那么必须在接通接线端 15 之前检查转向柱是否成功松开。

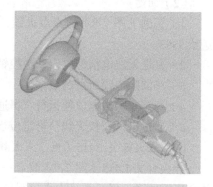

图 7-11　电子转向柱锁 J764

J764 的工作过程如下（图 7-12）。

1）收到接线端 15 的请求信息后，舒适系统控制单元 J393 立即通过 LIN 总线向电子转向柱锁控制单元 J764 发出询问请求。

2）如果转向柱成功解锁，该信息将通过离散导线将"接线端 15 接通使能"传递给控制单元 J393。

3）在 ELV 非锁止期间，起动信号导线始终保持激活状态。

4）接收到允许指令后，舒适系统中央控制单元 J393 将控制接线端 15 的继电器接通。

2. 高级钥匙

奥迪车型高级钥匙功能进入流程如下（图 7-13）。

1）将钥匙放在衣服口袋内或随车的包内，即可通过触摸外拉手上的电容传感器开启和关闭车门。

2）无钥匙起动是指只要钥匙在车内，无须将钥匙插入点火开关 E415 就可以通过起/停按键 E408 起动或熄灭发动机。

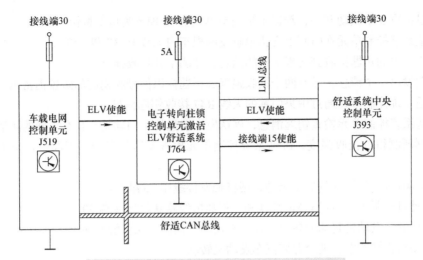

图 7-12　电子转向柱锁控制单元 J764 工作过程

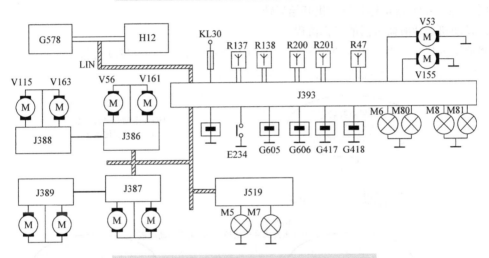

图 7-13　奥迪车型高级钥匙功能免钥匙进入流程

高级钥匙开门控制策略（以奥迪 C7 为例）如下：

1）驾驶人将手放入门把手内的凹坑内，车门外把手接触传感器 G605 就会将"手指已放入把手凹坑"这个信息发送给舒适系统控制单元 J393。

2）J393 通过所有高级钥匙天线激活车钥匙。

3）位于车辆内或车辆附近区域的与该车辆配对的钥匙接收到这 4 根天线的消息，并测量各自的接收强度。

4）钥匙发出一个消息，带有 4 个接收强度、钥匙标识信号和钥匙的防盗锁密码信息。

5）J393 通过 R47 读取钥匙防盗信息，如验证通过则向舒适总线发送解锁信息，并接通转向灯。

6）各车门控制单元根据 J393 信息控制门锁电动机打开车门。

高级钥匙无钥匙起动控制策略：

1）驾驶人按下起动 / 停止按钮 E408。

2)通过读取3个微动开关,舒适系统控制单元J393理解为按下按钮。

3)舒适系统控制单元在时间上交错地触发两根车内天线R137和R138。

4)位于车内的钥匙接收到两根天线的消息,并测量其接收强度。

5)钥匙发出一个消息,带有两个接收强度、钥匙标识信号和钥匙的防盗锁密码信息。

6)舒适系统控制单元通过中央门锁的天线R47接收钥匙信息。

7)舒适系统控制单元检查钥匙消息,确认发送消息的车钥匙是否具有正确的防盗密码。

8)根据所测得的接收强度,舒适系统控制单元检查发送信息的车钥匙是否位于车内(包括行李舱)。

9)如果满足接线端15的启动条件,则将触发接线端15继电器。

10)发动机控制单元通过CAN总线和一根离散线路获得接线端50要求。

11)如果满足发动机起动的各项条件,则发动机控制单元将触发两个接线端50继电器。

12)起动机将被通电、啮合并使汽车发动机转动。

13)一旦发动机转速超过最低值,则开始喷油,发动机控制单元接管发动机管理,并停止触发两个接线端50继电器,发动机开始运转。

3. 发动机起动时防盗器的工作流程

奥迪第五代防盗系统如果使用电子点火锁中的汽车钥匙起动,发动机起动前防盗器将发出若干个问询信号并做出相应的反应,如图7-14所示。

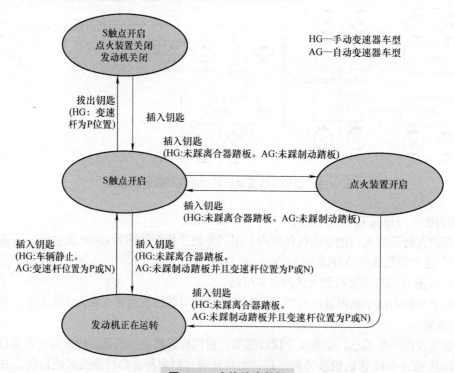

图7-14 交换防盗数据

1)在识别到S触点后,汽车钥匙将和舒适系统控制单元J393交换防盗器数据,然后舒适系统控制单元评价该钥匙是否为被授权的钥匙。

2)舒适系统控制单元J393与电子转向柱锁控制单元J764交换防盗数据。确认转向柱锁是否在该车上匹配过，如果确认通过，舒适系统控制单元将打开转向柱锁止。

3）舒适系统控制单元J393接通端子15。

4）接线端15连接后，舒适系统控制单元会与发动机和变速器控制单元进行通信。若这些控制单元已经在该车上匹配过，则可以起动发动机。

4. 奥迪第五代防盗系统起动控制流程

奥迪第五代防盗系统起动控制流程如下：

1）按下起动/停止开关E408，将客户需求发送给J393。

2）J393收到E408的请求后，室内天线R137和R138搜索钥匙。

3）搜索到钥匙并激活钥匙信号，通过R47反馈给J393。

4）J393验证钥匙的合法性，如合法则通过LIN线和专用使能线向J764发出解锁信号。

5）J764成功解锁后通过LIN线和另外一根专用使能线向J393反馈解锁成功。

6）J393控制15+电源继电器J329接通，此时点火开关打开。

7）在上述条件满足的同时，如果变速器处于P/N位且制动踏板已踩下，则发动机起动。

5. 功能检查

每个控制单元有三个状态：①状态1（新件）。②状态2（已进行过适配或者从别的车上拿来用的）。③状态3仅用于舒适系统中央控制单元J393(在诊断地址"05-进入和起动授权"下）, 这个状态的意思是钥匙适配功能目前处于激活状态。

在已完成适配的状态时，所有控制单元都处于状态2，且它们都具有相同的"车辆识别号"。表7-2中的功能检查可以引入到检查表中（具体是这样：在"导航功能"中通过"**-功能-防盗器5；在"故障导航"中通过"**-所有控制单元的防盗器状态"）。图7-15为功能检查界面。

表7-2 功能检查（用于查明控制单元的状态）

功能检查	说明
05-防盗器控制单元-防盗器总状态（修理组）	用于确定舒适系统中央控制单元J393（在诊断地址"05-进入和起动授权"下）和车钥匙的状态
05-电子转向盘锁-防盗器总状态（修理组48）	用于确定ELV控制单元J764的状态
01-发动机控制单元-防盗器总状态（修理组23/24）	用于确定发动机控制单元J623的状态
11-发动机控制单元2-防盗器总状态（修理组23/24）	用于确定发动机控制单元2 J624的状态
02-变速器控制单元-防盗器总状态（修理组35/38）	用于确定自动变速器控制单元J217的状态

6. 钥匙匹配

（1）钥匙匹配的说明

1）在"**-检修防盗器"这个功能中可以适配车钥匙。只能适配同一锁芯组的钥匙。

2）一个新锁芯会给车辆分配一个"新身份"。

3）读取了插入的第一把钥匙，系统就可自动判断出"新身份"是否已适配。

4）不需要操作者在诊断仪上做任何决定。

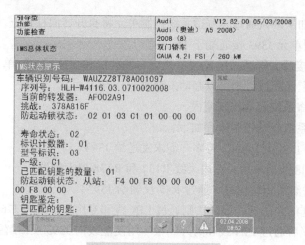

图7-15 功能检查界面

5）在适配车钥匙的过程中，既可以在仪表板内控制单元J285显示屏上，也可以在VAS505X上显示出要适配钥匙的数目（规定数目和实际数目）。

6）在达到了规定的数目时，功能检查会自动继续进行。如果没能匹配所有钥匙，可以用朝右的箭头继续这个程序。就又可以进行钥匙适配了。

7）可以适配0~8把车钥匙。如果适配了0把钥匙，那么就无法起动车辆了。

8）只有在结束了"** - 检修防盗器"这个步骤后，才能起动发动机（否则根本起动不了）。

9）如果非本车钥匙匹配，FAZIT数据库反馈信息：钥匙分配不同底盘号，如图7-16所示。

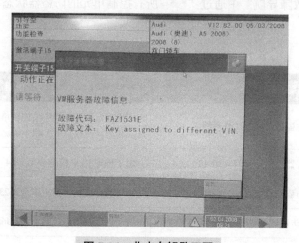

图7-16 非本车钥匙匹配

（2）钥匙丢失处理办法

若匹配过的点火钥匙丢失，可参考以下两种方案：

1）重新匹配预留的汽车钥匙，这样，丢失的汽车钥匙将无法起动车辆（注意：该钥匙仍然可以打开驾驶人侧车门）。

2）更换全车锁套件，并为车辆定制一套新的汽车钥匙。这种方法虽较昂贵却更安全，其优势在于可以确保拾获钥匙者无法打开车门。这时，车辆会形成新的识别系统，已丢失的钥匙或以前剩下的钥匙将再也不能在该车上进行学习。

项目实施

一、迈腾 B8 防盗系统

1. 无钥匙进入许可工作过程

无钥匙进入许可工作过程如图 7-17 所示。汽车钥匙位于车辆附近时,如果握住车门把手,相关的车门外把手接触传感器(C415、G416、G417、G418),向进入及起动许可接口 J965 发送这一消息,控制单元 J965 通过一条单独的导线唤醒控制单元 519。随后,位于车门外把手接触传感器相同触摸位置的天线,向已匹配的钥匙发送一个特定的查询码(125kHz 低频信号)。这同样适用于操作行李舱把手的情况。

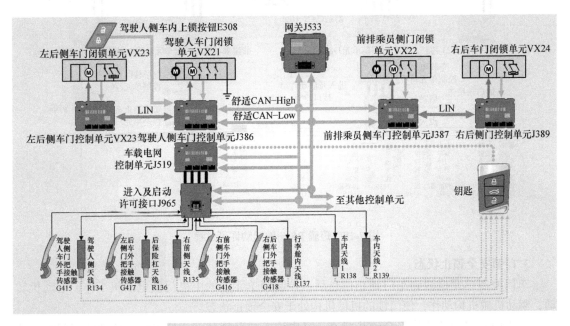

图 7-17 迈腾 B8 无钥匙进入许可工作过程

已获得授权和匹配的钥匙识别到其信号并以 433MHz 的高频信号向 J519 发送中控锁和钥匙识别的转换代码。控制单元 J519 预查数据的可靠性。

如果是可靠的钥匙基本数据,则 J519 唤醒舒适 CAN 总线。J519 向 J965 发送钥匙数据,J965 检测数据并向 J519 发送"OK"信息,J519 通过舒适 CAN 总线向车门控制单元发送一个车门解锁命令,以解锁车门。

如果钥匙是非法的,J519 不向车门控制单元发送车门解锁命令,车门仍处于防盗状态。

2. 一键起动许可过程

一键起动许可过程如图 7-18 所示。按下一键起动按钮 E378,进入及起动许可控制单元 J965 开始处理信号,并唤醒舒适 CAN 总线系统,同时查询防盗锁止系统控制单元(J519 内部)是否允许接通 15 电源。为确定车内是否有授权钥匙,进入及起动许可控制单元 J965 通过车内天线发送一个查询码(125kHz 低频信号)给已匹配的钥匙。授权钥匙识别到该信号后,进行编码并向 J519 返回一个应答器数据(433MHz 高频信号),J519 将该数据转发给防盗锁止系统控制单元（J519 内部），防盗锁止系统控制单元（J519 内部）通过比对确认是否为已授权钥匙。如果为授权钥匙，则防盗锁止系统控制单元（J519 内部），通过舒适系统 CAN 数据总线向电子转向柱锁控制单元 J764 发送一个解锁命令，以打开电子转向柱（转向盘可以转动）。同时，J965 通过 CAN 总线向 J519 发送消息，J519 接通 15 电源。其他的 CAN 数据总线将通过数据总线诊断接口 J533 加以唤醒。

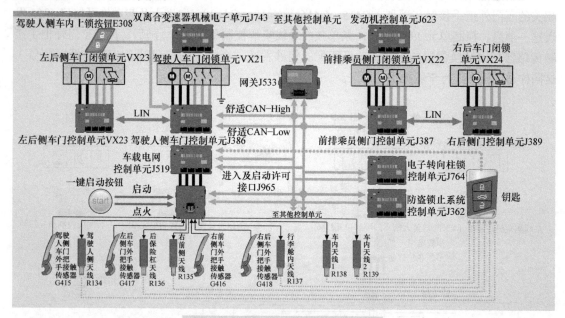

图 7-18 迈腾 B8 一键起动许可过程

3. 门锁安全锁止状态

车门控制单元检测到车门锁止信息后，控制锁单元中的中央门锁电动机工作，电动机转动，驱动机械机构动作，使门锁的机械机构处于安全锁止状态。

中央门锁安全开关将安全锁止状态（高电位）或开锁状态（低电位）传递给车门控制单元，车门控制单元以此来判断车门处于安全锁止状态还是开锁状态。

迈腾 B8 车门有两种闭锁状态，即：

1) 安全 (SAFE) 锁止状态。在安全 (SAFE) 锁止状态下，从车内及车外均无法打开车门。
2) 锁止状态。在锁止状态下，车门无法从车外打开，但可以从车内打开。

通过观察车门上指示灯的点亮情况，判断门锁的闭锁状态，红色 LED 快速闪亮 2s 左右，然后慢速闪亮，表示处于"安全锁止"状态。指示灯闪亮 2s 左右熄灭，30s 后再次开始闪亮，表示处于"锁止"状态。指示灯持续点亮 30s，表示中央门锁系统有故障，应尽快进行维修。

在安全锁止状态下，驾驶人侧车门控制单元 J386 激活中央门锁安全功能指示灯 K133，指示灯 K133 闪烁，警告外部人员车辆已进入防盗状态。

二、防盗系统故障检修

1. 故障现象验证

1) 检查无钥匙进入功能是否失效，触摸车门把手传感器时，钥匙指示灯是否闪烁。

防盗系统检修

2）按下遥控钥匙，检查四个车门有没有动作，油箱盖可不可以解锁；检查转向灯的闪烁情况。

3）用机械钥匙打开车门，进入车内，若为一键起动则观察点火开关背景灯是否点亮，钥匙指示灯是否闪烁。

4）按下一键起动点火开关，观察钥匙指示灯是否闪烁。

5）检查转向柱是否不能解锁。

6）检查应急模式下打开点火开关是否失效。

7）检查仪表是否正常显示；检查防盗指示灯是否亮起。

8）检查起动机是否运转。

根据以上形象，初步判断故障是否为防盗系统故障。若出现转向柱不能解锁、起动机不转动、防盗指示灯亮等故障现象，基本可以确定故障为防盗系统故障所致。

2. 故障诊断

（1）基本检查

1）检查蓄电池电压是否正常。

2）检查遥控器、钥匙等部件有无损坏。

3）检查防盗系统插接器及线束有无异常。

（2）故障诊断仪诊断

1）连接诊断仪，打开点火开关，选取和核对车辆信息，进入诊断界面，进入相关系统。

2）读取故障码，如有故障码，则记录下来，然后清除故障码后再次读取故障码，判断故障是否为偶发故障，判断哪些故障码与故障现象无关。

3）读取数据流，查找数据流中的异常点。

（3）示波器波形检测

按照故障码和数据流中的异常点，根据需要用示波器检测舒适CAN总线波形、相关部件工作波形等，如CAN-H、CAN-L的波形均为0V直线，则CAN-H、CAN-L有短路的可能。

（4）用万用表检测电路电压和导通情况

（5）经过以上测量线路正常，分析故障原因，确定故障部位

3. 故障排除

1）更换或修复损坏部件。

2）连接诊断仪读取故障码和数据流，确认无故障码和异常数据流。

3）验证无故障现象，故障排除。

故障案例一：迈腾B8轿车转向盘不解锁故障

故障现象：

1）无钥匙进入功能失效，触摸车门把手传感器时，钥匙指示灯闪烁。

2）按下遥控钥匙，四个车门没有动作，但油箱盖可以解锁；四角转向灯闪烁，但后视镜上的转向灯不闪烁，仪表上的转向指示灯不闪烁。

3）用机械钥匙打开车门，进入车内，E378背景灯不亮，钥匙指示灯不闪烁。

4）按下E378，钥匙指示灯不闪烁。

5）转向盘不能解锁。

6）应急模式下打开点火开关同样失效。

7）仪表不亮。

8）起动机不转。

故障检测与分析：转向盘不解锁，说明防盗起作用。迈腾 B8 J965 和 J519 线路图如图 7-19 所示，进行以下检测：

1）用故障诊断仪读取故障码。网关：U001000 舒适系统总线损坏，主动/静态。

2）用故障诊断仪读取数据流。网关：数据总线损坏，舒适系统数据总线损坏。

3）用示波器检测舒适 CAN 总线波形：CAN-H、CAN-L 的波形均为 0V 直线。分析：CAN-H、CAN-L 有短路的可能。

4）断开蓄电池负极，用万用表检测舒适 CAN-H、CAN-L 线路对地电阻，CAN-L、CAN-H 对地电阻为 0Ω，CAN-L、CAN-H 均对地短路。分析：CAN-H、CAN-L 同时对地短路。

故障排除：检修线路。

故障案例二：迈腾 B8 轿车转向盘不解锁故障

故障现象：

1）无钥匙进入功能正常；

2）遥控钥匙可以打开车门；

3）进入车内，一键起动开关 E378 背景灯点亮；

4）按下 E378，钥匙指示灯不亮；

5）转向盘不解锁；

6）应急模式下打开点火开关同样失效；

7）仪表板不亮；

8）起动机不转。

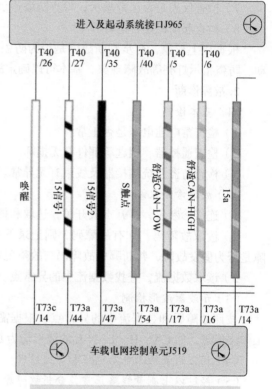

图 7-19　迈腾 B8 J965 和 J519 线路图

故障检测与分析：转向盘不解锁说明防盗起作用。E378 背景灯点亮，按下 E378，钥匙指示灯不亮，说明 E378 信号没有传递出去，从 E378 开始检查。迈腾 B8 J965 和 E378 线路图如图 7-20 所示。诊断时进行以下检测：

1）操作超车灯开关，用诊断仪读取故障码：进入及起动系统控制单元 J965：无故障码；J623：无法通信。说明：J965 无故障，J623 无法正常工作或损坏。

2）按下 E378，用万用表检测 E378 的信号，T6as/3 端子对地电压为：0V；T6as/6 端子对地电压为：+B → 0V。说明 E378 的 T6as/3 端子对地电压不正常。

3）按下 E378，用万用表检测 J965 端的 E378 信号，J965 的 T40/7 端子对地电压为：+B 不变；J965 的 T40/19 端子对地电压为：+B → 0V。说明：J965 的 T40/7 端子对地电压为：+B 不变，不正常。

4）点火开关 OFF，拔掉 J965 和 E378 的插接器，用万用表检查导通性，T40/7 端子至 T6as/3 端子之间电阻无穷大，说明线路断路。

故障排除：维修线路。

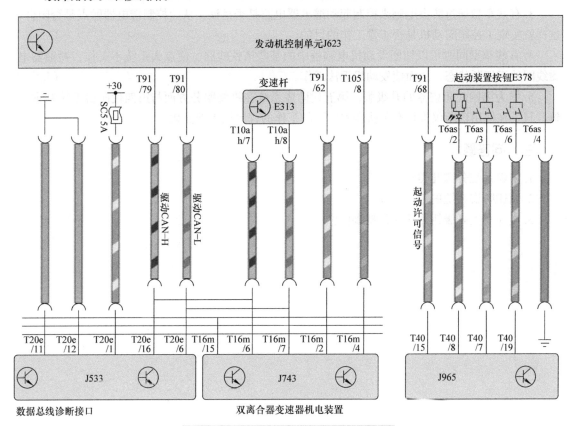

图 7-20　迈腾 B8 J965 和 E378 线路图

复习思考题

一、填空题

1. 防盗点火锁钥匙中的收发器内含_____，励磁器相当于一个_____，环绕在点火开关锁芯上。在系统工作期间，电磁线圈与点火锁中的_____以感应的方式进行通信，以便在转发器_____与防盗 ECU 之间传递信号并传递能量。

2. 汽车制造商在简单防盗系统基础上设法增强防盗系统的功能，网络式防盗器采用的是_____，生物识别防盗器是_____。

3. 加强汽车锁止功能的方式有：_____、_____、_____、_____。

4. 奥迪 A6L 轿车上配用的是一种不同寻常的点火开关，点火开关锁孔内没有_____，用任何一把车钥匙均可转动锁体。钥匙身份的识别是借助于点火开关内的_____，它将点火钥匙传输的密码数据经由双向数据电缆传送到防盗系统控制单元 J518。

二、判断题

1. 在防盗系统设定后，如果出现不用钥匙或遥控器开车门的现象，就会报警。　　（　　）

2. 在防盗系统设定后，如果蓄电池电缆被拆下，然后又重新接上，就会报警。（　　）

3. 有些车型通过防盗电脑来控制起动继电器电路是否搭铁，从而控制继电器触点是否闭合，这样就实现了控制起动机是否正常工作的目的。（　　）

4. 有些车型同时可以切断发动机电脑板中的某些搭铁线路，使点火系统不工作，喷油器电磁线圈处于切断状态，从而使发动机无法工作。（　　）

5. 作为第四代防盗器的升级版，第五代防盗系统在维修服务方面与第四代防盗系统基本一致，只是在使用诊断仪进行有关防盗器方面的工作的程序极大地简化。（　　）

三、问答题

1. 防盗系统分哪几类？
2. 简述防盗系统的工作原理。
3. 奥迪车型高级钥匙功能包括哪些？

项目八 巡航控制系统的检修

项目导入

一位客户反映他的爱车巡航控制功能失效了，他说他经常在高速公路上行驶，巡航控制功能如同他的"小助手"，一下子没有了这个"小助手"，感觉特别的累。巡航控制系统是如何工作的？出现故障又该如何检修？作为汽车专业的你可否指点一下？

项目目标

1）能够掌握汽车巡航控制系统的结构组成和工作原理。
2）会正确使用万用表、示波器、解码器等常见设备。
3）会查阅维修资料，会识读和分析电路原理图。
4）能够对汽车巡航控制系统的常见故障进行诊断与排除。

相关知识

一、概述

1. 巡航控制系统作用和分类

巡航控制系统是利用电子技术，在一定的车速范围内，驾驶人不用控制加速踏板，而能保证汽车以设定的速度稳定行驶的一种电子控制装置。巡航控制系统首先在飞机上应用，显示出了它的优点。汽车上应用巡航控制技术始于1961年，首先在美国开始使用，并逐渐普及。汽车巡航控制系统经历了机械控制系统、晶体管控制系统、模拟集成电路控制系统和微机控制系统等几个过程。微机控制的汽车巡航控制系统自从1981年开始应用于汽车后，发展迅速。现代汽车上采用的都是微机控制的巡航控制系统。

巡航控制系统包括定速巡航和自适应巡航控制系统。

2. 巡航控制系统的优点

（1）减轻驾驶人的疲劳

当汽车巡航行驶时，驾驶人不必操纵加速踏板，减轻了驾驶人的负担，使其可以轻松地驾驶。

（2）提高汽车行驶时的舒适性

由于巡航控制系统工作时汽车等速行驶，因此可以改善汽车的行驶平顺性，提高汽车的舒适性。

（3）降低油耗减少排放

由于巡航控制系统能够使汽车自动地以等速行驶，避免了驾驶人操纵加速踏板使汽车行驶车速反复变化的情况，因而使发动机的运行工况变化平稳，改善了汽车的燃料经济性和发动机的排放性能。

（4）提高汽车行驶的安全性

巡航控制系统实现了自动驾驶，驾驶人只要掌握好转向盘，不用踩加速踏板和换档就能等速稳定运行，驾驶人可以集中精力驾驶车辆，提高了汽车行驶的安全性。

（5）减少磨损

巡航控制系统可使汽车稳定等速行驶，额外惯性力减少，所以机件磨损少，故障减少。

二、定速巡航控制系统

定速巡航控制系统（Cruising Control System，CCS）是按照驾驶人要求的速度合上开关之后，不用踩加速踏板就自动地保持车速，使车辆以固定的速度行驶。定速巡航只适用于路况较好的情况，比如高速、车少路况。

（一）定速巡航控制系统的控制过程

定速巡航控制系统的控制过程如图 8-1 所示。驾驶人操纵巡航控制开关，将车速设定、减速、恢复、加速、取消等命令输入巡航控制 ECU。当驾驶人通过巡航控制开关输入了车速设定命令时，巡航控制 ECU 便记忆设定的车速，并按该车速对汽车进行等速行驶控制。汽车在巡航行驶过程中，不断通过比较电路将车速传感器检测的实际车速与设定车速进行比较，计算出实际车速与设定车速的差值，然后通过补偿电路输出对执行器的命令，执行器控制发动机节气门开大或关小，使实际车速达到设定车速。

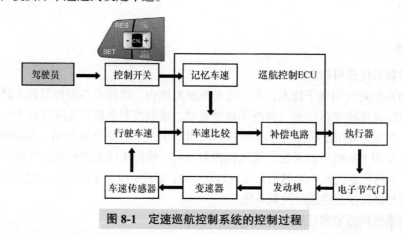

图 8-1　定速巡航控制系统的控制过程

（二）定速巡航控制系统的组成与原理

定速巡航控制系统主要由开关、传感器、巡航控制 ECU、执行器等组成。开关和传感器将信号送至巡航控制 ECU，ECU 根据这些信号计算出节气门的合理开度，并给执行器发出信号，调节节气门的开度，保持汽车按设定的车速等速行驶。

1. 开关

用于巡航控制系统的开关有两种，一种是巡航控制开关，另一种是退出巡航控制开关。

（1）巡航控制开关

巡航控制开关有的采用手柄式开关，安装于转向盘下方，如图 8-2 所示。也有的采用按键式开关，装在转向盘或仪表板上。以丰田车系为例，巡航控制开关包括主开关（ON/OFF）、设定/减速开关（SET/COAST）、恢复/加速开关（RES/ACC）和取消开关（CANCEL）。

1）主开关：主开关是巡航控制系统的主电源开关，位于手柄式开关的端部，为按键式开关，如图 8-2 所示。按下主开关，电源接通；再按一次主开关，电源断开。当主开关接通时，如果将点火开关关闭，主开关也关闭。当再次接通点火开关时，巡航主开关并不接通，而保持关闭。

2）设定/减速开关：当向下推手柄式开关时（图 8-2 中的方向 C），设定/减速开关接通；放松手柄式开关时，开关自动回到原始位置，设定/减速开关断开。

3）恢复/加速开关：当向上推手柄式开关时（图 8-2 中的方向 B），恢复/加速开关接通；放松手柄式开关时，开关自动回到原始位置，恢复/加速开关断开。

4）取消开关：当向后拉手柄式开关时，取消开关接通（图 8-2 中的方向 D），放松手柄式开关时，开关自动回到原始位置，取消开关断开。

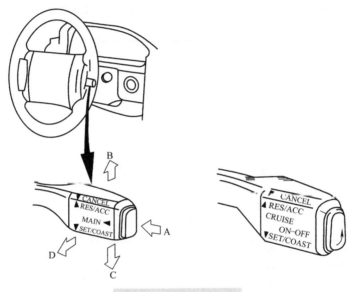

图 8-2　巡航控制开关

（2）退出巡航控制开关

退出巡航控制开关是指开关接通后能使巡航控制系统自动退出工作的开关。退出巡航控制开关除取消开关外，还包括制动灯开关、驻车制动开关、离合器开关（手动变速器）和空档起动开关（自动变速器）。

1）制动灯开关：制动灯开关由常闭和常开两个开关组成，如图 8-3 所示。开关 A 为常开开关，踏下制动踏板时开关闭合，将制动灯的电源电路接通，制动灯点亮。同时，电源电压经开关 A 加在巡航控制 ECU 上，将制动信号输入巡航控制 ECU，巡航控制 ECU 取消巡航控制系统的控制，巡航控制系统停止工作。开关 B 为常闭开关，当踏下制动踏板时，开关 B 断开，直接切断了巡航控制 ECU 对巡航控制执行器的控制电路，确保巡航控制系统停止工作。

2）驻车制动开关：当施用驻车制动器时，驻车制动器开关接通，将驻车制动信号送至巡航控制 ECU，巡航控制 ECU 将取消巡航控制系统的工作。同时，驻车制动灯点亮。

3）离合器开关：对于装有手动变速器的汽车，当踏下离合器踏板时，离合器开关接通，将离合器开关信号送至巡航控制 ECU，巡航控制 ECU 将取消巡航控制系统的工作。

4）空档起动开关：对于装有自动变速器的汽车，当将变速杆移至 N（空档）位置时，空档起动开关接通，将空档位置信号送至巡航控制 ECU，巡航控制 ECU 将取消巡航控制系统的工作。

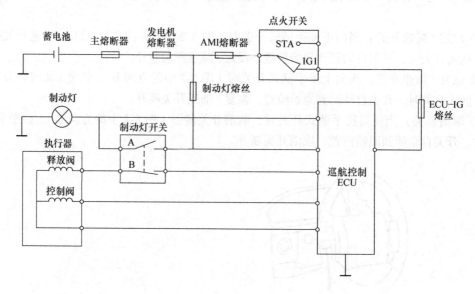

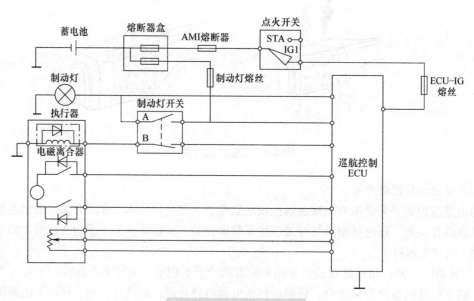

图 8-3　制动灯开关电路

2. 传感器

（1）车速传感器

车速传感器信号可同时用于发动机控制、自动变速器控制和巡航控制等。对于巡航控制系统而言，车速传感器信号的作用是巡航控制 ECU 用于巡航车速的设定，以及将实际车速与设定车速进行比较，以便实现等速控制。车速传感器的类型有舌簧开关式、磁脉冲式、霍尔式、光电式、磁阻式等。

（2）节气门位置传感器

节气门位置传感器一般为线性输出型。节气门位置传感器信号可同时用于发动机控制、自动变速器控制和巡航控制等。对于巡航控制系统而言，节气门位置传感器信号的作用是巡航控制ECU用于计算输出信号与节气门开度的关系，以确定输出量信号。

3. 巡航控制ECU

巡航控制ECU接收来自巡航控制开关、车速传感器的信号和其他的开关信号，按照存储的程序对巡航控制系统进行控制。巡航控制ECU有以下控制功能。

（1）记忆设定车速功能

当主开关接通，车辆在巡航控制车速范围内（一般为40~200km/h）行驶时，操作设定/减速（SET/COAST）开关可以设定巡航车速。ECU将设定的车速存储在存储器内，并将按设定车速控制汽车等速行驶。

（2）等速控制功能

ECU将实际车速与设定车速进行比较。如果实际车速高于设定车速，ECU就控制执行器将节气门适当关小；若实际车速低于设定车速，ECU就控制执行器将节气门适当开大。

（3）设定车速调整功能

当汽车以巡航控制模式行驶时，如果需要使设定车速提高或降低，只要操作恢复/加速或设定/减速开关，就可以使设定车速改变，巡航控制ECU将记忆改变后的设定车速，并按新的设定车速进行巡航行驶。

（4）取消和恢复功能

当汽车以巡航控制模式行驶时，如果接通取消开关或接通任何一个其他的退出巡航控制开关，巡航控制ECU将控制执行器使巡航控制取消。取消巡航控制以后，要想重新按巡航控制模式行驶，只要操纵恢复/加速开关，巡航控制ECU即可恢复原来的巡航控制行驶。

（5）车速下限控制功能

车速下限是巡航控制所能设定的最低车速。不同的车型稍有不同，一般为40km/h。车速低于40km/h时，巡航车速不能被设定，巡航控制系统不能工作。当巡航行驶时，如果车速降至40km/h以下，巡航控制将自动取消，巡航ECU存储器内存储的设定车速将被清除。

（6）车速上限控制功能

车速上限是巡航控制所能设定的最高车速，一般为200km/h。车速超过该数值，巡航控制车速不能被设定。汽车在巡航控制模式行驶时，即使操作加速开关，车速也不能加速至200km/h以上。

（7）安全控制功能

当汽车以巡航控制模式行驶时，如果因为下坡汽车车速高于设定车速15km/h，巡航控制ECU将控制巡航系统使车速降低。当车速降低至比设定车速高出不足10km/h时，再次接通，恢复巡航控制。

（8）自动取消功能

当汽车以巡航控制模式行驶时，若出现执行器驱动电流过大，伺服电动机始终朝节气门打开的方向旋转时，巡航控制ECU存储器内存储的设定车速将被清除，巡航控制模式将被取消，主开关同时关闭。此外，当巡航控制ECU诊断出系统有故障时，将会使巡航控制系统自动停止工作。

(9) 自动变速器控制功能

当具有自动变速器的汽车以巡航控制模式行驶时,如果上坡时变速器在超速档,车速降至比设定车速低 4km/h 以上时,巡航控制 ECU 将超速档取消信号送至自动变速器 ECU,取消自动变速器超速档。当车速升至比设定车速低 2km/h 时,巡航控制 ECU 将超速档恢复信号送至自动变速器 ECU,恢复自动变速器超速档。

(10) 诊断功能

如果巡航控制系统发生故障,巡航控制 ECU 的自诊断系统能够诊断出故障,并使仪表板上的巡航指示灯闪烁,以便提醒驾驶人。同时,巡航控制 ECU 将故障码存储在存储器内。通过巡航控制指示灯的闪烁或使用故障诊断仪可以读取故障码。

4. 执行器

巡航控制系统的执行器由 ECU 控制,根据 ECU 的控制信号控制节气门的开度,以保持车速恒定。巡航控制系统执行器有真空驱动型、电动机驱动型和电子节气门驱动型三种。

(1) 真空驱动型执行器

真空驱动型执行器依靠真空力驱动节气门。真空源有两种取得方式,一是仅从发动机进气歧管取得;二是从发动机进气歧管和真空泵两个真空源取得,当进气歧管真空度较低时,真空泵参与工作,提高真空度。真空驱动型执行器主要由控制阀、释放阀、膜片、拉杆、回位弹簧等组成。

1) 控制阀:控制阀用来控制膜片后方的真空度,以改变膜片的位置,从而控制节气门的开度,如图 8-4 所示。当 ECU 给控制阀电磁线圈通电时,与大气相通的空气通道关闭,与进气歧管相通的真空通道打开,执行器内的真空度增大,膜片左移将弹簧压缩,与膜片相连的拉杆将节气门开大。当控制阀电磁线圈断电时,与进气歧管相通的真空通道关闭,与大气相通的空气通道打开,空气进入执行器,膜片右移,节气门关小。ECU 通过占空比信号控制电磁线圈的通电与断电,通过改变占空比控制执行器内的真空度,从而控制节气门的开度。

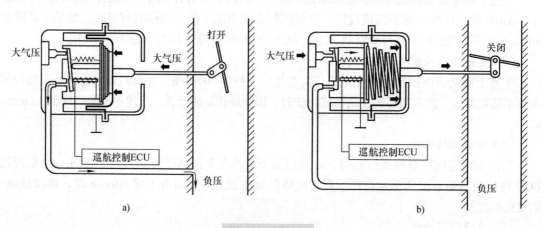

图 8-4 控制阀
a) 控制线圈通电 b) 控制线圈断电

2) 释放阀:释放阀的作用是取消巡航控制时,使空气迅速进入执行器,将巡航控制立即取消。释放阀的工作原理如图 8-5 所示。巡航控制系统工作时,释放阀电磁线圈中有电流通过,与大气相通的空气通道关闭,由控制阀控制执行器内的真空度,从而控制节气门的开度,保持汽车等速行驶。取消巡航控制时,巡航控制 ECU 使控制阀电磁线圈断电,控制阀与大气相通的空气通道打开,释放阀电磁线圈也断电,与大气相通的空气通道也打开,让空气迅速进入执行器,使巡航控制立即取消。如果是因为制动而使巡航控制取消,除了上述的取消巡航行驶的控制过程外,还由于串联于释放阀电磁线圈电路中的制动灯开关的断开,直接切断了释放阀电磁线圈电流,确保在制动时可靠地取消巡航控制系统的工作。

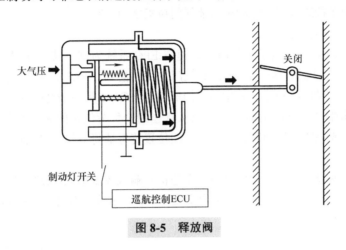

图 8-5 释放阀

(2) 电动机驱动型执行器

电动机驱动型执行器的传动原理如图 8-6 所示。电动机由巡航控制 ECU 控制转动,然后通过减速机构、电磁离合器、控制臂、传动拉索传至节气门摇臂,实现对节气门的控制。另外,通过加速踏板也可以控制节气门的开度。巡航控制执行器与驾驶人通过加速踏板都可以单独控制节气门的工作,互不干涉。

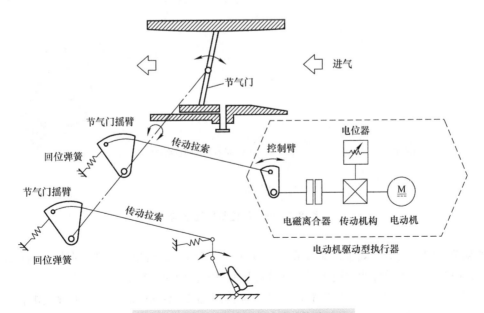

图 8-6 电动机驱动型执行器的传动原理

电动机驱动型执行器由电动机、传动机构、电磁离合器和电位器等组成，巡航控制 ECU 控制电动机的工作，使电动机顺时针或逆时针旋转，从而改变节气门的开度。当 ECU 控制电动机工作时，电动机轴上的蜗杆带动电磁离合器外圆上的蜗轮旋转，蜗轮通过电磁离合器带动小齿轮旋转，小齿轮带动齿扇转动，齿扇通过齿扇轴带动控制臂转动，控制臂上的销轴通过拉索使节气门开大或关小。为了防止节气门完全打开或完全关闭后电动机继续转动，电动机安装了两个限位开关，用于控制电动机的转动。

电磁离合器用于接通或断开电动机与节气门拉索之间的联系。

（3）电子节气门的执行器

目前汽车上广泛采用了电子节气门，以速腾 EPC 系统为例，其节气门控制单元由节气门壳体、节气门、节气门驱动器—G186、节气门角度传感器 1—G187 和节气门角度传感器 2—G188 等部件构成，如图 8-7 所示。其中节气门驱动器—G186 是一个电动机，它由 ECU 来操纵，通过小齿轮机构来带动节气门运动，可实现从怠速到全负荷位置的无级调节。当 ECU 操纵节气门驱动器来打开或关闭节气门时，两个节气门位置传感器将节气门最新位置反馈给 ECU，如图 8-8 所示。

定速巡航的车速设定后，车速传感器将车速信号输入控制单元，ECU 根据行驶阻力的变化输出信号自动调节节气门开度，当汽车阻力增大（上坡）和车速降低时，控制节气门开度增大，反之减小，使行驶车速保持稳定。

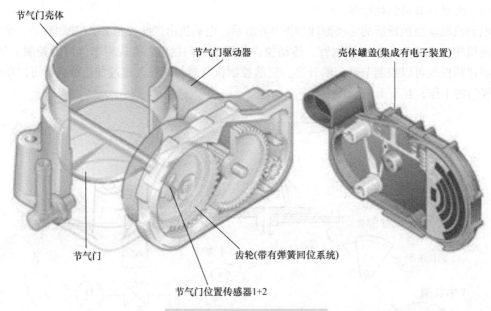

图 8-7　节气门控制单元结构

如果节气门驱动器失效了，那么节气门被自动拉到应急运行位置。故障存储器内记录一个故障码，EPC 故障指示灯就被接通了，此时驾驶人只能使用应急功能，定速巡航被关闭。

节气门位置传感器 1—G187 和节气门位置传感器 2—G188 都是滑动接触式电位计，如图 8-9 所示。滑动触点在齿轮上，齿轮装在节气门轴上，传感器扫描壳体盖上的轨道，节气门位置不同，电位计轨道上的电阻也不同，因此发送到 ECU 的电压信号也不同。

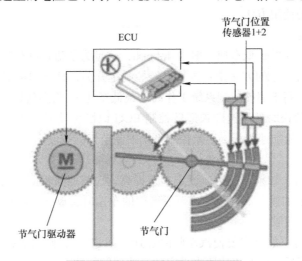

图 8-8　节气门控制单元的功能

这两个电位计的特性曲线是相反的，因此 ECU 可以区分出这两个电位计，并执行检查功能。当 ECU 从某个节气门位置传感器接收到不可靠的信号或根本接收不到信号时，故障存储器内存储一个故障码，EPC 故障指示灯被接通，定速巡航被关闭。

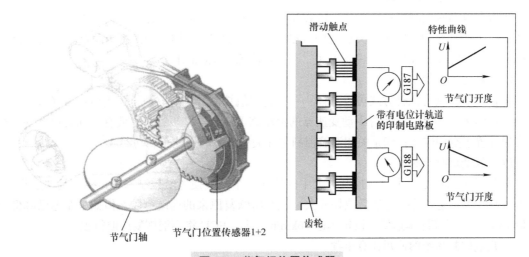

图 8-9　节气门位置传感器

（三）定速巡航控制系统的使用

巡航控制系统可以减轻驾驶人的疲劳，改善汽车的燃料经济性和发动机的排放性能，改善汽车的行驶平顺性，提高汽车的舒适性。但是，巡航控制系统如果使用不当，不仅不能充分发挥巡航控制系统的作用，还可能损坏巡航控制系统，甚至危害汽车行驶安全。因此，使用巡航控制系统时应注意按正确的使用方法进行操作。巡航控制系统的使用包括设定巡航车速、增加或

定速巡航控制系统的使用

降低巡航设定车速、取消巡航控制以及取消巡航控制后的恢复巡航行驶。

1. 巡航控制系统的使用方法

（1）设定巡航车速

巡航控制系统工作时的最低车速一般为40km/h，这是为了防止汽车转弯时，由于巡航行驶而发生危险。设定巡航车速的方法是：按下巡航控制主开关，踏下加速踏板使汽车加速。当达到希望的车速时（必须高于巡航控制系统工作时的最低车速），将巡航控制开关推至设定/减速位置然后放松，开关放松时的车速即被巡航控制ECU记忆为设定车速，巡航控制系统开始工作。此时驾驶人可以放松加速踏板，巡航控制系统控制节气门按设定车速等速行驶。

（2）加速

当汽车巡航行驶时，如果要使巡航设定车速提高，应将巡航控制开关置于恢复/加速位置保持不动，汽车将逐渐加速。当汽车加速至所希望的车速时，放松巡航控制开关，汽车将按新的较高的设定车速等速行驶。

当汽车巡航行驶时，如果需要使汽车临时加速（如超车），则只需踏下加速踏板，汽车即可加速，放松加速踏板后，汽车仍按原来设定的车速巡航行驶。

（3）减速

当汽车巡航行驶时，如果要使巡航设定车速降低，应将巡航控制开关置于设定/减速位置保持不动，汽车将逐渐减速。当汽车减速至所希望的车速时，放松巡航控制开关，汽车将按新的较低的设定车速等速行驶。

（4）点动升速和点动降速

当汽车以巡航控制模式行驶时，如果需要对巡航设定车速进行微调时，只要点动一次恢复/加速开关（接通恢复/加速开关后立即放松开关，时间不超过0.6s），巡航设定车速就升高约1.6km/h；只要点动一次设定/减速开关，车速就降低约1.6km/h。

（5）取消巡航控制

取消巡航控制有几种方式可以选择：一是将巡航控制开关的取消开关接通然后释放；二是踏下制动踏板；三是对于装有手动变速器的汽车踏下离合器踏板，对于装有自动变速器的汽车将变速杆置于空档位置；四是关闭巡航控制主开关；五是施用驻车制动器。

（6）恢复巡航行驶

如果通过操作退出了巡航控制开关中的任何一个开关使巡航控制取消，要恢复巡航行驶，只要将恢复/加速开关接通然后放松开关，汽车将恢复原来的巡航行驶。但如果车速已降低至40km/h以下，或实际车速低于设定车速16km/h以上，ECU将不能恢复巡航行驶。

2. 巡航控制系统的使用注意事项

巡航控制系统使用中应注意以下事项：

1）为了保证行车安全，在交通繁忙的道路上或遇到雨、雾、雪天气时，不要使用巡航控制系统。

2）为了避免巡航控制系统误工作影响驾驶安全，在不使用巡航控制系统时，应将巡航控制系统的主开关关闭。

3）在较陡的坡道上行驶时，不宜使用巡航控制系统。因为较大的坡度会引起发动机的转速波动过大，不利于发动机的正常工作。如果在巡航行驶时遇到较陡的下坡，汽车车速会高出设定车速许多，此时可首先踏下制动踏板使汽车减速，同时也取消了巡航控制，然后将变速器换入低档，利用发动机的运转阻力控制汽车车速。

4）使用巡航控制系统时，要注意观察仪表板上的巡航（CRUISE）指示灯是否闪烁，若指示灯闪烁则说明巡航控制系统有故障，巡航控制 ECU 将自动停止巡航控制系统的工作，应待故障排除后再使用巡航控制系统。

5）巡航控制 ECU 与汽车上的其他控制系统的 ECU 一样，对于电磁环境、湿度和机械振动等有较高的要求，使用时应注意。

> **引导问题**：定速巡航控制系统减轻了驾驶人的疲劳，但当前车减速时还要用脚踩制动踏板，有没有更好的装置能实现这一功能呢？

三、自适应巡航控制系统

自适应巡航控制系统（Adaptive Cruise Control，ACC），也称主动巡航控制系统。是一种智能化的自动控制系统，它是在定速巡航控制技术的基础上发展而来的。在车辆行驶过程中，安装在车辆前部的车距传感器（雷达）持续扫描车辆前方道路，同时轮速传感器采集车速信号，经过 ECU 的计算判断后，向执行器（节气门，制动）发送指令，以决定自己的行驶状态是加速还是减速。

当与前车之间的距离过小时，ACC 控制单元可以通过与防抱死制动系统、发动机控制系统协调动作，使车轮适当制动，并使发动机的输出功率下降，以使车辆与前方车辆始终保持安全距离。当前方道路障碍清除后，又会加速恢复到设定的车速，雷达系统会自动监测下一个目标。自适应巡航控制系统代替驾驶人控制车速，避免了频繁取消和设定巡航控制。

（一）自适应巡航控制系统的组成

汽车自适应巡航控制系统主要由信息感知单元、控制单元、执行单元和人机交互界面构成，图 8-10 所示为自适应巡航控制系统（ACC）的组成框图。

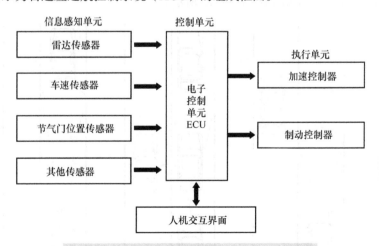

图 8-10 自适应巡航控制系统（ACC）的组成

1. 信息感知单元

信息感知单元主要用于向电子控制单元（ECU）提供自适应巡航控制所需的车辆行驶状况及驾驶人的操作信号。它包括以下几种传感器：雷达传感器、车速传感器、节气门位置传感器、制动踏板传感器和离合器踏板传感器等。雷达传感器，安装在汽车前端，用来获取车间距离信号；车速传感器，安装在变速器输出轴上，用于获取实时车速信号；节气门位置传感器，安装在节气门轴上，用于获取节气门开度信号；制动踏板传感器，安装在制动踏板下，取自制动灯开关信号，用于获取制动踏板动作信号；离合器踏板传感器，安装在离合器踏板下，用于获取离合器踏板动作信号。

2. 控制单元

控制单元以微处理器为核心，包括时钟电路、复位电路、电源电路、传感器输入接口电路以及与监控主机进行数据交换的串行通信接口电路，用于实现系统的控制功能。ECU 根据驾驶人所设定的安全车距及巡航行驶速度，结合雷达传送来的信息确定主车的行驶状态。当两车间的距离小于设定的安全距离时，ECU 计算实际车距和安全车距之比及相对速度的大小，选择减速方式，同时通过报警器向驾驶人发出警报，提醒驾驶人采取相应的措施。

3. 执行单元

执行单元包括节气门执行器和制动执行器，节气门执行器用于调整节气门的开度，使车辆做加速、减速及定速行驶；制动执行器用于紧急情况下的制动。

4. 人机交互界面

人机交互界面用于驾驶人设定系统参数及系统状态信息的显示等。驾驶人可通过设置在仪表板上的人机交互界面（MMI）启动或清除 ACC 控制指令。启动 ACC 系统时，要设定主车在巡航状态下的车速和与目标车辆间的安全距离，否则 ACC 系统将自动设置为默认值，但所设定的安全距离不可小于设定车速下交通法规所规定的安全距离。

（二）自适应巡航控制系统的控制

在 ACC 系统的实际应用中，主要包括平稳跟车、前车换道插入、前车换道离开、远处接近前车以及前车紧急制动这 5 种典型的交通场景，如图 8-11 所示。根据这 5 种典型交通场景，汽车自适应巡航控制系统工作示意图如图 8-12 所示。

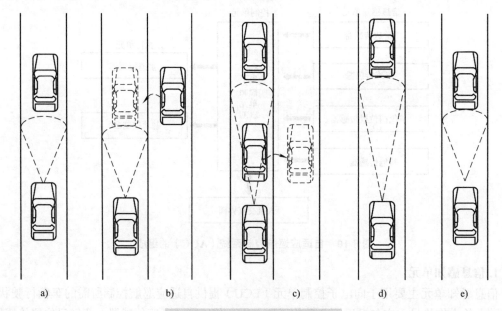

图 8-11　5 种典型的交通场景图

1）当前方无车辆时，ACC 车辆将处于普通的巡航驾驶状态，按照驾驶人设定的车速行驶，驾驶人只需要进行方向的控制（匀速控制）。

2）当 ACC 车辆前方出现目标车辆时，如果目标车辆的速度小于 ACC 车辆时，ACC 车辆将自动开始进行减速控制，确保两车的距离为所设定的安全距离。

3）当两车之间的距离等于安全车距后，采取跟随控制，即与目标车辆以相同的车速行驶。

4）当前方的目标车辆发生移线，或主车移线行驶使得主车前方又无行驶车辆时，ACC 系统将对主车进行加速控制，使主车恢复至设定的行驶速度。

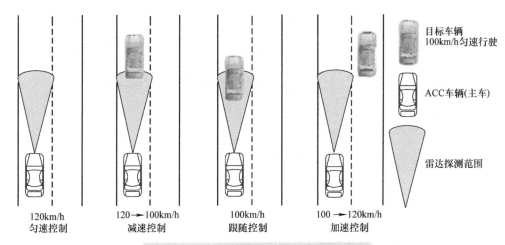

图 8-12 自适应巡航控制系统工作示意图

（三）自适应巡航控制系统的性能与优点

自适应巡航控制系统性能好坏的关键在于雷达的性能，雷达的功用是测知相对车距、相对车速、相对方位角等信息，其性能的优劣直接关系到 ACC 系统性能的好坏。当前应用到 ACC 系统上的雷达主要有单脉冲雷达、毫米波雷达、激光雷达以及红外探测雷达等。单脉冲雷达和毫米波雷达是全天候雷达，可以适用各种天气情况，具有探测距离远、探测角度范围大、跟踪目标多等优点。激光雷达对工作环境的要求较高，对天气变化比较敏感，在雨雪天、风沙天等恶劣天气探测效果不理想，探测范围有限，跟踪目标较少，但其最大的优点在于探测精度比较高且价格低。红外线探测在恶劣天气条件下性能不稳定，探测距离较短，但价格便宜。

无论使用何种类型的雷达，确保雷达信号的实时性处理是首先要考虑的问题。随着汽车电子技术的迅速发展，现在大都利用 DSP 技术来处理雷达信号，应用 CAN 总线输出雷达信号。

该系统的优点是雷达精度很高，可以鉴别靠近车辆的是自行车、汽车还是行人，根据道路情况控制车辆行驶状态，完全或部分地取代了驾驶人的操作。当雷达探测到前面车距缩短时，制动的使用被限制在不影响舒适的 2m/s，这足以实现对车速和距离的精确控制。当需要更大的减速时，会有一个光学和声音信号通知驾驶者自己采取制动。

（四）宝马汽车自适应巡航控制系统

1. 系统原理图

宝马汽车自适应巡航控制系统原理图如图 8-13 所示。

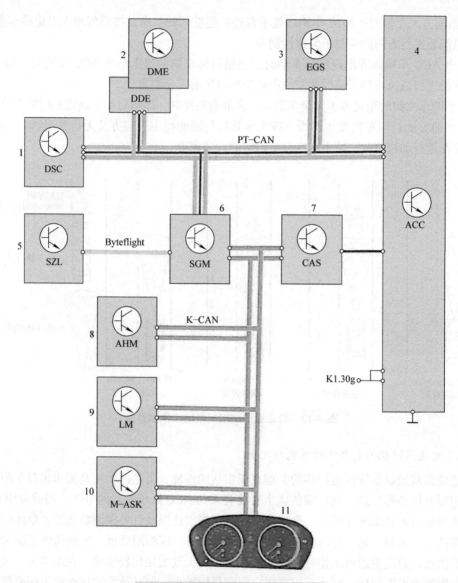

图 8-13 宝马汽车 ACC 系统原理

1—动态稳定控制系统　2—数字式发动机电子伺控系统（DME）或数字式柴油机电子伺控系统（DDE）
3—电子变速器（EGS）　4—自适应巡航控制（ACC）系统　5—转向柱开关中心（SZL）
6—安全和网关模块（SGM）　7—便捷进入及起动（CAS）系统　8—挂车模块（AHM）
9—灯光模块（LM）　10—多音频系统控制器（M-ASK）　11—组合仪表　Byteflight—宝马安全总线系统
K-CAN—车身 CAN　PT-CAN—动力传动系统 CAN　K1.30g—总线端 K1.30g

2. ACC 传感器

（1）结构

ACC 传感器是雷达传感器，它利用内部电子装置或机械电子装置进行近距离和远距离探测。该传感器发射电磁波束，发射频率为 76~77GHz，同时接收和分析物体的反射波，这样可以获得传感器前方的物体信息，其中包括大小、距离以及由此计算出的速度。该传感器位于前端面板可拆卸格栅后方，如图 8-14 所示。

图 8-14　ACC 传感器的位置
1—ACC 传感器　2—可拆卸格栅

（2）常见故障

1）ACC 传感器有污物：如果 ACC 传感器天线上有冰、雪或污泥，那么该传感器无法正常工作。若 ACC 传感器识别到这些情况，将向集成式底盘管理控制模块发送一个响应信号，随即停用具有停车和起步功能的 ACC 系统，通过一条专用检查控制信息提示驾驶人注意这种特殊情况。在具有停车和起步功能的 ACC 传感器内保存一条故障码存储器记录。

2）雷达信号受到外部干扰：其他汽车制造商使用的雷达传感器可能会对 ACC 传感器信号造成干扰。当系统识别到这种干扰时就会停用 ACC 传感器，相关故障码储存在集成式底盘管理控制模块故障码存储器和 ACC 传感器故障码存储器内。

当车辆驶离干扰区后，驾驶人可重新启用系统。此类故障不需要维修，而是向客户说明外部干扰原因。

3）临时故障：故障原因包括通信故障，电压过高或过低，ACC 传感器内部温度过高。当出现这些情况时，应按照诊断系统的"检测计划"进行检测。只有当"检测计划"提出更换要求时，才能更换 ACC 传感器。

4）电子分析装置故障：若 ACC 传感器内部的电子分析装置损坏，则更换整个 ACC 传感器。

5）传感器失调：ACC 传感器与集成式底盘管理系统的传感器相互配合，可识别出因发生事故（例如碰撞）而导致的传感器失调问题。当失调计算值超过某一个极限值时，ACC 传感器将被关闭，故障码存储器记录故障原因。排除故障时应遵守诊断系统相关说明和维修说明。

> **技师经验**
>
> ① 对车辆前部区域进行维修时要特别小心。如果保险杠变形或 ACC 传感器挡板有划痕，那么传感器功能会受到影响。
>
> ② ACC 传感器内部装有故障码存储器。当进行诊断时，可以通过集成式底盘管理系统读取该故障码存储器的信息。有故障的 ACC 传感器必须更换，然后进行校准。

（3）校准及试运行

当更换 ACC 传感器时，必须通过诊断系统进行试运行。在试运行期间将安装位置数据输入新的 ACC 传感器内，在整个过程中必须对该传感器进行调节。在发生事故但未造成传感器损坏的情况下，可能也需要对 ACC 传感器进行调节。ACC 传感器校准方法如图 8-15 所示。ACC 传感器校准及试运行步骤如下：

1）确保按照维修说明进行测量工作。
2）将车辆停放在水平地面上。
3）连接诊断系统。
4）将用于调节 ACC 传感器的反射镜放在正确位置。
5）按照"诊断计划"进行调节。
6）结束调节过程并删除故障码。无需对 ACC 传感器进行机械调节，仅需调整传感器壳体，微调工作由传感器内部的执行元件来完成。

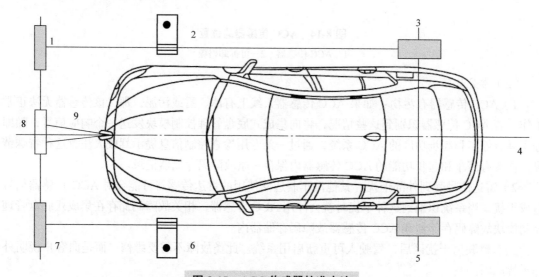

图 8-15　ACC 传感器校准方法

1—右侧反射镜　2—右侧开槽挡板　3—右侧激光发射器　4—车辆纵轴　5—左侧激光发射器
6—左侧开槽挡板　7—左侧反光镜　8—调节镜　9—ACC 传感器

3. 操作和显示

（1）启用和停用

自适应巡航控制系统的启用和停用方式与定速巡航控制系统基本相同，只要自适应巡航控制系统识别到前方车辆，无论在行驶期间，还是在车辆静止期间，驾驶人都能启用该系统。此时，驾驶人必须踩下制动踏板，并操作相关设备（如复位按钮），同时必须满足以下条件：

1）系好安全带且关好车门。
2）挂入前进位。
3）发动机运行。
4）未启用驻车制动器。
5）ACC 传感器进入准备就绪状态。
6）未识别出系统故障。

短促按压相关按钮，可以增大或减小车距设置值。共有 4 个车距档位供驾驶人使用。仪表板显示所选的车距档位符号（设置车速和车距显示条）和提示文字信息。显示的时间约为 3s。此后每次重新操作相关按钮，显示内容就会出现 3s。平视显示屏也会显示 ACC 信息。

（2）更改预期车速

当自适应巡航控制系统处于接通状态时，可以通过短促按压转向盘上的相关按钮来更改预期车速值。即使在车辆静止状态下，也可以更改预期车速。预期车速的调节范围为 30~180km/h。

（3）更改预期车距

当自适应巡航控制系统处于接通状态时，可以通过短促按压转向盘上的相关按钮来更改预期车距值。有 4 个车距档位供选择，所选车距值在仪表板内以显示条的形式显示出来。

在行驶期间更改预期车距，会立即感觉到车速变化，车辆通过稍稍加速或减速方式来调节车距。在车辆静止状态下更改预期车距，不会导致车辆移动。在驾驶人超速控制期间，仪表板的车距显示条消失。

（4）停车和起步

虽然在车距调节模式下可以使车速降至 0km/h（车辆静止），但还需要通过一些附加措施来控制停车和起步过程。这些措施由动力传动系统和制动器来完成，从而尽可能提高行驶舒适性。在控制过程中，系统不允许车辆向后溜车。

（5）驾驶人有离车意图时的系统反应

自适应巡航控制系统控制 DSC 液压系统，使车辆准确减速并保持静止状态。但在没有供电的情况下，DSC 液压系统无法随时保持车辆静止所需的制动压力。电动机械式驻车制动器（EMF）可在出现以下情况时使车辆保持静止：

1）动态稳定控制系统出现故障。

2）驾驶人离开车辆。

3）关闭发动机。

当自适应巡航控制系统根据总线信号识别出电动机械式驻车制动器进行驻车制动时，自适应巡航控制系统将自动停用，车辆依靠电动机械式驻车制动器保持静止状态。为了识别驾驶人的离车意图，自适应巡航控制系统分析安全带锁扣触点（驾驶人）和车门触点（驾驶人侧车门）信号。在 F10 上不使用座椅占用识别装置（驾驶人座椅）信号。

项目实施

一、卡罗拉汽车巡航控制系统故障诊断与维修

当巡航控制系统发生故障时，首先应进行直观检查。检查巡航控制系统的线束及插接器是否完好，部件是否丢失或损坏等。直观检查后一般应进行故障自诊断，其内容包括巡航控制系统状态指示的检查、读取故障码、输入信号检查、取消信号检查等。在进行故障自诊断时如果读取到故障码，应进行故障码诊断，以进一步确定故障部位。如果没有读取到故障码，可按照故障征兆进行故障诊断。当确定故障的具体部位后，对有故障的电路或部件进行修理或更换。

定速巡航控制开关电路故障检修

1. 丰田卡罗拉汽车巡航控制电控元件位置图

丰田卡罗拉汽车巡航控制系统电控元件位置如图 8-16 所示。

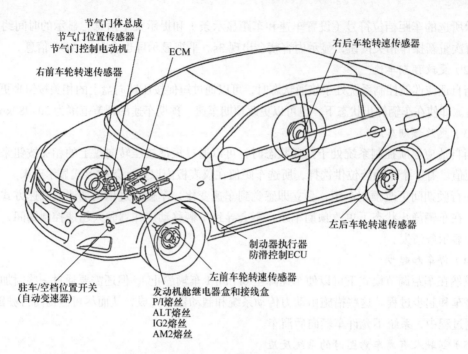

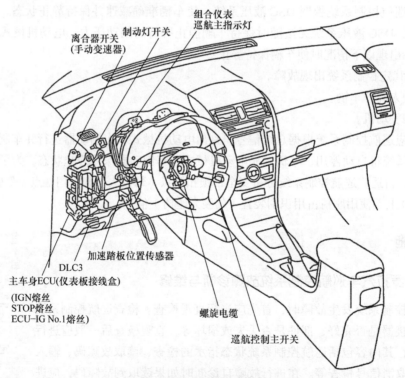

图 8-16　电控元件位置图

2. 故障码表

故障码表见表 8-1。

表 8-1 故障码表

故障码	故障码内容	可能的故障原因
P0500	车速传感器故障	· 转速信号电路 · 组合仪表 · 防滑控制 ECU · 车速传感器 · 前照灯光束高度调整 ECU · 主车身 ECU · 收音机总成 · 导航接收器总成 · 风窗玻璃刮水器继电器 · 间隙警告 ECU · ECM
P0503	车速传感器"A"信号间断/不稳定/高	
P0571	制动开关"A"电路故障	· 制动开关 · 制动开关电路 · ECM
P0575	巡航控制输入电路故障	ECM

3. 故障码 P0571 的检测：制动开关"A"电路故障

（1）与故障码 P0571 相关的电路图

相关电路图见图 8-17。

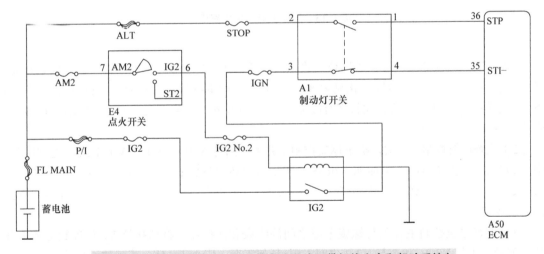

图 8-17　与故障码 P0571 相关的电路图（不带智能上车和起动系统）

（2）检测步骤

1）检查制动灯开关与蓄电池之间的线束和插接器。将插接器 A1 从制动灯开关上断开，测量电压：任何工况，A1-2 与接地间电压应为 11~14V；点火开关置于 ON（IG）位置，A1-3 与接地间电压应为 11~14V。若正常，则进行下一步；若不正常，则维修或更换线束或插接器。

2）检查制动灯开关。拆下制动灯开关，测量电阻：开关销未按下，1-2 和 3-4 间电阻应小于 1Ω；开关销按下，1-2 和 3-4 间电阻应高于 10kΩ。若正常，则进行下一步；若不正常，则更换制动灯开关。

3）检查 ECM。从 ECM 上断开插接器 A50，将点火开关置于 ON（IG）位置，测量电压：踩下制动踏板，A50-36（STP）与接地间电压应为 11~14V，A50-35（ST1）与接地间电压应低于 1V；松开制动踏板，A50-36（STP）与接地间电压应低于 1V，A50-35（ST1）与接地间电压应为 11~14V。若正常，则更换 ECM；若不正常，则维修或更换线束或插接器（制动灯开关 -ECM）。

4. 巡航控制开关电路诊断

（1）巡航控制开关电路图

电路图见图 8-18。

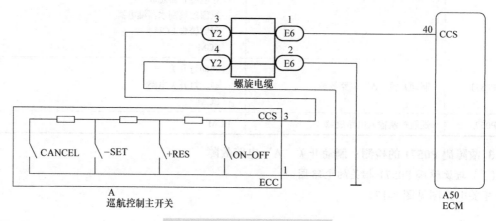

图 8-18　巡航控制开关电路图

（2）检测步骤

1）读取诊断仪的值。连接诊断仪，将点火开关置于 ON（IG）位置，打开诊断仪主开关，操作巡航控制开关时，显示屏变化见表 8-2。若正常，则继续检查常见故障及排查表中所示的下一个电路；若不正常（所有项目都有故障），则进行步骤 2；若不正常（1 至 3 项目有故障），则更换巡航控制主开关。

2）检查巡航控制主开关。拆下巡航控制主开关，测量 A-3(CCS) 与 A-1(ECC) 之间电阻：中立位置，大于 10kΩ；+（加速）/RES（恢复），235~245Ω；-（滑行）/SET，617~643Ω；CANCEL，1509~1571Ω；主开关打开，小于 2.5Ω。若正常，则进行下一步；若不正常，则更换巡航控制主开关。

3）检查巡航控制主开关与螺旋电缆之间的线束和插接器。将插接器 Y2 从螺旋电缆上断开，测量 A-1 与 Y2-4、A-3 与 Y2-3 之间电阻：任何工况，应小于 1Ω。若正常，则进行下一步；若不正常，则维修或更换线束或插接器。

4）检查螺旋电缆。拆下螺旋电缆，测量 Y2-3（CCS）与 E6-1（CCS）、Y2-4（ECC）与 E6-2（ECC）之间的电阻，螺旋电缆位置在中间、螺旋电缆位置向左转 2.5 圈、螺旋电缆位置向右转 2.5 圈，应小于 1Ω。若正常，则进行下一步；若不正常，则更换螺旋电缆。

5）检查螺旋电缆与 ECM、接地之间的线束和插接器。从 ECM 上断开插接器 A50，测量电阻：任何工况，E6-1（CCS）与 A50-40（CCS）、E6-29（ECC）与接地之间电阻，应小于 1Ω；A50-40（CCS）与接地之间电阻，应大于 10kΩ。若正常，则更换 ECM；若不正常，则维修或更换线束或插接器。

表 8-2　ECM（巡航控制）数据流表

测量项目	测量范围	正常状态
主开关信号（主 CPU）	ON 或 OFF	ON：巡航控制主开关置于 ON 位置 OFF：巡航控制主开关置于 OFF 位置
CANCEL 开关信号	ON 或 OFF	ON：CANCEL 开关置于 ON 位置 OFF：CANCEL 开关置于 OFF 位置
SET/COAST 开关信号	ON 或 OFF	ON：-（滑行）/SET 开关置于 ON 位置 OFF：-（滑行）/SET 开关置于 OFF 位置
RES/ACC 开关信号	ON 或 OFF	ON：+（加速）/RES（恢复）开关置于 ON 位置 OFF：+（加速）/RES（恢复）开关置于 OFF 位置

5. 常见故障及排除

常见故障及排除见表 8-3。

表 8-3　常见故障及排除

故障现象	可能的故障原因
（1）车速不能设置（CRUISE 主指示灯亮起） （2）巡航控制系统在工作时被取消	巡航控制开关电路
	车速传感器电路
	组合仪表
	制动灯开关电路
	变速器档位传感器电路（U341E A/T）
	离合器开关电路（C66 M/T）
	若上述部位检查完毕，且证明各部位均正常，但故障症状仍然存在，则应更换 ECM（2ZR-FE）
车速不能设置（CRUISE 主指示灯不亮）	制动灯开关电路
	离合器开关电路（C66 M/T）
	车速传感器电路
	组合仪表
	巡航控制开关电路
	变速器档位传感器电路（U341E A/T）
	CRUISE 主指示灯电路
	若上述部位检查完毕且证明各部位均正常，但故障症状仍然存在，则应更换 ECM（2ZR-FE）
踩下制动踏板不能取消巡航控制（CRUISE 主指示灯一直亮）	制动灯开关电路
	若上述部位检查完毕且证明各部位均正常，但故障症状仍然存在，则应更换 ECM（2ZR-FE）

二、迈腾 B8 自适应巡航控制系统校准

1. 需要重新正确调校的情况

1）调整过后桥。

2）拆卸和安装过车距调节控制器 J428。

3）前保险杠已拆卸和安装过。

4）前保险杠已脱开过或移动过。

5）偏差角度大于 $-0.8°$ 小于 $+0.8°$。

6）车辆置于工作位置。

2. 所需要的专用工具和维修设备

1）调校装置 VAS 6430（图 8-19）或调校装置基本套件 VAS 6430/1。

2）ACC 系统反射镜 VAS 6430/3。

3）四轮定位仪。

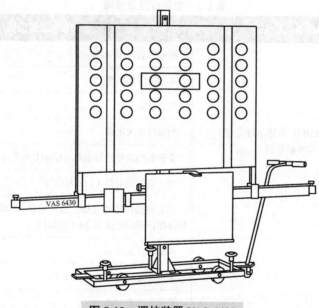

图 8-19 调校装置 VAS 6430

3. 提示

1）检查传感器、支架和固定件是否损坏、是否受外界的干预、是否安装牢固。必要时修理损坏的部件。

2）读取故障存储器记录并排除故障。

3）在 ACC 控制单元的"调节角度测量值"中可以识别传感器是否有调节偏差。

4）在将汽车开到四轮定位台上前，检查汽车与调校装置 VAS 6430 之间是否有足够大的调整工作面。调校装置 VAS 6430/3 和传感器之间的距离必须为（120 ± 2.5）cm。如果空间不够，则将车辆在定位台上向后推，以达到需要的距离。

5）如果 ACC 系统反射镜 VAS 6430/3 在校正横梁上的位置改变，则必须对 ACC 校准装置 VAS 6430 进行检查（例如水平仪，横梁的调整螺钉）。

4. 校准过程

1）确保居中安装的 ACC 系统反射镜 VAS 6430/3 与通风格栅内传感器之间的距离为 (120±2.5) cm。

2）将 ACC 系统反射镜 VAS 6430/3 安装到调节梁中间。

3）调校车距控制装置控制单元 J428。

提示：如果之前进行过四轮定位，则进行第 4）步，如果没进行过四轮定位，则先进行以下步骤。

① 在四轮定位计算机中选择 ACC 校准按钮。
② 将汽车驶上四轮定位台。
③ 连接蓄电池充电器。
④ 连接车辆诊断测试器。
⑤ 使前轮处于正前打直位置。
⑥ 将快速夹紧装置装到后车轮上。
⑦ 将测量值接收器装到后车轮上。
⑧ 在后车轮上进行轮辋跳动补偿。

注意：在校准过程中，所有车门必须保持关闭状态，并且关闭车辆外部照明灯。

4）将 ACC 调校装置 VAS 6430 对中安装，并以在相距对中安装的 ACC 系统反射镜 VAS 6430/3a 的地方平行于散热器格栅中的大众汽车徽标，$a=(120±2.5)$ cm，如图 8-20 所示。

注意：ACC 调校装置 VAS 6430 不得在调节梁上移动。

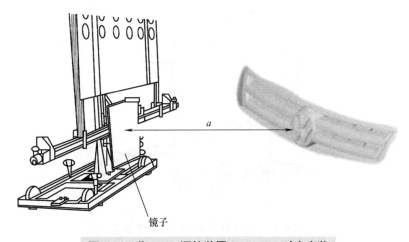

图 8-20　将 ACC 调校装置 VAS 6430 对中安装

5）拆卸大众汽车徽标。
6）必要时清除传感器透镜上的污垢。
7）将前轮测量值接收器装到调节梁上，如图 8-21 所示。

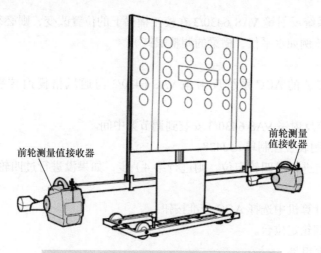

图 8-21 将前轮测量值接收器装到调节梁上

8）在 A 区域将转钮置于位置 2，以覆盖镜面上的标记（转钮上的数字 2 必须指向汽车），如图 8-22 所示。

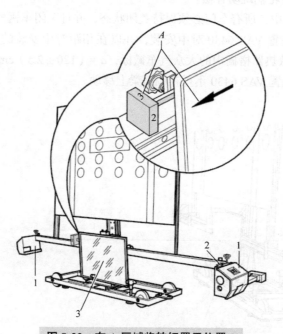

图 8-22 在 A 区域将转钮置于位置 2
1—前轮测量值接收器　2—转钮上的数字　3—镜子

9）用调节螺栓 1、2 和 3 将水平仪 A 和 B 在 VAS 6430/3 上调到水平位置，如图 8-23 所示。
10）用摇杆（箭头）调整镜子 4，以使激光束垂直地对准传感器透镜中心，如图 8-23 所示。

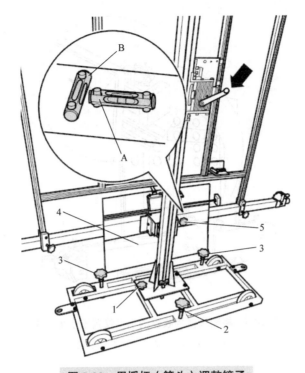

图 8-23 用摇杆（箭头）调整镜子

1、2、3—螺栓　4—镜子　5—精确调节螺栓

11）将镜子固定在调节梁侧面，直至激光束垂直地对准传感器透镜中心，如图 8-24 所示。

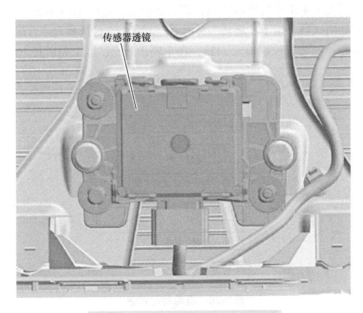

图 8-24 将镜子固定在调节梁侧面

12）将测量值接收器的水平仪置于水平位置，如图 8-25 所示。

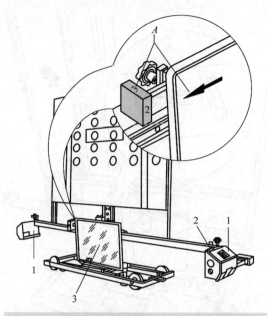

图 8-25 将测量值接收器的水平仪置于水平位置

1—测量值接收器 2—水平仪 3—镜子

13)旋转精确调节螺栓 5,直到四轮定位仪上的显示值位于公差范围内,如图 8-23 所示。

14)将测量值接收器的水平仪置于水平位置,再一次用 VAS 6430/3 上的激光束检查水平仪是否在水平位置,以及激光束是否垂直地对准传感器透镜中心,如图 8-25 所示。

提示:如果此激光束未击中传感器透镜,那么必须重新定位 VAS 6430/3。

15)在车辆诊断测试器上按下"跳转"并选择"功能/部件选择"。

16)为调校车距控制装置控制单元 J428,在车辆诊断测试器上先后按下屏幕上的下列功能按钮(图 8-26):

底盘(维修分组号01;40-49)

13-车距控制

01-具有自诊断功能的系统

13-车距控制

13-车距控制,功能

13-校准

图 8-26 屏幕功能按钮

17)按照显示屏上的指令进行校准操作。

18)安装大众汽车徽标。

复习思考题

一、填空题

1. 巡航控制系统的类型有：_____、_____。
2. 巡航控制系统主要优点有：_____、_____、_____、_____、_____。
3. 巡航控制系统主要由_____、_____、_____、_____等组成。
4. 巡航控制开关包括_____、_____、_____和_____。
5. 退出巡航控制开关除取消开关外，还包括_____、_____、_____和_____。
6. 如果节气门驱动器失效了，那么节气门被自动拉到应急运行位置。只要故障存储器内记录了一个故障码，EPC故障指示灯就被接通了，此时驾驶人只能使用_____，舒适功能（例如定速巡航）被关闭。
7. 自适应巡航控制系统性能好坏的关键在于_____。
8. 当更换ACC传感器时，必须通过_____进行试运行。
9. 与定速巡航控制系统不同的是，ACC增加了主要用于检测出与前方物体间距离信息的_____，以及根据该信息瞄准前方行驶车辆，输出目标减速度以使其与前车的车距保持一定的_____。

二、判断题

1. 当巡航控制ECU诊断出巡航控制系统有故障时，巡航控制系统会停止工作。（   ）
2. 车辆能够设定巡航行驶的车速范围一般为40~200km/h。（   ）
3. 巡航控制执行器与驾驶人通过加速踏板都可以单独控制节气门的工作，互不干涉。（   ）
4. 定速巡航只适用于路况较好的情况，比如高速、车少路况。自适应巡航比较智能，且一般在较低的速度下即能进入巡航，除了高速路况，也能适用于城市路况，走走停停的路都可以。（   ）
5. 实际车速低于设定车速16km/h以上，ECU将不能恢复巡航行驶。（   ）
6. 输入信号检查的目的是确认各输入信号是否正常地输入巡航控制ECU。（   ）
7. 当巡航行驶被取消后，在任何情况下只要接通恢复/加速开关，汽车就可以恢复巡航行驶。（   ）

三、问答题

1. 巡航控制系统有哪些优点？
2. 巡航控制系统的组成与原理是什么？
3. 巡航控制系统的控制开关主要有哪些，作用各是什么？
4. 取消巡航控制的方法有哪些？
5. ACC传感器校准及试运行步骤有哪些？
6. ACC传感器有哪些常见故障？
7. 自适应巡航控制系统在不同的路况下是如何控制的？

项目九 安全气囊系统的检修

项目导入

一位客户车辆行驶了 4 万 km，开车到 4S 店反映他的爱车安全气囊指示灯常亮。安全气囊指示灯常亮怎么维修？作为汽车专业的你可否指点一下？

项目目标

1）能够掌握汽车安全气囊系统的组成和工作原理。
2）会正确使用万用表、解码器等常见设备。
3）会对安全气囊各组成部件进行熟练拆装更换。
4）能够对安全气囊系统故障进行检修。

▶ 相关知识

> **引导问题**：汽车上都配备了安全带和安全气囊，那么安全气囊的种类和作用有哪些呢？

一、安全气囊的功用和种类

（一）安全气囊系统的功用

安全气囊系统是汽车非常重要的被动安全装置之一，在发生事故时，能够有效地保护驾驶人以及乘客的安全；但是如果使用不当，反而会伤害车上成员，因此在车辆使用过程中要密切注意其表现；安全气囊指示灯常亮说明系统有故障，可能会影响其正常使用，需要对车辆的安全气囊系统进行检修。

安全气囊系统（Supplemental Restraint System, SRS），也称为辅助成员保护系统，简称SRS，通常和汽车座椅安全带配合使用，能够有效降低车上成员在汽车事故中的死亡率。SRS的特点主要体现在以下几点：

1）安全气囊可将撞击力均匀地分布在头部和胸部，防止脆弱的乘客身体与车身产生直接碰撞，大大减少受伤的可能性。

2）气囊爆发时的音量大约只有 130dB（A），在人体可忍受的范围；气囊中 78% 的气体是氮气，十分安定且不含毒性，对人体无害；爆发时带出的粉末是维持气囊在折叠状态下不粘在一起的润滑粉末，对人体亦无害。

3）气囊爆发是由一个气体发生器控制的，发生器内装有气体发生药，它发生氧化反应时，会生成大量气体，产生爆发，而这是在很短时间内发生的，因此这种爆发冲击力在保护驾乘者的同时，也可能因各种原因产生一定的危险。

4）应该说安全带与安全气囊是同一系统的两大部件，缺少任何一方，系统的作用都会打折扣。比如碰撞前的制动多数会使驾驶乘坐者向前倾，从而导致与安全气囊的距离不足，造成危险或减弱气囊的作用。

当汽车发生碰撞时，汽车与汽车或汽车与障碍物之间的碰撞为一次碰撞，一次碰撞后，汽车速度将会急剧变化，驾驶人以及成员就会受到惯性力的作用而向前运动，并与车内构件发生碰撞，这种碰撞称为二次碰撞；SRS 的功用是：在汽车发生一次碰撞与二次碰撞之间的短暂时间（120ms）内，在驾驶人、成员与车内构件之间迅速铺垫一个气袋，使车上成员撞击到气袋上，避免或者缓冲撞击，从而达到保护成员的目的，如图 9-1 所示。由于乘员和气囊相碰时容易因振荡造成乘员伤害，所以在气囊的背面开两个直径 25mm 左右的圆孔。这样，当乘员和气囊相碰时，借助圆孔的放气可减轻振荡，放气过程同时也是一个释放能量的过程，因此可以很快地吸收乘员的动能，有助于保护乘员。

图 9-1　安全气囊起作用

（二）安全气囊的种类

按照不同的分类标准，车用安全气囊可以分为不同的种类，目前常见的分类标准一般是按照气囊的大小、气囊保护对象以及气囊的数量来划分。

1. 按安全气囊大小分

按安全气囊的大小来分，一般分为三种，即保护全身的安全气囊、保护整个上身的大型安全气囊和主要保护面部的小型护面安全气囊。

2. 按照安全气囊的保护对象分

1）驾驶人防撞安全气囊。驾驶人防撞安全气囊装在转向盘上，分美式和欧式两种。

美式气囊是考虑到驾驶人没有佩带座椅安全带而汽车相撞时起保护作用，其体积较大，约 60L。欧式气囊是假定驾驶人佩带座椅安全带而设计的，其体积较小，约 40L。日本的安全气囊也属于此类。

近年来，由于安全气囊的生产成本下降，日本防撞安全气囊规格有所增加，如本田轿车的驾驶人防撞安全气囊的体积为 60 L。

2）前排乘员防撞安全气囊。前排乘员在车内位置不固定且前方空间较大，因此为保护其撞车时免受伤害，设计的防撞安全气囊也较大。美式的约 160 L，欧式的约 75 L（后者考虑了乘员受座椅安全带的约束）。

3）膝部气囊。膝盖部分的气囊位于车上成员腿部前方，一旦打开能够有效保护成员的腰下肢体部位，从而能缓解来自正面碰撞的前冲力，如图 9-2 所示。

4）后排乘员防撞安全气囊。装在前排座椅上，防止后排乘员在撞车时受到伤害。

5）侧面防撞安全气囊。装在车门上，防止驾驶人及乘员受到侧面撞击。

6）行人安全气囊。尽管行人安全气囊是由丰田公司最早发明的，但沃尔沃却是第一个把这项技术运用到量产车上的品牌，沃尔沃对外发布将把"行人安全气囊"这项安全技术配备在 V40 上，这项技术的运用可以使行人与车辆发生磕碰时进一步减轻行人受到的伤害。行人安全气囊技术可有效减轻车辆正面与行人磕碰后行人受到的伤害，其技术原理是通过设备在前保险杠的传感器监测，如与行人发生磕碰后发动机舱盖尾部自动翘起，躲藏在内部的安全气囊一同开释，而且会包裹部分前风窗玻璃与A柱，这么一来凸起的发起机舱盖与安全气囊便可有助于减轻对行人造成的伤害，如图 9-3 所示为行人安全气囊。

图 9-2　膝部气囊

7）智能型安全气囊。为了克服普通安全气囊系统的不足，正在研制新一代 SRS，被称为智能型安全气囊（Smart Air Bag）。智能型 SRS 比一般 SRS 增加了以下几种功能。

图 9-3　行人安全气囊

① 检测乘员是否系上座椅安全带。
② 检测乘员乘坐位置。
③ 检测儿童座椅。
④ 调控安全气囊充气膨胀力。
⑤ 检测座椅上是否有乘员。
⑥ 检测温度。

3. 按数量分

按照气囊的数量分为单气囊系统（只装在驾驶人侧）、双气囊系统（驾驶人侧和前排乘员侧各有一个安全气囊）和多气囊系统（前排安全气囊、后排安全气囊、侧面安全气囊），如图 9-4 所示。目前单气囊系统基本已经淘汰，国内生产的中低档汽车也都配备了双气囊系统和多气囊系统。

全新迈腾 B8，配备 2.0T 发动机的车辆，配备 10 个气囊和 4 个气帘，分别为驾驶人安全气囊，前排乘客安全气囊，前排侧气囊，后排侧气囊，膝部气囊以及前排和后排头部气帘。

项目九 安全气囊系统的检修 | 201

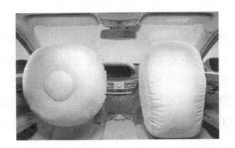

图 9-4 双气囊和多气囊

> 引导问题：安全气囊系统的哪些部件能引起系统异常呢？

二、安全气囊系统的组成和控制原理

（一）安全气囊系统的组成

安全气囊是安全气囊系统中的一个辅助保护设备，也是很重要的汽车安全装置。安全气囊系统主要分为机械式和电子式两种，由于机械式安全气囊系统可靠性差，容易误动作，目前市面上的车辆几乎都安装了电子式安全气囊系统，所以在这里主要介绍电子式安全气囊系统。如图 9-5 所示，电子式安全气囊系统主要包括传感器、安全气囊电脑、系统指示灯、安全气囊组件以及连接线路。

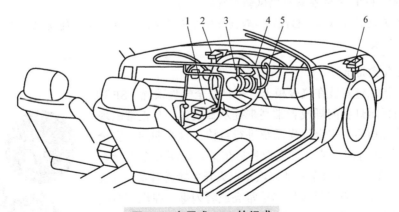

图 9-5 电子式 SRS 的组成

1—中央气囊传感器总成　2—前部碰撞传感器（左）　3—气囊与充气装置　4—螺旋电缆
5—气囊报警灯　6—前部碰撞传感器（右）

（1）传感器

传感器用于检测、判断汽车发生事故后的撞击信号，以便及时启动安全气囊，并提供足够的电能或机械能点燃气体发生器，它相当于控制开关，决定着是否允许安全气囊工作；传感器按其功用分为碰撞传感器和安全传感器两种，安全传感器的减速度与碰撞传感器相比要稍小一些，起保险作用，防止碰撞传感器因短路而造成误爆开，并直接串联在点火器电路中；碰撞传感器直接向安全气囊电脑（ECU）输入汽车碰撞减速度的大小，再由 ECU 决定是否向点火器供电，引爆安全气囊。

（2）安全气囊电脑（ECU）

安全气囊电脑（ECU）是安全气囊系统的控制中心，监测车速变化，根据碰撞传感器的信号判断汽车是否发生了碰撞以及碰撞程度，在检测到足够的正面碰撞力时，使电流通过安全气囊，将其打开；对控制组件中关键部件的电路不断进行诊断测试，在检测到故障时，设置故障码（DTC），记录发现的故障，并启动气囊指示灯，提醒驾驶人有故障；当事故导致正常电源不能使用时，提供展开气囊所需要的后备电源；显示用故障诊断仪检测的附加充气保护装置故障码和系统状态信息。

安全气囊电脑（ECU）一般位于地板控制台总成下部的地板上，ECU 不能维修，安全气囊引爆或发生故障后必须更换；ECU 包括专用中央处理器（CPU）、信号处理电路、备用电源电路和稳压保护电路。

> **技师经验**
>
> ① 在执行维修程序时，ECU 必须小心轻放。
> ② 禁止撞击或者振动，禁止在 ECU 没有牢固固定在车上时，接通安全气囊系统电源，所有安装螺栓必须小心紧固。
> ③ ECU 上的箭头必须指向车辆前方，以确保安全气囊系统的正常工作，如果在未将气囊牢固固定在车上时，接通安全气囊系统电源，可能会导致气囊意外展开。
> ④ ECU 不能经受 65℃以上的温度。
> ⑤ 如果 ECU 从 0.9m 以上的高度掉落，则不能继续使用。
> ⑥ 必须将 ECU 安装在与车辆纵轴平行的平面上。
> ⑦ 为避免设置故障码（DTC），不能给安全气囊系统通电，除非连接完所有部件或者诊断表要求这么做。

（3）安全气囊指示灯

安全气囊指示灯安装在仪表板上，一旦安全气囊系统（SRS）出现故障，则指示灯会闪烁或者常亮来提示驾驶人。其正常表现是，点火开关接通后，安全气囊系统进行自检，自检期间，安全气囊（SRS）指示灯闪烁或者常亮数秒后熄灭，说明安全气囊系统（SRS）自检通过且无异常；如果汽车点火开关接通后安全气囊（SRS）指示灯不亮、自检结束后仍然常亮或者闪烁、在汽车行驶中点亮或者闪烁，则说明安全气囊系统（SRS）有故障，可能导致气囊该展开时不展开或者不应展开时展开，此时必须立即维修。安全气囊（SRS）指示灯如图9-6所示。

图 9-6　安全气囊指示灯

（4）气囊组件

气囊组件主要由气体发生器、点火器、气囊、饰盖和地板组成，当气囊ECU发出展开气囊信号时，气囊组件中的雷管引燃火药，产生高温，使气体发生剂迅速生成大量气体，经过滤后冲入气囊，使气囊瞬间展开。

（二）车辆安全气囊系统识别

对于车辆安全气囊系统的配置，不同的车辆有不同的配置，可以通过车辆识别代码（VIN码）第七位进行识别，车辆VIN码第七位代码不同，表示车辆被动安全系统的配置不同，其具体含义如下：

1 表示安全带。

2 表示安全带，驾驶人、前排乘客正面安全气囊。

3 表示安全带，驾驶人、前排乘客正面安全气囊，侧面安全气囊及侧气帘。

4 表示安全带，驾驶人、前排乘客正面安全气囊，侧面安全气囊。

（三）安全气囊系统的控制原理

1. 安全气囊系统工作过程

以驾驶人防撞安全气囊为例，SRS的整个工作过程可分为4个阶段，如图9-7所示。

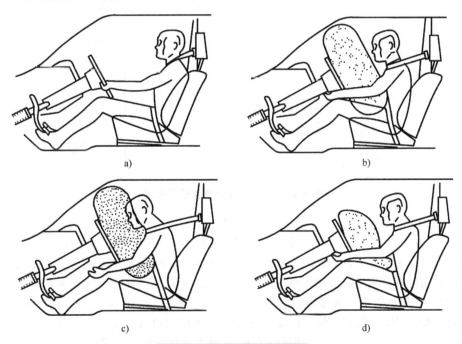

图 9-7　安全气囊工作过程

第1阶段（图9-7a）：汽车撞车，达到安全气囊系统引爆极限，传感器测出碰撞然后接通电流，引爆器点燃气囊的气体发生器，而此时驾驶人仍然处于直坐状态。

第2阶段（图9-7b）：气体发生器将安全气囊完全胀起，撞车后驾驶人身体开始向前移动，因为安全带斜系在驾驶人身上，随驾驶人的前移，安全带被拉长，撞车时产生的冲击能量一部分由安全带吸收。

第 3 阶段（图 9-7c）：汽车撞车之后，驾驶人的头部及身体上部都压向安全气囊，安全气囊后面的排气口允许气体在压力作用下匀速地逸出。

第 4 阶段（图 9-7d）：汽车撞车之后，驾驶人向后移回到座椅上，大部分气体已从安全气囊中逸出，前方又恢复了清晰的视野。

2. 控制原理

电子式安全气囊系统的控制原理大同小异，下面以大众迈腾 B8 轿车为例，介绍车上安全气囊的控制原理，如图 9-8 所示。

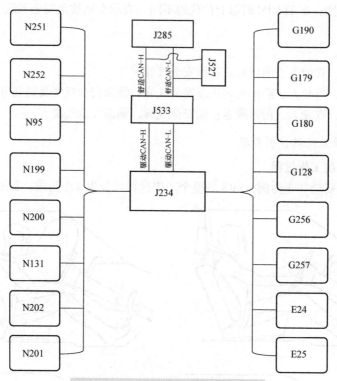

图 9-8 迈腾 B8 安全气囊控制原理

图 9-8 中各部件的标识如下，中间部分：J234 安全气囊控制单元，J533 数据总线诊断接口，J285 组合仪表中的控制单元，J527 转向柱电子装置控制单元；右侧部分：G190 前部安全气囊碰撞传感器，G179 驾驶人侧侧面安全气囊碰撞传感器，G180 前排乘员侧侧面安全气囊碰撞传感器，G128 前排乘员侧座椅占用传感器，G256 驾驶人侧后部侧面安全气囊碰撞传感器，G257 前排乘员侧后部侧面安全气囊碰撞传感器，E24 驾驶人侧安全带开关，E25 前排乘员侧安全带开关；左侧部分：N251 驾驶人侧头部安全气囊引爆装置，N252 前排乘员侧头部安全气囊引爆装置，N95 驾驶人侧安全气囊引爆装置，N199 驾驶人侧侧面安全气囊引爆装置，N200 前排乘员侧侧面安全气囊引爆装置，N131 前排乘员侧安全气囊引爆装置 1，N202 前排乘员侧后部侧面安全气囊引爆装置，N201 驾驶人侧后部侧面安全气囊引爆装置。

安全气囊系统的工作状态可以分为两种，即车辆没有发生碰撞时和车辆发生碰撞时。

（1）车辆没有发生碰撞时

打开点火开关时，安全气囊系统会自动自我检查，此时仪表板上的安全气囊指示灯闪烁或者常亮，时间大约持续 3s，检查完毕后，如果安全气囊系统没有故障，则其指示灯熄灭；车辆行驶过程中，安全气囊系统持续地进行自我检查，一旦发现某个或者某些传感器（执行器）或者线路有问题，则安全气囊控制单元（J234）会通过 CAN 总线将信号传递给仪表板控制单元（J285），此时会点亮仪表板上的安全气囊指示灯，提醒驾驶人车辆安全气囊系统存在问题，需要进行检修。

（2）车辆发生碰撞时

车辆行驶过程中发生碰撞时，以正面碰撞为例，碰撞传感器会采集到碰撞的强度，并将此信号传递给安全气囊控制单元，控制单元通过分析判断此碰撞强度是否需要打开安全气囊，如果需要打开安全气囊，则控制单元还会采集安全带开关信号、前排乘员座椅占用信号等；如果采集到的安全带开关信号是打开信号，则即使碰撞强度达到安全气囊打开的强度，安全气囊控制单元也不会发出信号给执行器让其打开安全气囊；当采集到的安全带开关信号为闭合信号时，碰撞传感器的信号也已经达到相应的碰撞强度，则控制单元会发指令给安全气囊引爆装置，引爆安全气囊使其正常打开。

> **引导问题**：汽车上的安全气囊系统出了故障，那么如何对其部件进行更换的呢？

项目实施

一、安全气囊系统的拆装

（一）安全气囊的拆装

不同品牌的车辆，安全气囊配备的个数不同，安全气囊的拆装方法也各异，下面重点介绍迈腾 B8 车辆，并且以驾驶人侧安全气囊和前排乘员侧安全气囊的拆装为例来介绍。

1. 迈腾 B8 车辆安全气囊配置

车辆安全气囊系统部件和安装位置如图 9-9 所示。

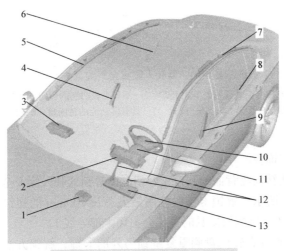

图 9-9 安全气囊系统部件和位置

1—安全气囊控制单元 J234　2—安全气囊指示灯 K75　3—前排乘员侧安全气囊（包括引爆装置 N131）
4—前排乘员侧前部侧面安全气囊（包括引爆装置 N200）　5—前排乘员侧头部安全气囊（气帘）包括引爆装置 N252
6—前排乘员侧后部安全气囊（包括引爆装置 N202）　7—驾驶人侧头部安全气囊也称气帘（带有引爆装置 N251）
8—驾驶人侧后部侧面安全气囊（带有引爆装置 N201）　9—驾驶人侧头部侧面安全气囊（带有引爆装置 N199）
10—驾驶人侧安全气囊（带有引爆装置 N95）　11—转向柱电子装置控制单元 J527（配备有安全气囊卷簧和带滑环的复位环）
12—驾驶人侧膝部安全气囊支架　13—驾驶人侧膝部安全气囊（带引爆装置 N295）

2. 驾驶人侧安全气囊的拆装

（1）驾驶人侧安全气囊的组成

对于迈腾 B8 车辆，驾驶人侧安全气囊系统部件如图 9-10 所示，主要包括：转向柱电子装置控制单元 J527、转向盘和驾驶人侧安全气囊等。

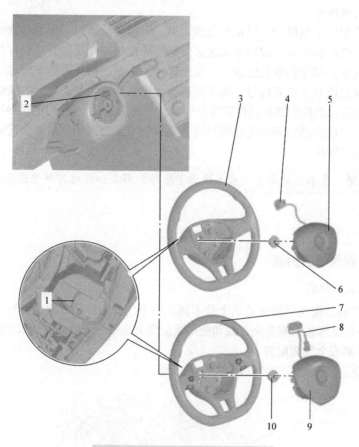

图 9-10　驾驶人侧安全气囊部件

1—锁止卡扣　2—转向柱电子装置控制单元 J527　3—不具有多功能的转向盘　4—不具有多功能的线束
5，9—驾驶人侧安全气囊　6，10—螺栓　7—具有多功能的转向盘　8—具有多功能的线束

（2）拆卸

1）拆下转向柱上部饰板。

2）转动转向盘，使转向盘背面的开口正好朝上，解锁驾驶人侧安全气囊的锁止卡箍，如图 9-11 所示。解锁卡箍时使用最大总长 100mm 的螺钉旋具或类似工具（注意，使用一字螺钉旋具时可能会损坏内部导线）。

3）转动转向盘 180° 并在转向盘侧重复解锁另外的卡箍，解锁方法和上面一致。

4）重新将转向盘置于中间位置，即车轮回正。

5）在点火开关打开的情况下断开蓄电池负极。

6）将驾驶人侧安全气囊从转向盘上拉出一截，脱开插头防松件并拔出插头（对于带多功能转向盘的，此时也要断开电器插头连接）。

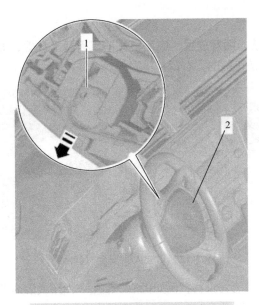

图 9-11 驾驶人侧安全气囊锁止卡扣

1—卡扣　2—驾驶人侧安全气囊

安全气囊安装

（3）安装

安装的顺序大体和拆卸相反，按照与拆卸相反的顺序进行，但是需要注意以下几点：

1）连接电器插头，应将电器插头推到极限位置，并能听到咔嚓声为止。

2）将电器插头压入转向盘上的袋中以便固定（注意不要夹住导线）。

3）将驾驶人侧安全气囊置于转向盘中并用双手按压边缘，直至听到咔嚓声。

4）在点火开关已经打开的情况下，连接蓄电池负极。

5）最后查询并删除安全气囊控制单元的故障存储器，因为脱开插接器可能会存储故障码。

（二）安全气囊拆装注意事项

安全气囊系统包含有燃爆式部件，所以对于其拆装和维修需要受过培训的维修人员进行，严禁其他人员进行对安全气囊系统的检测、装配和维修工作。在拆装检测和维修中，需要注意的事项有：

1）严禁使用试灯、万用表进行检测，只能使用制造商许可的车辆诊断测试仪进行检查。

2）在安全气囊系统上进行作业时，必须在点火开关接通的状态下断开蓄电池负极，然后遮盖好蓄电池的负极端子，并且在 10s 后才允许操作。

3）必须在点火开关接通的状态下连接蓄电池，此时车内不允许有人，如果在重新连接上蓄电池后点火开关没有接通，只能由坐在调至最靠后的驾驶人座椅上的人来接通点火开关，以防止出现危险。

4）在操作安全气囊系统部件之前，维修人员必须排除自身静电，可以通过短暂接触车门锁止楔之类的金属部件的方法排除。

5）接触过已触发的安全气囊部件后必须洗手。

6）安全气囊部件不允许打开或者维修，只能更换使用新的部件，否则会有受伤的危险。

7）安全气囊部件不能掉落到地上，从运输容器中取出后需要立即安装，工作中断后要把它重新放回到运输容器中。

8）拆下的安全气囊禁止随意放置，应该将衬垫正面朝上放置，如图9-12所示，拆下的安全气囊放置时的朝向左图是正确的，右图是错误的。

图9-12 驾驶人侧安全气囊放置

9）安全气囊部件不允许有污染物，例如机油、油脂、油漆或溶剂渗入，如果有则必须更换。

10）禁止将安全气囊部件置于100℃以上的高温中。

二、迈腾安全气囊指示灯常亮故障检修

故障现象：迈腾汽车的安全气囊指示灯常亮

故障诊断：

安全气囊故障检修

1）连接故障诊断仪，读取安全气囊控制单元故障码，故障码有两个，分别为01221（驾驶人侧侧面安全气囊碰撞传感器G179）、01222（前排乘员侧侧面安全气囊碰撞传感器G180）。

2）用诊断仪执行清除故障码指令，只能清除故障码01221，此时断开蓄电池连接后，重新连接蓄电池并用诊断仪执行清除故障码指令，故障码全部清除。

3）路试行驶，在行驶4min左右时，仪表板上的安全气囊指示灯重新亮起，重新读取故障码，依然是01221和01222，再次执行清除故障码指令时，还是只能清除01221，直接路试4min左右，重新读取故障码，两个故障码又出现。

4）根据故障码提示，判断前排乘员侧安全气囊碰撞传感器存在问题，分析为：驾驶人侧侧面安全气囊碰撞传感器和前排乘员侧侧面安全气囊碰撞传感器间的关系是相互检测。如果发生右侧碰撞时，驾驶人侧侧面安全气囊碰撞传感器和前排乘员侧侧面安全气囊碰撞传感器会同时得到从右向左的碰撞信号。如果只有一个碰撞传感器有碰撞信号，但另一侧没有信号，安全气囊控制单元不能判断哪个传感器有故障，因此只能同时报错并报码。

5）根据故障码提示，并且故障码01221能够被清除，分析前排乘员侧侧面安全气囊碰撞传感器有故障。

故障排除：更换前排乘员侧侧面安全气囊碰撞传感器，故障排除。迈腾汽车安全气囊电路图如图9-13所示。

> 🔧 **技师经验**
>
> 遇到这种问题，经常会有维修人员怀疑控制电脑有问题，控制电脑在没有受到碰撞或者进水的情况下，损坏的可能性较小，在维修过程中，应该从易到难地逐个排除故障点。

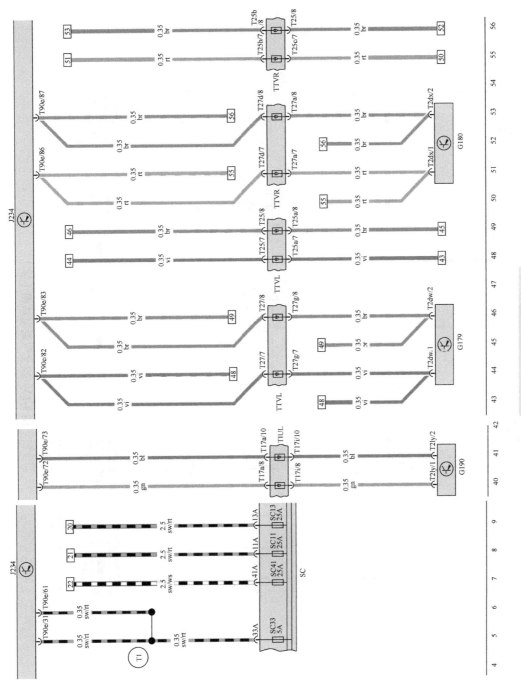

图 9-13 安全气囊电路图

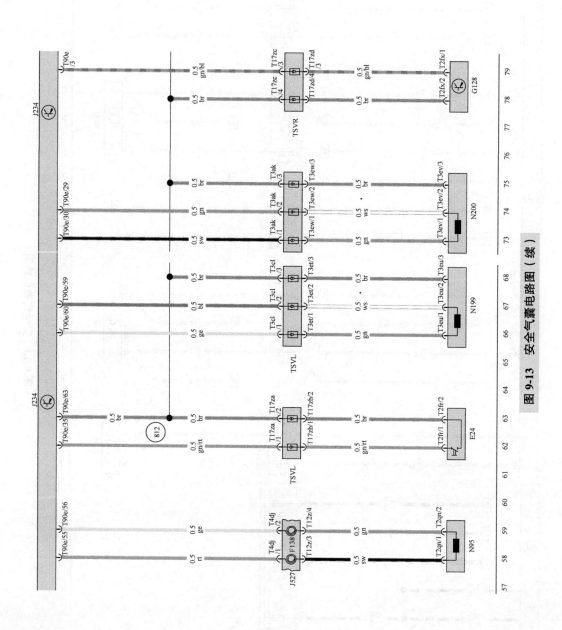

图 9-13 安全气囊电路图（续）

项目九 安全气囊系统的检修 | 211

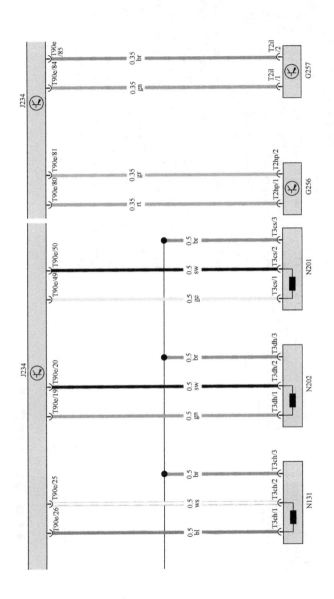

图 9-13 安全气囊电路图（续）

J234—安全气囊控制单元 SC—熔丝架 SC11—熔丝架C上的熔丝11 SC13—熔丝架C上的熔丝13 SC33—熔丝架C上的熔丝33 SC41—熔丝架C上的熔丝41 T1—正极连接1，在安全气囊导线束中 G179—驾驶人侧安全气囊碰撞传感器 G180—前排乘员侧安全气囊碰撞传感器 T2dw—2芯插头连接 T25—25芯插头连接 T25a—25芯插头连接 T27—27芯插头连接 T2dx—2芯插头连接，黄色 T25b—25芯插头连接，黄色 T25c—25芯插头连接 T27d—27芯插头连接 T27—27芯插头连接，黑色 T27a—27芯插头连接，黑色 T27g—27芯插头连接，黑色 TTVL—左前车门连接位置 TTVR—右前车门连接位置 E24—驾驶人侧安全带开关 F138—安全气囊卷簧和带滑环的复位环 J527—转向柱电子装置控制单元 N95—驾驶人侧安全气囊引爆装置 N199—驾驶人侧安全气囊面安全气囊引爆装置 T2fr—2芯插头连接，黑色 T2qn—2芯插头连接，黄色 T3cl—3芯插头连接，黑色 T3eu—3芯插头连接，黑色 T3et—3芯插头连接，白色 T17a—17芯插头连接，黑色 TSVL—驾驶人座椅连接位置 812—接地连接位置3，在安全气囊导线束中 N200—前排乘员安全气囊引爆装置 TSVR—前排乘员侧安全气囊座椅连接装置 G128—前排乘员引爆装置 G256—驾驶人侧后部侧面安全气囊碰撞传感器 N131—前排乘员引爆装置 G257—前排乘员侧后部侧面安全气囊碰撞传感器 J285—组合仪表中的控制单元 J533—数据总线诊断接口 U31—诊断接口 KX2—组合仪表中的安全带警告指示灯 K19—安全带警告指示灯 B383—连接1（驱动CAN总线，High），在主导线束中 B390—连接1（驱动CAN总线，Low），在主导线束中 B398—连接2（舒适CAN总线，High），在主导线束中 B407—连接2（舒适CAN总线，Low），在主导线束中 B506—连接（舒适CAN总线，High），在车内导线束中 B507—连接（舒适CAN总线，Low），在车内导线束中

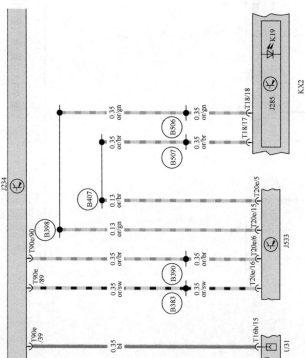

图9-13 安全气囊电路图（续）

复习思考题

一、选择题

1. 车辆发生剧烈碰撞时,安全气囊可以减少(　　)次碰撞对驾乘人员造成的伤害。
   A. 一　　　　B. 二　　　　C. 三　　　　D. 四
2. 下列属于被动安全装置的是(　　)。
   A. ABS　　　B. ASR　　　C. SRS　　　D. ESP
3. 正面气囊的作用是保护成员的(　　)。
   A. 腰部　　　B. 面部和胸部　C. 腿部和脚部　D. 以上都对
4. 侧面气囊主要保护成员的(　　)。
   A. 头部和腰部　B. 面部和胸部　C. 腿部和脚部　D. 以上都对

二、判断题

1. 行车过程中 SRS 灯点亮说明车辆正常。(　　)
2. 点火器安装在气体发生器内部。(　　)
3. 气体发生器用专用螺栓和专用螺母固定在气囊支架上,装配时只能用专用工具进行装配。(　　)
4. 用于在点火器引爆点火剂时,产生气体向气囊充气,使气囊膨开的是气体发生器。(　　)
5. SRS 指示灯有开关可以关闭系统功能。(　　)

三、填空题

1. 安全气囊系统是汽车非常重要的被动安全装置之一,在发生事故时,_____;但是如果使用不当,反而会伤害车上成员,因此在车辆使用过程中要密切注意其表现。
2. 按气囊的大小来分,一般分为三种,即_____、保护整个上身的大型气囊和_____。
3. 电子式安全气囊系统,其主要包括_____、_____、安全气囊指示灯、气囊组件以及连接线路。

四、简答题

1. 简述安全气囊的工作原理。
2. 拆卸安全气囊的注意事项有哪些?

项目十 信息和驾驶辅助系统的检修

项目导入

现在汽车安装了不少信息通信系统向驾驶人提供必要的道路交通信息和辅助驾驶信息。这些系统是如何工作的？出现故障应该从哪里开始检修？作为汽车专业的你可否指点一下？

项目目标

1）能够掌握各种汽车信息通信系统的功用、结构和工作原理等相关知识。
2）会正确使用万用表、示波器、解码器等常见设备。
3）会查阅维修资料，会识读和分析电路原理图。
4）能够对各种汽车信息通信系统进行设定、校正及对常见故障进行诊断与排除。

相关知识

> **引导问题**：汽车导航系统方便了我们驾车出行，那汽车导航系统是如何工作的呢？

一、汽车导航系统

1. 汽车导航系统的功能

汽车导航系统具有以下功能：

1）导航功能。使用者在车载 GPS 导航定位系统任意标注两点后，导航系统便会自动根据当前的位置，为车主设计最佳路线。有些系统还有修改功能，假如用户因为不小心错过路口，没有走车载 GPS 导航系统推荐的最佳线路，车辆位置偏离最佳线路轨迹时，车载 GPS 导航系统会根据车辆所处的新位置，重新为用户设计一条回到主航线的路线，或为用户设计一条从新位置到终点的最佳线路。

2）电子地图。车载 GPS 导航定位系统配备了电子地图，覆盖全国各大城市，可以随时查看目的城市的交通、建筑等情况。

3）转向语音提示功能。如果前方遇到路口需转弯，系统具有转向语音提示功能，这样可以避免车主走弯路。此外，还可以查阅街道及其周围建筑物，甚至可能具有一些城市交通中的单行线、禁左、禁右等路况信息供查阅。

4）定位功能。GPS 通过接收卫星信号，能够准确地定位出车辆所在的位置。如果装置内带有地图的话，就可以在地图上相应的位置用一个记号标记出来。同时，GPS 还可以显示方向、海拔高度等信息。

5）测速功能。通过 GPS 对卫星信号的接收计算，可以测算出车辆行驶的具体速度。

6）显示航迹。如果去一个陌生的地方，GPS 带有航迹记录功能，可以记录下用户车辆行驶经过的路线。回来时，用户可以启动返程功能，顺着来时的路线返回。

7)信息检索功能。根据情况使用不同的检索功能,快速将待查地点显示在画面上。

8)娱乐功能。可以接收电视,播放娱乐光盘等。

2. 汽车导航系统的分类

汽车电子导航系统的分类如下。

(1)按照功能分类

可分为单功能导航系统和导航行驶综合系统。汽车导航行驶综合系统为汽车导航行驶、监控、防盗、旅游信息、交通控制与调度等的综合系统。

(2)按照车辆的信息是否实时返回控制中心分类

可分为汽车开环导航系统和汽车闭环导航系统。

汽车开环导航系统是从控制中心或电台、卫星传感器等得到定位、方位、方向等信息,根据这些信息和电子地图可以定出起点至终点的最短行驶距离,但汽车的信息不能返回控制中心。如果某一道路上出现塞车、交通事故,桥梁出现断裂等天灾人祸时,驾驶人得不到来自控制中心或电台的信息,而汽车出现故障、被盗等问题时也无法和控制中心联系。

汽车闭环导航系统不但有开环导航系统的所有导向功能,而且驾驶人可以使行车实时信息不断向控制中心返回。根据中心掌握的交通及气候等综合信息及时通知汽车改道行驶,在最短时间到达目的地。在汽车出现大故障无法返回或遇到盗抢等情况时也可以报告控制中心,一方面告诉中心出现的问题,另一方面可随时报告自己的方位,以便获得营救。

3. 汽车导航系统的组成

图 10-1 所示为汽车 GPS 导航系统的部件位置,该系统由 GPS 接收天线、GPS 接收机、计算机、液晶显示器、位置检测(绝对位置检测和相对位置检测)装置等组成。系统根据不同的位置进行分类检测,绝对位置的检测采用 GPS 全球定位系统,相对位置的检测采用方向传感器(如地磁传感器、光纤陀螺仪),并利用车轮转速传感器测量车辆行驶距离。

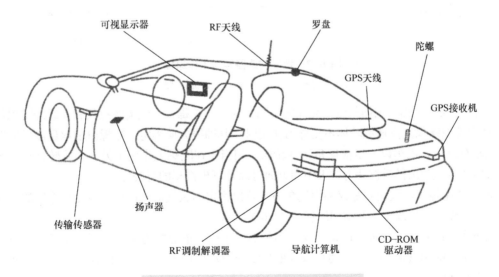

图 10-1　汽车 GPS 导航系统的部件位置

（1）GPS 接收机

汽车导航系统将 GPS 接收机安装在汽车上，接收卫星的信号。这些信号用来精确定位车辆的位置，但它可能遭受偶然的干扰，如坏天气影响、隧道和建筑物遮挡、超宽带无线电通信干扰等。为此，通常采用航位推算导航（如惯性传感器）或辅助定位技术，作为 GPS 信号丢失时的补偿，以使导航系统功能连续运行。

（2）车载传感器

车载传感器通常包括测量转弯速率的陀螺仪、输出电子速度脉冲的测速计，以及测量方向的罗盘。这些数据被用来进行航位推算，以便确定车辆相对道路的运动。汽车行驶路径的方向和位置通过装在车上的传感器检测，方向和转向角传感器决定汽车行驶方向，车速传感器决定汽车行驶的距离。

1）地磁传感器。地磁传感器感应元件是在高导磁性材料制成的磁环上绕制励磁绕组，绕组在 X 和 Y 两个正交方向上，每个方向各绕 2 个检测线圈（共 4 个）。若无地磁场作用，检测线圈不产生电动势，有地磁场作用则产生电动势。地磁方向与检测线圈方向夹角不同，检测线圈产生的电动势也不同，这样就可以确定汽车的行驶方向。图 10-2 所示为地磁传感器的导向工作原理。

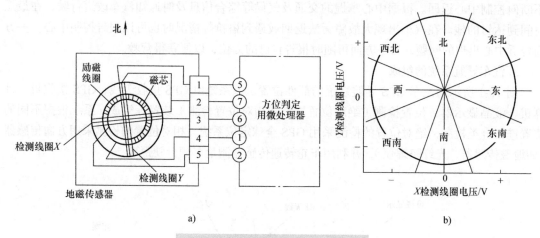

图 10-2 地磁传感器导向工作原理
a）方向偏差指示的原理　b）方位的判断

2）陀螺仪。陀螺仪根据其测定元件的不同分为惯性陀螺仪、气流陀螺仪和光纤维陀螺仪。

① 惯性陀螺仪。高速旋转体不受外力作用时，其轴线方向固定。陀螺由轴承悬浮成球形支撑在汽车车身上，汽车以一定横摆角速度转向，相当于在陀螺上作用了另一个旋转运动，产生了科氏惯性力，利用科氏惯性力的大小和方向可以计算出汽车的行驶方向。

② 气流陀螺仪。气流陀螺仪利用气泵喷嘴喷出稳定的氮气流对两根热线冷却作用的差异来测量汽车行驶方向的改变，其结构原理如图 10-3 所示。

当汽车直线行驶时，喷出的氮气流与两根热线平行，散热能力相等，两线无温差。当汽车转向时，由于喷出气流的惯性，使得对两根热线的冷却作用不同，测量两根热线的温差便可以计算出汽车转角。

③ 光纤维陀螺仪。光纤维陀螺仪检测原理图如图 10-4 所示。光从光纤维线圈 A 点入射，经向左向右方向回转传播，光程相同时，两方向同时经过 1 个周期到达输出的 B 点。当光纤维

线圈有向右旋转的角速度 ω 时，则从 A 点入射的同一周期左右方向传播的光程不同，右回转传播光程长，比较左回转传播光程，两者相差一定角度。在原输出 B 点测量两方向传到的光相位不同，测定两光干涉的强度，可以确定两方向光的传播时间差（相位差），从而计算出光纤维线圈（汽车）的转向角速度 ω。

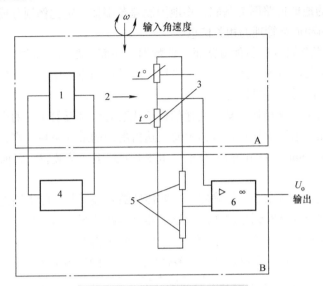

图 10-3　气流陀螺仪结构原理

1—气泵　2—气流　3—热线　4—振荡器　5—电阻　6—放大器　A—传感器　B—信号处理电路

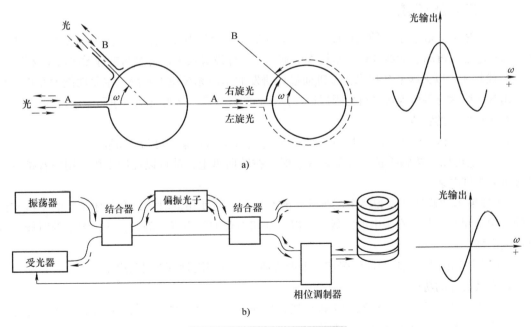

图 10-4　光纤维陀螺仪检测

a）原理　b）检测方法

（3）导航地图数据库

通过 GPS 和车载传感器所采集到的数据，利用地图匹配进行处理，与存储在数字地图（GIS）数据库中的地形数据进行比较。最后，对来自这些信息源中的所有信息都要进行运算，以便实现定位。采用这些技术的组合可使系统定位精度达到米级。

以航空测量出的地形道路图为基础，将地图涵盖范围按一定比例划分成若干个区域，每个区域上标明道路走向和道路管理的相关信息。

CD-ROM 数据库存储着有各种道路属性的数据（路面、路标、桥隧等）、基本道路地图数据。根据汽车行驶所处的位置（经、纬度）坐标，用手动操作或接收车外信息表示该车现处位置的方法，显示相应需要的地图数据。

当汽车按计算机引导路径接近某一交通信标（或装有信号反射工具的交通灯）时，计算机将当地的详细地图在显示器上显示，再指示要到达目的地的最佳路径。作为汽车信息通信系统（Vehicle Information Communication System，VICS）的路上通信装置，目前相关人员正在研究其实际应用。

地图的微调导航法是对由于位置确定、导航传感器和地图与实际道路之间重合存在的积累误差的及时补偿。它根据导航到达的轨迹与显示器上道路地图指示的行车道路形状相比较，在形状上以高概率相符的地图道路上，自动修正汽车位置和方向。

地图的微调导航包括：车辆位置修正、多路径追迹、距离偏离补偿。

> 🌐 **引导问题**：驾驶人驾驶时拨打接听手持电话属于交通违法行为，车载蓝牙通过蓝牙与音响配合接听电话，更是解决了驾车接听手机的问题，那车载蓝牙的组成和工作原理是什么？

二、车载蓝牙系统

蓝牙（Bluetooth）是一种支持设备短距离通信（一般是 10m 之内）的无线电技术。它能在包括移动电话、PDA、无线耳机、笔记本电脑、相关外设等众多设备之间进行无线信息交换。

车载蓝牙是以无线蓝牙技术为基础而设计研发的车内无线免提系统。主要功能为在正常行驶中用蓝牙技术与手机连接进行免提通话，以达到解放双手、降低交通肇事隐患的目的。

1. 车载蓝牙的特点

1）车载蓝牙能自动辨识移动电话，不需要电缆或电话托架便可与手机联机。

2）车主可以不接触手机，甚至是双手保持在转向盘上，就可以控制手机，用语音指令控制接听或拨打电话。

3）如果车载蓝牙技术和整个汽车的音响都配套，在使用的时候，有蓝牙功能的手机和汽车的音响搭配在一起，在来电的时候，可以自动切换音响的声音、静音，挂掉电话的时候声音就自动恢复。

4）接听来电时，用户只需轻轻按一个键或通过语音控制就可以接听电话。

2. 车载蓝牙的功能

车载系统通过蓝牙无线链路和手机连接，再连入外部无线网络。利用该方案，用户通过一部蓝牙手机就可以方便地使用以下功能：

免提电话：用户进入车内，车载系统自动连接上用户手机。用户在驾车时，无须用手操作就可以用声控完成拨号、接听、挂断和音量调节等功能,通过车内传声器和音响系统进行免提通话。

汽车遥控:用户可以在 10m 范围内用手机控制车门和车中的各类开关。

音乐下载:用户可以通过手机下载音乐到汽车音响中播放。

电子导航:用户可以通过手机下载电子地图等数据到车载 GPS 导航系统中,导航系统得到当前坐标参数再通过手机短信传回导航中心。

汽车自动故障诊断系统:车载系统可以通过手机将故障码等信息发往维修中心,维修中心派人前来修理时可以按故障码等信息准备好相应的配件和修理工具。

3. 车载蓝牙的组成及工作原理

车载蓝牙系统工作原理如图 10-5 所示。射频芯片在 2.4 GHz 频段提供数据和语音无线双向传送。基带芯片包含跳频、信道加密解密、鉴权、SCO 语音编解码等硬件,以及链路管理、HCI 接口等固件。处理器运行蓝牙上层协议栈、应用规范和语音算法等核心软件。为方便描述,将射频、基带和处理器部分称为蓝牙子系统。汽车音响通过车内传声器和扬声器为蓝牙子系统提供声音的输入输出。主控制器运行人机接口(MMI)等软件,对蓝牙子系统、汽车音响和其他车载电子设备进行集中控制管理,并将有关信息显示在图形用户界面(GUI)上。

蓝牙子系统包含实现蓝牙车载应用规范有关的软硬件。基带芯片通过 UART 和 SSI 接口连接处理器:HCI 命令、数据和事件通过 UART 接口传输;SCO 数据通过 SSI 接口传输。如前所述,处理器运行蓝牙上层协议栈、应用规范和语音算法等核心软件。还有蓝牙免提应用规范规定了在语音网关和免提设备之间建立蓝牙数据和语音连接的过程,以及免提设备如何基于该连接对手机进行远程控制,并访问外部网络以实现电话功能。

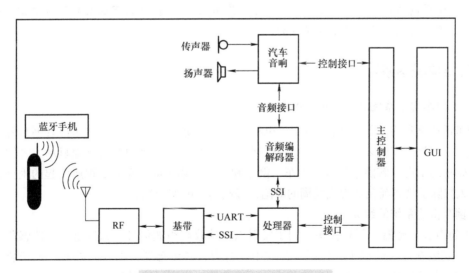

图 10-5 蓝牙系统组成及工作原理

4. 蓝牙系统应用

奥迪 A6 轿车的电话装置的听筒和控制单元间就是通过蓝牙技术,利用 MOST 总线联系的,如图 10-6 所示。

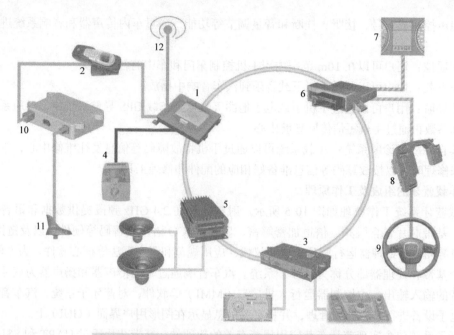

图 10-6 奥迪 A6 轿车上的蓝牙（Bluetooth）网络

1—电话发射和接收器 R36　2—电话座 R126　3—信息控制单元 J523　4—传声器 R140　5—数字音响包控制单元 J525　6—数据总线诊断接口　7—组合仪表控制单元 J285　8—转向柱电子装置控制单元 J527　9—多功能转向盘控制单元 J453　10—手机放大器（补偿器）R86　11—GPS 导航天线 R50　12—Bluetooth 天线 R152

> 引导问题："倒车，2m，1m，0.5m，停车"，一套简单实用的装置给我们倒车带来了帮助，那倒车雷达系统是如何工作的？

三、倒车雷达系统

（一）倒车雷达系统的组成和工作原理

倒车雷达全称为"倒车防撞雷达"，也称"泊车辅助装置"，是汽车泊车或者倒车时的安全辅助装置，如果在车辆要经过的路径上有障碍物，能以声音或者更为直观地显示、告知驾驶人周围障碍物的情况，解除了驾驶人泊车、倒车和起动车辆时前后左右探视所引起的困扰，并帮助驾驶人扫除了视野死角和视线模糊的缺陷，提高驾驶的安全性。

1. 倒车雷达系统的组成

1）超声波传感器：俗称探头，用于发射以及接收超声波信号，通过超声波传感器可以测量距离。安装在后保险杠上，包括左、左中、右中、右传感器，由外向内嵌入式安装，如图 10-7 所示。各传感器的安装位置都有规定，不能装错，否则可能引起误报警。

2）雷达 ECU：发射正弦波脉冲给超声波传感器，并处理其接收到的信号，换算出距离值后，将数据与显示器通信。

3）显示器或蜂鸣器：接收主机距离数据，并根据距离远近显示距离值和提供不同级别的距离报警音。常安装在仪表板横梁的上部，靠近驾驶人侧，由螺栓固定。有的则是安装在组合仪表内部，或者说是由仪表内部的报警蜂鸣器完成这一功能。

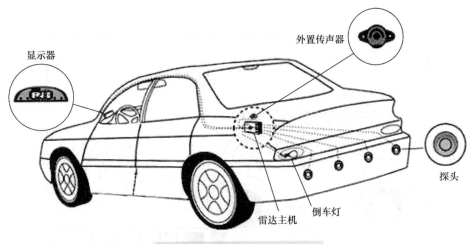

图 10-7　倒车雷达系统的组成

2. 工作原理

倒车雷达系统就是利用超声波信号，经倒车雷达 ECU 的控制，再从探头的发射与接收信号过程中，比对信号折返时间而计算出障碍物距离，然后由报警器发出不同的报警声，如图 10-8 所示。与障碍物的距离 = 发收时间差 × 声速 /2。

当车辆挂到倒车档时，倒车雷达 ECU 使用超声波传感器监控后保险杠周围的区域，如果监控区域内检测到物体，仪表组件内的声音报警装置就会发出声音警告。系统能够探测到比较坚硬的固体障碍物，同时也能探测到铁丝网和栅栏之类的物体。

侧面两个传感器的检测范围是距离保险杠拐角处 60cm 的区域。

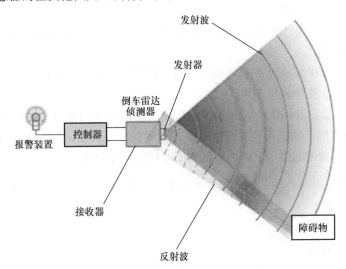

图 10-8　倒车雷达系统工作原理

当障碍物接近某个后侧部区域时，从车辆侧后方 150cm 开始可能给予指示，如图 10-9 所示。当探测到的距离在侧部小于20cm，或在中部正后方小于30cm时，声响信号将变为持续音以避免碰撞保险杠。

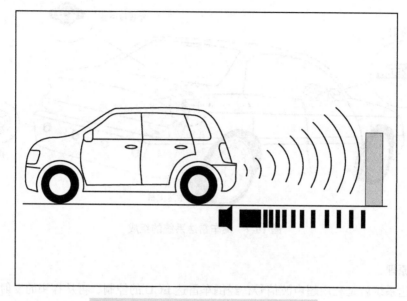

图10-9 当障碍物接近某个后侧部区域时

（二）倒车雷达的几种报警方式

倒车雷达已经成为不少车主的必备装备，这里给大家说说倒车雷达的几种报警方式。

1）人声报警：指通过语音的方式将障碍物距离播报出来。优点是清晰准确，不影响视觉观察。缺点是有时延，会有一定的误差。尤其是在车与障碍物之间的距离变化较快时，语音来不及转换，无法播报准确的数据。

2）电子声报警：指通过形象的心跳声或者嘀嘀声等来标识距离，优点是不影响视觉观察，时延小，缺点是不准确。

3）数字显示：指在显示设备上动态显示与障碍物之间的距离数值。优点是直观准确。缺点是需要眼睛经常看，影响视觉观察。

4）图像显示：指具有摄像头的倒车雷达将车后的障碍物图像直接显示到视频设备上。优点是误差小，直观准确。缺点是需要眼睛经常看，影响视觉观察，而且在不同的天气和气候下会有一些影响。现在新型的倒车雷达还可以提供电视收看等功能。

引导问题：倒车影像系统比全方位倒车雷达更加直观，但倒车影像系统的图像失真是什么问题引起的呢？

四、倒车影像系统

倒车影像系统，将车载后视摄像头的实时图像进行显示，直观地提示驾驶人车后环境情况，为泊车、倒车提供便利。

倒车影像系统采用远红外线广角摄像装置安装在汽车后部，通过车内的显示屏，可将汽车后部道路的信息清晰地显示出来。由于采用了远红外线技术，即使在晚上也能看得一清二楚。系统在汽车挂倒档时，会自动接通位于汽车后部的远红外线广角摄像装置，将车后状况清晰地显示于倒车液晶显示屏上，倒车影像监视系统比全方位倒车雷达更加直观、可靠。

（一）倒车影像系统的结构及工作原理

以奥迪 A8 汽车的倒车影像系统为例。该车的倒车影像系统可以将摄像机探测到的汽车后方区域信息以图像的形式显示在 MMI 屏幕上，同时给出静态与动态相结合的参考辅助线，为驾驶人提供良好的后方视野。奥迪倒车影像系统提供了"平行停车"和"垂直停车"两种倒车模式供用户选择。

1. 倒车影像系统的主要结构

倒车影像系统分为摄像装置、控制单元和显示装置 3 大部分。奥迪 A8 汽车装备的倒车影像系统由安装在后方的广角摄像机（R189，质量约 40g）、负责信号处理与传输的控制单元（J772）和 MMI（多媒体界面）显示器、前部信息显示和操作控制单元（J523）、电视调谐器（R78）以及 CAN 数据总线等部件组成。

（1）倒车摄像机

摄像机由镜头、CCD 芯片以及外围处理电路组成。摄像机的功能是将景物通过镜头生成的光学图像投射到图像传感器表面，然后转为电信号，经过模数转换装置转换后，变为数字图像信号，再送到数字信号处理芯片中加工处理，之后通过 USB 接口传送给图像处理单元。倒车摄像机通过 1 根经过屏蔽的信号线将包括图像、色彩、亮度、扫描和同步等视频信号，传输给控制单元 J772。

倒车摄像机安装在行李舱的手柄处，斜向下安装，采用广角镜头，水平方向的探测角度为 130°，垂直方向的探测角度为 95°~100°。用于探测图像的芯片的水平分辨率为 510 像素，垂直分辨率为 492 像素，总分辨率为 25 万像素。

在摄像机的镜头上，有一层防污膜，如果觉得 MMI 屏幕上的图像模糊不清，应当清洁变脏的镜头，可以用少量乙醇类玻璃清洁剂浸湿镜头，然后用干布擦净。

如果需要的话，可以手动关闭后方的摄像机。

（2）系统控制单元（J772）

摄像机摄取的图像容易失真，这些图像信息在 MMI 显示之前，需要进行校正，这一任务由 J772 来完成。控制单元（J772）的主要作用如下：

① 与摄像机通信，为摄像机提供电源，并且从摄像机获得图像信息。

② 负责与整车电器系统通信，并获得汽车的状态信息，例如倒车信号、车速信号、转向盘转角等。如果系统出现故障，控制单元会将故障信息发送到 CAN 总线。

③ 进行图像处理，包括图像纠正、添加动态 / 静态辅助线，在光线条件较差的情况下，通过数据处理提高图像输出的质量。

④ 输出图像，就是将处理后的图像输送给导航 /DVD。

倒车影像系统控制单元的安装位置在汽车右侧、靠近轮罩的地方。J772 与舒适 / 便捷数据总线相连。

2. 倒车影像系统的工作原理

倒车影像系统基于视觉测量的后视技术，它依靠车尾的摄像头，将汽车后方的路况信息呈现在中央显示屏上。驾驶人可以通过触摸屏把代表车身的方块在屏幕上随意移动，如果位置合适，方块将由红色变成绿色。此时只要挂入倒档，并控制好车速，就可以完成自动倒车。

（二）倒车影像系统的限制与标定

（1）倒车影像系统的限制

在以下几种情况下，可能会引起倒车影像系统的图像失真：

①有冰、雪、泥覆盖在摄像机上。

②环境光线黑暗。

③处于极端条件下，如有太阳眩光、后方汽车的前照灯照射过来。

④汽车后部变形损坏。

⑤极高或极低的温度，以及大幅度的温度变化。

（2）倒车影像系统的标定

在安装、更换摄像机或控制单元、汽车后部受到碰撞、对行李舱盖手柄或后桥等部位进行维修后，需要采用专门的校准面板对倒车影像系统进行标定（校准），以修正摄像机图像的失真。加上摄像机制造及安装过程中存在一定的偏差，未经标定的摄像机所获取的图像与理想的图像会产生较大的差距，而图像误差将直接导致预测的倒车轨迹线出现失误。因此，倒车影像系统的标定是必不可少的。

（三）倒车影像系统的激活和关闭

（1）倒车影像系统的激活

以奥迪汽车为例，将点火开关转到"ON"，并挂入倒档，在多媒体界面（MMI）显示屏上会自动显示倒车摄像机的图像，表示倒车影像系统已经激活。对于带有视觉驻车辅助系统（OPS）的汽车，还需要按压中控台上的电子驻车键，才可激活倒车影像系统。激活操作应当在汽车的前进速度小于10km/h（有的车型为15km/h）的情况下执行。

（2）倒车影像系统的关闭

变速器退出倒档，将点火开关转到"OFF"（即关闭15号线），操纵MMI的其他按键，或者使汽车的前进速度超过10km/h，MMI显示的倒车摄像机图像消失，表示倒车影像系统已经关闭。对于带有视觉驻车辅助系统（OPS）的汽车，还需要按压中控台上的电子驻车键。

> 引导问题：自动泊车方便解决了城市泊车问题，自动泊车系统的组成及工作原理是什么？

五、自动泊车系统

（一）自动泊车系统的组成及工作原理

自动泊车系统就是不用人工干预，自动停车入位的系统。自动泊车系统主要包括三部分，如图10-10所示，一是数据采集部分，也就是感知系统部分，负责采集车身和路面信息；二是控制系统部分，是整个系统的核心，负责车位检测和路径生成算法的实现。三是执行机构，就是根据控制中心发出的命令，控制车辆按照轨迹线路行驶。

整个系统以控制系统为核心，控制系统通过控制感知系统的SICK激光雷达和惯性导航系统来实现数据采集，以获得车辆周边的环境信息；然后，根据感知系统采集的数据检测有效车位，并且生成一条泊车路径；最后，通过控制执行机构以控制转向盘和制动来实现控制车辆按照计算得到的轨迹行驶。

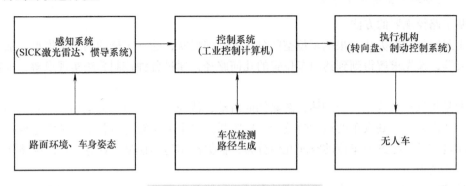

图10-10 自动泊车系统构架图

1. 感知系统

感知系统主要负责采集车辆周边环境和检测车身姿态信息。当用户启动自动泊车功能后，首先通过惯性导航系统监测车辆当前速度，若速度过高则系统会报警且无法启动系统，若符合要求则启动自动泊车系统。然后，通过SICK激光雷达传感器检测泊车位信息，检测到有效泊车位后，上传到计算机生成一个有效的泊车位。检测有效泊车位时同时，通过惯性导航系统对车身姿态进行监测，以便控制车辆按轨迹行驶。惯性导航系统主要负责测量车辆的速度、转向角、运行距离等信息。

感知系统需要得到的参数有车位信息，车位信息抽象出来也就是车身周围障碍物信息，能测量障碍物的传感器很多，可以使用超声波传感器、红外线测距传感器、激光雷达传感器、摄像头视频解析等。用激光雷达传感器测量精度能满足要求，同时具有一定的通用性，在此基础上将激光传感器换成廉价的超声波或者红外线传感器都很容易实现。

通过激光雷达获得车身周围的障碍物信息后，车辆在倒车过程中还要对车辆的车身姿态进行监测，需要知道的参数主要是车辆的速度和运行的距离、车身偏向角。常采用惯性导航系统来监测车辆的速度、车身偏向角、加速度、定位等多项信息。

2. 控制系统

控制系统是整个系统的核心。控制系统首先要对用户的命令进行监测，根据用户命令判断是否启用该系统。当用户启用自动平行泊车系统后，计算机根据惯性导航系统上传的速度信息，若速度符合系统范围，则启动SICK传感器进行车位检测，同时计算机要根据SICK检测到的信息判断是否有足够的空间能够停车，即有效泊车位。当找到有效泊车位后，计算机根据SICK和惯性导航系统采集的数据计算车辆当前坐标，然后根据车辆当前坐标求解一条有效的平行泊车轨迹。最后计算控制转向系统进行方向控制，并按求解得到的轨迹控制车辆行驶，同时还要根据惯性导航系统提供的数据实时监测车辆当前的姿态和坐标来改变转向盘的转角和车速。最后当泊车完成以后，控制制动系统将车辆停住。

3. 执行机构

执行结构主要是根据控制系统发送过来的命令，执行对应操作。由于泊车时车速都很低，所以只要控制住转向和制动就可以有效地控制车辆按预定的轨迹行驶。转向装置主要是控制车辆的行驶方向按计算机设定的轨迹行驶，制动装置主要用来防止车速过快，控制车速在指定范围之内，此外最后停车时也要通过制动系统来控制车辆停车。

（二）自动泊车系统控制方法

1. 基于路径规划的方法

基于路径规划的方法，根据车位空间分布的几何形状，建立车辆的动力学模型，加上一些碰撞约束等，预先求解得到到达泊车位置的几何路径，通过各种控制算法实现求解，求得泊车路径。

一般是将汽车认为是一个刚体，忽略侧向滑动，认为汽车做纯滚动运动，建立无约束条件汽车的运动模型，得到汽车的运动轨迹为一段圆弧。整个泊车轨迹由若干段圆弧组成。得到汽车的运动轨迹后，根据泊车位的空间几何分布，根据汽车运动模型，计算一条能够将车引入泊车位的运动轨迹。

在后期的研究中为了更有效地完成泊车过程，避免车辆在倒车过程中碰到其他车辆或障碍物，引入了一些约束条件模型，在设计汽车运动的轨迹的时候引入了"禁区"和"安全边界宽度"的概念，通过禁区和安全边界的约束性条件，防止汽车运动时与周边障碍物发生碰撞，从而得到一条无碰撞的泊车路线。

2. 应用模糊逻辑和神经网络等算法

应用模糊逻辑和神经网络等算法，通过采集熟练驾驶人的轨迹，从而模拟驾驶技术成熟的驾驶人的泊车行为，根据模拟结果控制汽车转向角和相对停车位的位置以实现自动泊车。

主要是根据以往的泊车经验，采用智能控制算法对自动泊车问题进行研究。如模糊控制方法，在获得小车的方向角后，基于小车相对泊车位置的纵向与横向距离，对不同的泊车位置、泊车阶段会产生不同的模糊规则。模糊控制器会在每一个采样周期，根据小车相对于泊车位置的相对位置，及时纠正车子运动姿态而产生一个控制命令，这样可以有效补偿系统误差。

（三）自动泊车系统举例

1. 雷克萨斯 LS460 轿车的自动泊车系统

雷克萨斯 LS460 轿车的自动泊车系统由汽车的母公司丰田公司以及爱信精机公司合作研发，采用了电装公司的超声波传感器和爱信精机基于摄像头的图像识别技术。此系统配置了超声感应装置——车头六个感应头，车尾四个，目的是能准确检测车辆位置。图像识别上，其图像采集来自后置摄像头，爱信精机通过色彩对比技术增强了该系统的空间识别性能。在开始泊车前，驾驶人需通过触摸屏确定泊车方式以及调整泊车位的位置。设置好后，驾驶人按下"OK"按钮，把手从转向盘上拿开，由驾驶人控制车辆的倒车速度，自动泊车系统控制车辆的转向，借助后视摄像头、超声传感器以及转向系统中的电动机，将车驶入泊车位。这个过程中，驾驶人可以通过踩制动踏板或转动转向盘中止自动泊车。

2. 尊享版迈腾自动泊车系统

尊享版迈腾，该车搭载了德国原厂自动泊车系统，该泊车系统是大众独家研发的前端智能科技，可使车辆自动完成侧方停车。该系统也是在车身两侧安装有超声波传感器，自动倒车辅助系统会运用超声波传感器扫描道路两侧，通过比较停车空间和车身长度寻找合适的泊车位。发现适合的位置后，系统将引导车辆进入起始泊车区域，到达起始位置后挂上倒车档，自动倒车辅助系统即会自动控制转向操作，此时您只需控制加速踏板和制动踏板，即可将车驶进泊车位。此外，该系统通过液晶显示屏能直接显示障碍物与车辆之间位置关系的图像，使驾驶人更从容地实现对车辆的控制。

3. VOLVO S60 自动泊车系统

VOLVO S60 是瑞典林克沃平大学和沃尔沃汽车公司联合开发研制的一种具有自动泊车系统功能的新型汽车,整个泊车过程完全由系统自动完成,不需要驾驶人动手。车上装有自动变速器、电子驾驶装置、一个先进的电脑系统。电子驾驶装置带有一套超频感应系统,不仅可以方便地控制转向盘,还可以探测四周的障碍物。驾驶人泊车时,超频感应系统可自动查找两边是否有足够的停车空间,检测到泊车位后会发出相应信号。整个泊车过程全自动完成。

4. 奔驰 B200 主动式停车辅助系统

奔驰 B200 配备了梅赛德斯奔驰独有的主动式停车辅助系统,这套系统是在车子的前后保险杠上安装了十组超声波感应器,当车速低于 36km/h 时,车辆开启自动搜索长于车身 1.2~1.3m 的停车区域。感应器发射出的超声波可以扫描车身两侧来查找停车空间,当发现合适的泊车位置后,车内仪表板的液晶显示器显示给驾驶人有泊车位,驾驶人只需按下泊车按钮,然后控制加速踏板和制动踏板就可以轻松地泊车入位。

> **引导问题**:全景视觉辅助驾驶系统的全景拼接需要选用什么样的摄像头?摄像头安装位置和角度是怎样的?

六、全景视觉辅助驾驶系统

全景视觉辅助驾驶系统是采用全景摄像头捕获汽车四周的图像,然后进行无缝拼接的一套辅助系统。与普通倒车影像系统相比,它的核心改进在于车头、车侧都增加了多个摄像头,通过车载显示屏幕可观看汽车四周 360° 全景融合、超宽视角、无缝拼接的实时图像信息(鸟瞰图像),了解车辆周边视线盲区,帮助汽车驾驶人更为直观、更为安全地泊车或驾驶车辆。

(一)全景视觉辅助驾驶系统的组成

全景视觉辅助驾驶系统的硬件部分主要由 CMOS 摄像头、图像处理单元和显示屏组成,如图 10-11 所示。

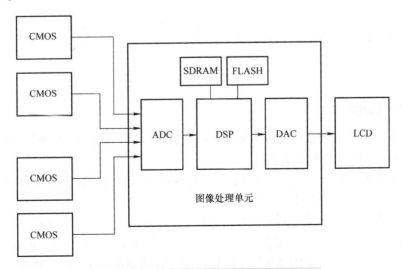

图 10-11 全景视觉辅助驾驶系统硬件结构

其中，四个 CMOS 视频传感器组成系统的输入部分，将车身周围的视频图像传输给图像处理单元；图像处理单元主要由 ADC、DSP 和 DAC 组成，ADC（Analog to Digital Converter）是模拟/数字转换器，将 CMOS 视频传感器获取到的模拟视频图像转换为数字形式提供给 DSP 进行处理，DAC（Digitalto Analog Converter）是数字/模拟转换器，将 DSP 处理完成的全景视频图像转换为模拟信号输出，SDRAM 用于保存系统数据、程序和视频缓存等信息，FLASH 用于保存系统掉电后仍旧需要保存的数据信息；系统的输出部分由驾驶室中的一块 LCD 显示屏组成，将系统处理后的全景鸟瞰视频图像提供给驾驶人。

（二）全景视觉辅助驾驶系统的要求

全景视觉辅助系统的基本功能在于提供汽车周围 360° 的全景图像，也就是说，可以为驾驶人提供 360° 的完全视野，基本上避免了盲点、视野盲区的存在，从而为安全驾驶提供足够的保障。全景系统的可用性完全取决于全景图的拼接质量，而全景图拼接质量主要与以下几个因素紧密关联：

1）视觉传感器的选择：全景图拼接需要选用专用的全景摄像头，该类摄像头不一定是 360° 全部摄像的，只是比一般摄像头的摄像角度宽广，比如普通摄像头的摄像广角是 120°，全景的也就是 160°~180° 之间，比普通的摄像头看得更广。全景视觉辅助系统要求车辆每方至少要有一个摄像头，因此为提供 360° 的全景图像，一般选用四个或四个以上的全景摄像头。

2）视觉传感器安装位置和角度：摄像头安装位置和角度直接影响了全景图的远近可视范围和摄像头标定难易程度。如果安装位置不当，可能导致部分区域成为盲区，不能完全覆盖，摄像头的倾斜角不合适将直接导致拼接缝区域无法完全接洽融合。

3）嵌入式系统的处理速率：全景视觉系统要采集四路视频数据，还要完成复杂的视频拼接，而且通常还需要在其基础上进行其他的图像分析任务，所以要求处理器的速率一定要足够。就以 640×480 视频大小，帧率为 30fps 来说，每秒传输的数据量大约为 $640 \times 480 \times 2 \times 30 \times 4 \approx 70MB/s$，这通常只是整个系统很小一部分的任务。一个成熟的全景视觉辅助驾驶系统，必然需要友好的人机交互界面、流畅的视频刷新率、无缝的视频全景图拼接，以及更多智能辅助子系统。

> **引导问题**：交通事故中的责任认定让人头痛，那行车记录仪能帮助我们明辨是非吗？

七、行车记录仪

行车记录仪是汽车行驶信息记录系统，主要功能是采集行驶过程中车辆前方视频、音频信号并存储于内存卡中，为驾驶提供证据。

循环录像：DVR 开启录像后默认录制状态为循环录像，循环录像存储于循环录像文件夹中，当文件夹录满后，时间最早的视频将会被最新视频覆盖。

紧急录像：紧急录像触发方式分为自动触发和手动触发。当车辆出现紧急制动、碰撞时，DVR 自动触发紧急录像：通过长按转向盘上的一键拍照按钮可手动触发紧急录像。紧急录像功能触发后，系统自动记录触发时间点前后各 15s，共 30s 的视频，并存储于紧急录像文件夹中，紧急录像不会被自动覆盖，文件夹存满后需要手动删除。

1. 功能

1）安装行车记录仪后，能够记录汽车行驶全过程的视频图像和声音，可为交通事故提供证据。

2）自驾游时，边走边录像，同时把时间、速度、所在位置都记录在录像里，相当于"黑匣子"。

3）也可在家用作DV拍摄生活乐趣，或者作为家用监控使用。

4）平时还可以做停车监控。

5）碰到专业碰瓷的和拦路抢劫的，行车记录仪可以提供破案的决定性的证据。

2. 组成

不同的行车记录仪产品有不同的外观，但其基本组成都有：

1）主机：包括微处理器、数据存储器、实时时钟、显示器、镜头模组、操作键、打印机、数据通信接口等装置。如果主机本体上不包含显示器、打印机，则应留有相应的数据显示和打印输出接口。

2）车速传感器。

3）数据分析软件。

3. 分类

（1）装配方式

行车记录仪主要分为便携性行车记录仪与后装车机一体式DVD行车记录仪两大类，其中便携性行车记录仪又分为后视镜行车记录仪与数据行车记录仪，这类记录仪具有隐蔽性好、安装方便、可拆卸更换、成本低、使用简单等特点；而后装车机一体式DVD行车记录仪一般是专车专用，又分为前装和后装两种，安装这种记录仪成本较高，改装难度较大，但是安装之后可以保持车内环境的美观，此外，也有部分豪华车型在出厂时已经安装了行车记录仪。

（2）摄像头数量

按照汽车摄像头的多少分为2路、3路、4路和8路行车记录仪等。

（3）外观功能

根据车型及功能可分类为：高清行车记录仪、迷你行车记录仪、夜视行车记录仪、广角行车记录仪、双镜头行车记录仪、多功能一体机、眼镜式多功能行车记录仪等。

（4）屏幕尺寸

1.5in（1in=25.4mm）、2.0in、2.4in、2.5in、2.7in、3.0in、3.5in、4.3in、4.7in、5.0in、7.0in和无屏幕等。

（5）内存容量

一般行车记录仪都没有内置内存的，要靠内存卡扩展或者移动数字硬盘。如果是Micro SD卡扩展或者是SD卡扩展，容量包括2G、4G、8G、16G、32G不等；如果是移动数字硬盘的话，容量可为：250G、500G、1000G等。

（6）视频解析度

视频文件的解析度和帧流率是衡量行车记录仪画面品质的一个重要指标，行车记录仪市场上主要分为普清、高清、全高清、超清4种，高清的行车记录仪有720p@30FPS、720p@60FPS、1080p@30FPS、1080p@60FPS的，超清的有1296P@30FPS。

（7）拍摄角度

一般拍摄角度有几种，大多是根据摄像头的角度来调整：90°、100°、120°、140°、150°、170°等。主流的单镜头行车记录仪都配备 120°或者 140°的广角镜头。单镜头基本达不到 170°的广角，即便达到 170°画面也会严重变形，反而影响画面的清晰度。

（8）视频像素

按照像素划分，行车记录仪有：30 万像素和 130 万像素、200 万像素、500 万像素四种，有些标注 1200 万像素是指静态拍照，并非视频像素值。

项目实施

一、北汽 EU5-R500 全景影像系统故障检修

（一）全景影像系统组成

EU5-R500 全景影像系统组成如图 10-12 所示。

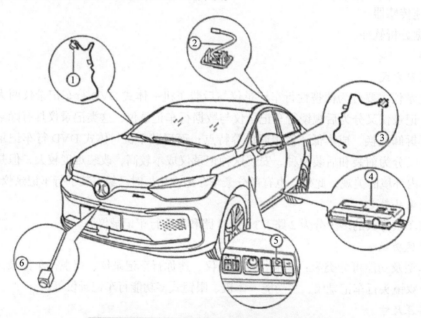

图 10-12　北汽 EU5-R500 全景影像系统组成

1—全景右视摄像头　2—全景后视摄像头　3—全景左视摄像头　4—全景影像系统控制器
5—全景影像系统开启开关　6—全景前视摄像头

（二）全景影像系统功能

1. 进入全景影像系统的条件

满足以下任一条件，即可进入全景影像系统。

1）电源模式为"RUN"档时，换档旋钮首次挂入 R 档。

2）电源模式为"RUN"档时，时速低于 15km/h，按下全景影像系统硬开关。

2. 退出全景影像系统的条件

满足以下任一条件，即可退出全景影像系统：

1）挂入"P"档，持续 5s 后，非"R"档下，按下显示屏右下角返回按键。
2）非"R"档下，行驶车速大于 15km/h。
3）非"R"档下，全景影像系统硬开关被按下。
4）电源模式切换到"OFF""ACC"模式。

3. 盲点监测系统

利用侧边摄像头对后视镜盲区进行检测。当在系统设定的盲区中检测到行驶车辆，驾驶人打开对应侧的转向灯时（系统认定驾驶人有变道意向），系统发出警报提示驾驶人后视镜盲区内有行驶车辆。

盲点监测系统开启条件：当"起动/停止按键"位于"RUN"模式或者车辆已起动时，满足以下任一条件即可：

1）车速大于 30km/h 时。
2）进入主机安全设置界面进行设置。

盲点监测系统关闭条件：当 BSD 开启后，满足以下任一条件即可退出：

1）车速小于 30km/h。
2）进入主机安全设置界面进行设置。

4. 报警方式

当系统检测到移动车辆时，可提供 LED 灯光视觉报警以及声音报警。检测范围：

1）系统仅能识别 4 轮汽车。
2）系统仅能识别与用户车辆相对车速为 10~30km/h 的行驶车辆。
3）系统不对反向行驶的车辆进行报警。
4）系统仅能识别车辆后方角度 6″，距离 3m 的区域范围。

5. MOD 移动物体识别

全景影像系统可在摄像头影像中进行移动物体识别，当系统在影像中检测到移动物体时，系统会进行相应提示，用于提示驾驶人车辆周围有移动的物体，需谨慎驾驶。

1）移动物体识别开启/关闭条件：当全景影像系统启动/关闭时，移动物体识别功能随之启动/关闭。
2）当系统检测到移动物体时，在全景影像对应区域内显示红色梯形框用于提示。
① 系统能检测的最小物体为高约 50cm、宽约 20cm 的物体。
② 系统仅能检测车身前后约 3.5m、左右约 2m 以内的物体，不包括摄像头的盲区范围。
③ 当车辆车速不为 0 时，此功能被禁止。

（三）全景影像系统标定

全景影像系统标定流程如图 10-13 所示。

（四）故障现象和排除措施

1. 泊车影像显示器不工作

1）检查泊车影像显示器供电是否正常，如果有短路/断路现象，则维修供电电路。
2）检查泊车影像显示器是否损坏，如果泊车影像显示器内部击穿或端子锈蚀，则更换泊车影像显示器。
3）检查 AVM 开关是否损坏，如果 AVM 开关（中通道开关组）损坏，则更换 AVM 开关

（中通道开关组）。

4）检查全景影像系统控制器是否损坏，如果损坏，则更换全景影像系统控制器。

5）检查整车控制器是否损坏，如果损坏，则更换整车控制器。

6）正确检修操作后，检查故障是否出现，如果不出现，则检查结束。如果故障依然存在，则从其他症状查找故障原因。

图 10-13　全景影像系统标定流程

2. 摄像头不工作

1）检查摄像头表面是否有脏污，如果有，清洁摄像头表面。

2）检查摄像头电路是否正常，如果倒车摄像头电路短路\断路，则维修线路。

3）检查摄像头是否损坏，如果损坏，则更换摄像头。

4）检查全景影像系统控制器是否损坏，如果损坏，则更换全景影像系统控制器。

5）正确检修操作后，检查故障是否出现，如果不出现，则检查结束。如果故障依然存在，则从其他症状查找故障原因。

（五）故障码诊断（PAS）

1. 故障码表

故障码表见表 10-1。

表 10-1 故障码表

故障码	说明	故障码	说明
B1A0317	通信电压过高	B1A1133	AVM 按键故障
B1A0316	通信电压过低	B1A1233	LDW 按键故障
B111717	系统电压过高	B1A141C	LDW 指示灯驱动故障
B111716	系统电压过低	B1A151C	BSD 左警告灯驱动故障
B1A0498	控制器温度过高	B1A161C	BSD 右警告灯驱动故障
B1A0551	软件不兼容	U100700	CAN 总线关闭
B1A0644	数据存储区域故障	B1A0402	转向盘转角信号失效
B1A0745	程序存储区域故障	B1A0302	制动状态信号失效
B1A0849	内部电子故障	B1A0102	档位信号失效
B1A0931	前摄像头没有信号	B1A0002	整车速度失效
B1A091C	前摄像头电源故障	B1A0B02	前雷达系统信号失效
B1A0A31	后摄像头没有信号	B1A0C02	后雷达系统信号失效
B1A0A1C	后摄像头电源故障	B1A0E02	前轮速信号失效
B1A0B31	左摄像头没有信号	B1A0F02	后轮速信号失效
B1A0B1C	左摄像头电源故障	B1A1302	触屏信号失效
B1A0C31	右摄像头没有信号	U012600	SASEPS_STEERING_ANGLE 消息超时
B1A0C1C	右摄像头电源故障	U014000	BCM GENERAL STATUS 消息超时
B1A0D15	视频输出短接到电源	U024500	HUM_TIME 消息超时
B1A0E00	整车配置信息错误	U015500	ICM GENERAL_STATUS 消息超时
B1A1054	标定程序没有完成	U1B0700	BCM GENERAL STATUS_3 消息超时

2. 故障码检测步骤

在进行下列步骤之前，确认蓄电池电压为正常电压。

1）关闭起动/停止按键及所有用电器，3~5s 后重新打开起动/停止按键。

2）将诊断仪 BDS 连接至车辆诊断接口上。

3）打开起动/停止按键至 RUN 档。

4）用诊断仪读取和清除故障码（DTC）。

5）如果检测到故障码（DTC），则说明车辆有故障，请进行相应的诊断步骤。如果没有检测到 DTC，则说明先前检测到的故障为偶发性故障。

（1）B1A091C 前摄像头电源故障

可能的故障原因是：摄像头损坏、线束断路、控制器损坏。诊断步骤如图 10-14 所示。

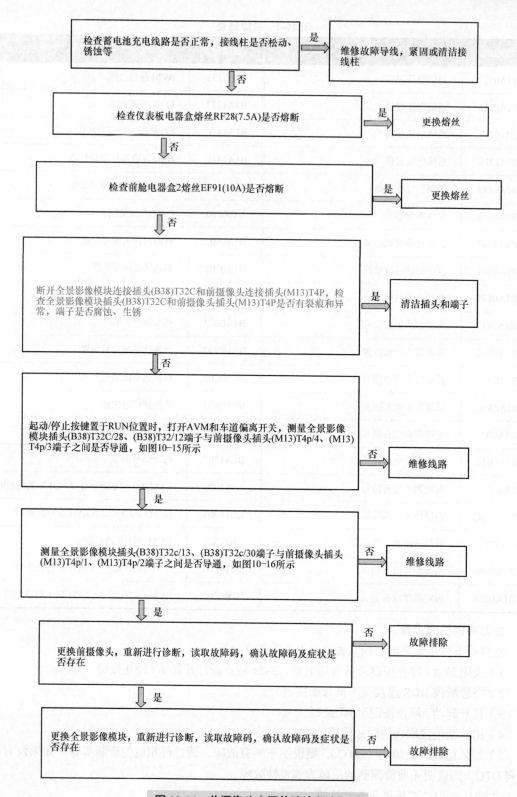

图 10-14　前摄像头电源故障诊断流程图

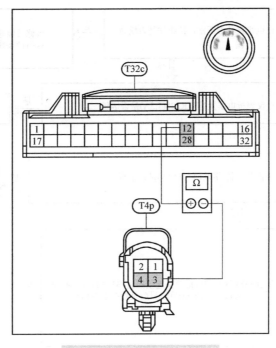

图 10-15 检查导通性（一）

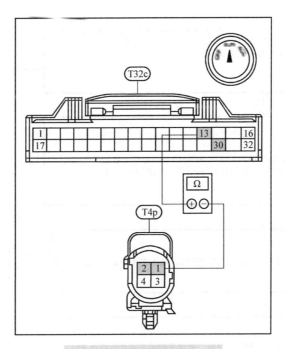

图 10-16 检查导通性（二）

（2）B1A0A31 后摄像头没有信号、B1A0A1C 后摄像头电源故障

可能的故障原因是：摄像头损坏、线束断路、控制器损坏。诊断步骤如图 10-17 所示。

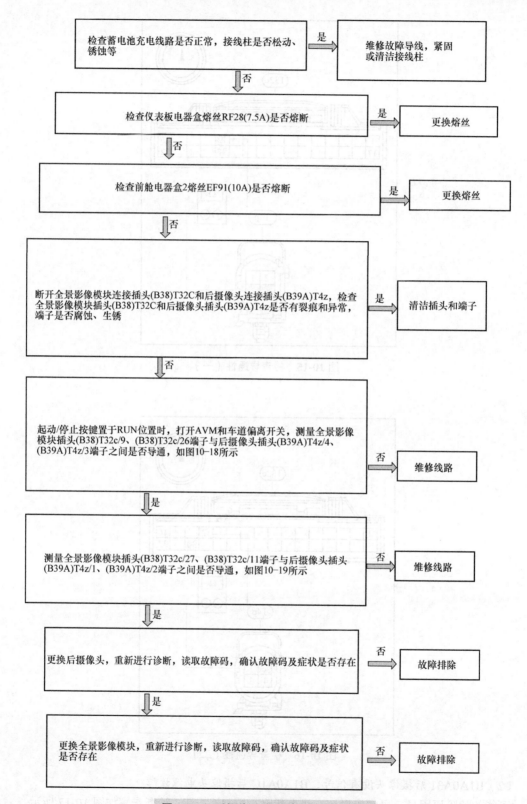

图 10-17　后摄像头电源故障诊断流程图

项目十 信息和驾驶辅助系统的检修 | 237

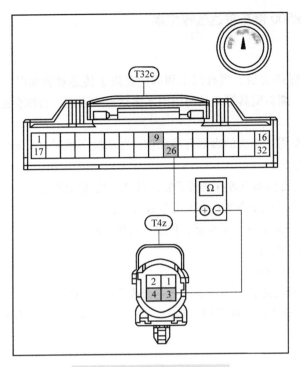

图 10-18 检查导通性（三）

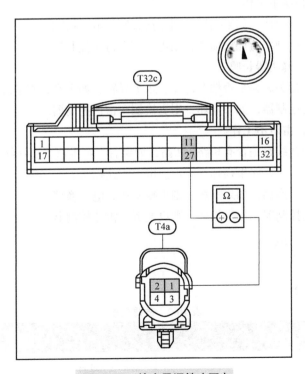

图 10-19 检查导通性（四）

二、北汽 EU5-R500 倒车雷达故障检修

（一）探头检查

倒车雷达探头应保持清洁。当有泥土和灰尘黏附于传感器表面时，可用低压水枪进行冲洗。切不可使用砂纸、螺钉旋具等工具清洁倒车雷达探头表面，否则会影响探测准确性或者造成永久性损坏。

提示： 如果在倒车雷达探头的表面有堆积物，在清洗车辆时，应避免使用高压喷射水枪近距离直接对探头进行冲洗。

下述情况可能影响传感器准确探测障碍物的性能，检查时注意：

1）前/后保险杠面板或倒车雷达探头受到强烈冲击。
2）倒车雷达探头表面上有一层水雾、积水、污垢、积雪或冰层。
3）倒车雷达探头被冻结。
4）倒车时车辆明显倾斜。
5）车辆在特别颠簸的道路、斜坡、碎石路面或草地上倒车。
6）车辆周围相当嘈杂，存在车辆喇叭声、摩托车发动机声、大型车辆的制动声或其他会发生超声波的强烈噪声。
7）倒车速度过快。

（二）故障现象和排除措施

1. 倒车雷达整个系统不工作

1）检查旋钮式电子换档，如果损坏，则更换旋钮式电子换档。
2）检查倒车雷达控制器，如果损坏，则更换倒车雷达控制器。

2. 旋钮置于倒档，蜂鸣器长鸣

1）检查倒车雷达探头表面是否粘有污泥、水等异物，如果有，则清理异物。
2）检查倒车雷达控制器，如果损坏，则更换倒车雷达控制器。

3. 旋钮置于倒档，雷达不工作

1）检查智能电器盒线路是否有短路/断路，如果有，则维修或更换线路。
2）检查倒车雷达探头，如果损坏，则更换倒车雷达探头。
3）检查旋钮式电子换档，如果损坏，则更换旋钮式电子换档。
4）检查倒车雷达控制器，如果损坏，则更换倒车雷达控制器。

（三）故障码诊断（PAS）

1. 故障码表

故障码表见表 10-2。

表 10-2 故障码表

故障码	定义
B190117	电源电压过高
B190116	电源电压过低

（续）

故障码	定义
B190255	系统未配置
U100700	BUS OFF 错误
U1A0487	丢失车速信号
U1A0587	与 PEPS 丢失信息
U1A0A86	PEPS 信号无效
U1A0B86	车速信息无效
B194025	前左雷达故障
B194125	前左中雷达故障
B194225	前右中雷达故障
B194325	前右雷达故障
B194425	后左雷达故障

2. 故障码检测步骤

在进行下列步骤之前，确认蓄电池电压为正常电压。

1）关闭起动/停止按键及所有用电器，3~5s 后重新打开起动/停止按键。

2）将诊断仪 BDS 连接至车辆诊断接口上。

3）打开起动/停止按键至 RUN 档。

4）用诊断仪读取和清除故障码（DTC）。

5）如果检测到 DTC，则说明车辆有故障，请进行相应的诊断步骤。如果没有检测到 DTC，则说明先前检测到的故障为偶发性故障。

（1）B194425 后左雷达故障

可能的故障原因是：线路异常、探头损坏、控制器损坏。诊断步骤如图 10-20 所示。

（2）B194525 后左中雷达故障

可能的故障原因是：线路异常、探头损坏、控制器损坏。诊断步骤如图 10-23 所示。

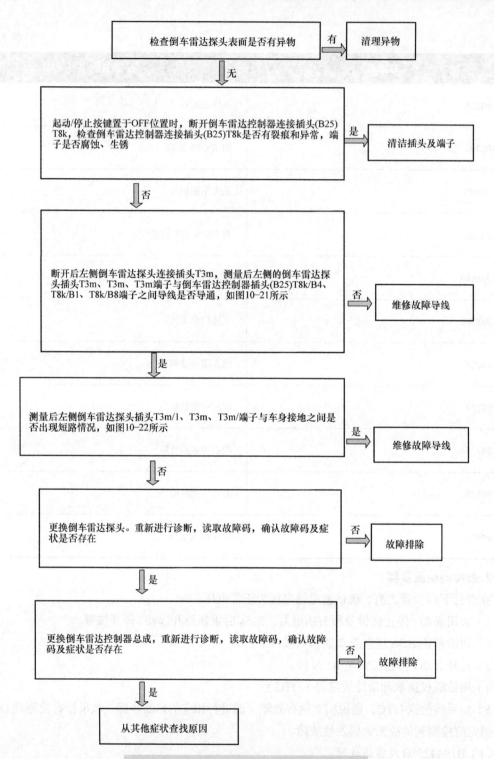

图 10-20　B194425 后左雷达故障诊断流程图

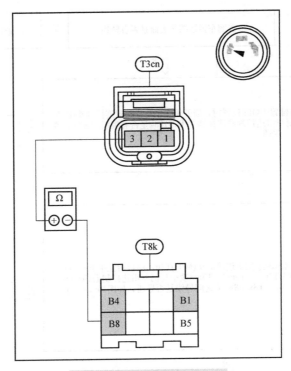

图 10-21 检查导通性（五）

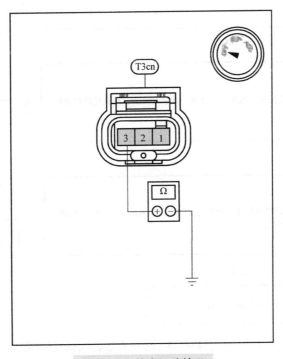

图 10-22 检查短路情况

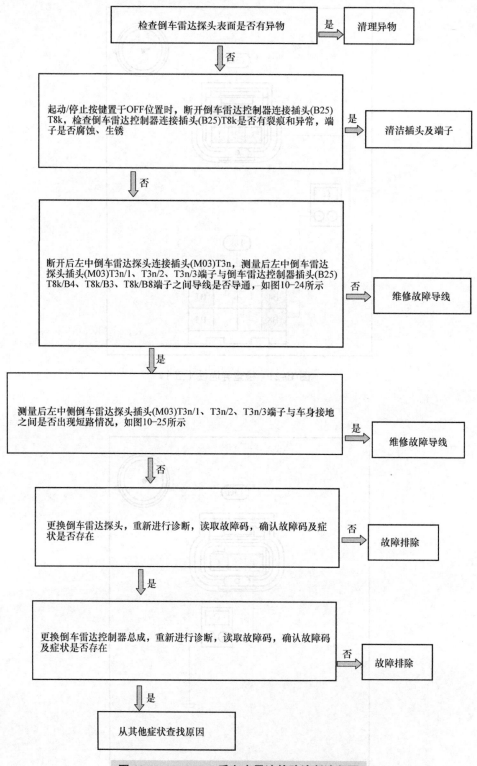

图 10-23　B194525 后左中雷达故障诊断流程图

项目十 信息和驾驶辅助系统的检修 243

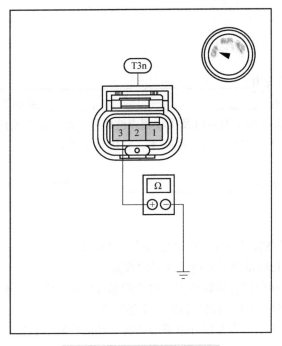

图 10-24 检查导通性（六）

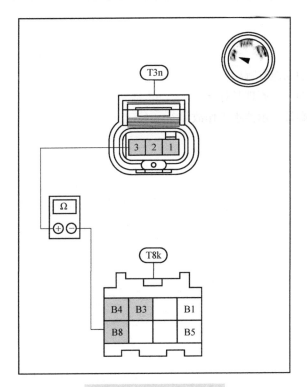

图 10-25 检查是否短路

复习思考题

一、填空题

1. 汽车 GPS 导航系统由_____、_____、_____、_____、_____等组成。
2. 目前车载蓝牙具有_____、_____、_____、_____的功能。
3. _____俗称探头,用于发射以及接收超声波信号,通过超声波传感器可以测量距离。
4. 倒车影像系统基于视觉测量的后视技术,它依靠车尾的_____,将汽车后方的路况信息呈现在中央显示屏上。
5. 自动泊车系统主要由_____、_____、_____三部分组成。

二、判断题

1. 装有 GPS 的导航系统是一种具有引导功能的导航系统。（　　）
2. 车载导航系统工作时都离不开电子地图的数据。（　　）
3. 摄像头安装位置和角度直接影响了全景图的远近可视范围和摄像头标定难易程度。如果安装位置不当,可能导致部分区域成为盲区,不能完全覆盖。（　　）
4. 汽车闭环导航系统不但有开环导航系统的所有导向功能,而且驾驶人可以使行车实时信息不断向控制中心返回。（　　）
5. 在安装、更换摄像机或控制单元、汽车后部受到碰撞、对行李舱盖手柄或后桥等部位进行维修后,需要采用专门的校准面板对倒车影像系统进行标定（校准）,以修正摄像机图像的失真。（　　）

三、问答题

1. 汽车导航系统的功能有哪些?
2. 倒车雷达系统的工作原理是什么?
3. 如何排除泊车影像显示器不工作故障?

参考文献

[1] 张军. 汽车舒适与安全系统检修 [M].2 版. 北京：人民邮电出版社，2015.

[2] 弋国鹏，魏建平，郑世界. 汽车舒适控制系统及检修 [M]. 北京：机械工业出版社，2019.

读者服务

机械工业出版社立足工程科技主业,坚持传播工业技术、工匠技能和工业文化,是集专业出版、教育出版和大众出版于一体的大型综合性科技出版机构。旗下汽车分社面向汽车全产业链提供知识服务,出版服务覆盖包括工程技术人员、研究人员、管理人员等在内的汽车产业从业者,高等院校、职业院校汽车专业师生和广大汽车爱好者、消费者。

一、意见反馈

感谢您购买机械工业出版社出版的图书。我们一直致力于"以专业铸就品质,让阅读更有价值",这离不开您的支持!如果您对本书有任何建议或意见,请您反馈给我。我社长期接收汽车技术、交通技术、汽车维修、汽车科普、汽车管理及汽车类、交通类教材方面的稿件,欢迎来电来函咨询。

咨询电话:010-88379353　　编辑信箱:cmpzhq@163.com

二、课件下载

选用本书作为教材,免费赠送电子课件等教学资源供授课教师使用,请添加客服人员微信手机号"13683016884"咨询详情;亦可在机械工业出版社教育服务网(www.cmpedu.com)注册后免费下载。

三、教师服务

机工汽车教师群为您提供教学样书申领、最新教材信息、教材特色介绍、专业教材推荐、出版合作咨询等服务,还可免费收看大咖直播课,参加有奖赠书活动,更有机会获得签名版图书、购书优惠券。

加入方式:搜索QQ群号码317137009,加入机工汽车教师群2群。请您加入时备注院校+专业+姓名。

四、购书渠道

机工汽车小编
13683016884

我社出版的图书在京东、当当、淘宝、天猫及全国各大新华书店均有销售。

团购热线:010-88379735
零售热线:010-68326294　88379203

推荐阅读

书号	书名	作者	定价（元）
智能网联、新能源汽车专业教材			
9787111678618	智能网联汽车技术入门一本通（全彩印刷）	程增木	69
9787111715276	智能汽车技术（全彩印刷）	凌永成	85
9787111702696	智能网联汽车技术原理与应用（彩色版）	程增木 杨胜兵	65
9787111628118	智能网联汽车技术概论（全彩印刷）	李妙然 邹德伟	49.9
9787111693284	智能网联汽车底盘线控系统装调与检修（附任务工单）	李东兵 杨连福	59.9
9787111710288	智能网联汽车智能传感器安装与调试（全彩活页式教材）	中国汽车工程学会 等	49.9
9787111712480	智能网联汽车底盘线控执行系统安装与调试（全彩印刷）	中国汽车工程学会 等	49.9
9787111709800	智能网联汽车计算平台测试装调（全彩印刷）	中国汽车工程学会 等	49.9
9787111711711	智能网联汽车智能座舱系统测试装调（全彩印刷）	中国汽车工程学会 等	49.9
9787111710318	新能源汽车检测与故障诊断技术（彩色版配实训工单）	吴海东 等	69
9787111707585	新能源汽车电动空调 转向和制动系统检修（彩色版配实训工单）	王景智 等	69
9787111702931	新能源汽车整车控制系统检修（彩色版配实训工单）	吴东盛 等	69
9787111701637	新能源汽车动力电池及管理系统检修（彩色版配实训工单）	吴海东 等	59
9787111707165	新能源汽车技术概论（全彩印刷）	赵振宁	55
9787111706717	纯电动汽车构造原理与检修（全彩印刷）	赵振宁	59
9787111587590	纯电动/混合动力汽车结构原理与检修（配实训工单）（全彩印刷）	金希计 吴荣辉	59.9
9787111709565	新能源汽车维护与故障诊断（配实训工单）（全彩印刷）	林康 吴荣辉	59
9787111700524	新能源汽车整车控制系统诊断（双色印刷）	赵振宁	55
9787111699545	智能网联汽车概论（全彩印刷）	吴荣辉 吴论生	59.9
9787111698081	新能源汽车结构原理与检修（全彩印刷）	吴荣辉	65
9787111683056	新能源汽车认知与应用（第2版）（全彩印刷）	吴荣辉 李颖	55
9787111615767	新能源汽车概论（全彩印刷）	张斌 蔡春华	49
9787111644385	新能源汽车电力电子技术（全彩印刷）	冯津 钟永刚	49
9787111684428	新能源汽车高压安全与防护（全彩印刷）	吴荣辉 金朝昆	45
9787111610175	新能源汽车动力电池及充电系统检修（全彩印刷）	许云 赵良红	55
9787111613183	新能源汽车电机驱动系统检修（全彩印刷）	王毅 巩航军	49
9787111613206	新能源汽车辅助系统检修（全彩印刷）	任春晖 李颖	45
9787111646242	新能源汽车维护与故障诊断（全彩印刷）	王强 等	55
9787111670469	新能源汽车结构原理与检修（彩色版）	康杰 等	55

(续)

书号	书名	作者	定价（元）
9787111448389	电动汽车动力电池管理系统原理与检修	朱升高 等	59.9
9787111675372	新能源汽车动力蓄电池与驱动电机系统结构原理及检修	周旭 石未华	49.9
9787111672999	电动汽车结构原理与故障诊断（第2版）（配实训工作手册）	陈黎明 冯亚朋	69.9
9787111623625	电动汽车结构原理与维修	朱升高 等	49
9787111610717	新能源汽车结构与维修（第2版）	蔡兴旺 康晓清	49
9787111591566	电动汽车电机控制与驱动技术	严朝勇	45
9787111484868	电动汽车动力电池及电源管理（"十二五"职业教育国家规划教材）	徐艳民	35
9787111660972	新能源汽车专业英语	宋进桂 徐永亮	45
9787111684862	智能网联汽车技术概论（彩色版配视频）	程增木 康杰	55
9787111674559	混合动力汽车结构与检修一体化教程（彩色版）（附赠习题册含工作任务单）	汤茂银	55
传统汽车专业教材			
9787111678892	汽车构造与原理（彩色版）	谢伟钢 范盈圻	59
9787111702474	汽车销售基础与实务（全彩印刷）	周瑞丽 冯霞	59
9787111678151	汽车网络与新媒体营销（全彩印刷）	田凤霞	59.9
9787111687085	汽车销售实用教程（第2版）（全彩印刷）	林绪东 葛长兴	55
9787111687351	汽车自动变速器原理与诊断维修（彩色版）	张月相 张雾琳	65
9787111704225	汽车机械基础一体化教程（彩色版配实训工作页）	广东合赢	59
9787111698098	汽车检测与故障诊断一体化教程（彩色版配工作页）	秦志刚 梁卫强	69
9787111699934	汽车舒适与安全系统原理检修一体化教程（配任务工单）	栾琪文	59.9
9787111711667	汽车发动机电控系统结构原理与检修（彩色版配实训工单）	李先伟 吴荣辉	59
9787111689218	汽车底盘电控系统原理与检修一体化教程（彩色版）（附实训工作页）	杨智勇 金艳秋 翟静	69
9787111676836	汽车底盘机械系统构造与检修一体化教程（全彩印刷）	杨智勇 黄艳玲 李培军	59
9787111699637	汽车电气设备结构原理与检修（配实训工单）（全彩印刷）	管伟雄 吴荣辉	69
汽车维修必读			
9787111715054	动画图解汽车构造原理与维修	胡欢贵	99.9
9787111708261	汽车常见故障诊断与排除速查手册（赠全套352分钟维修微课）（双色印刷）	邱新生 刘国纯	79
9787111649571	新能源汽车维修完全自学手册	胡欢贵	85
9787111663546	汽车构造原理从入门到精通（彩色图解+视频）	于海东 蔡晓兵	78
9787111626367	新能源汽车维修从入门到精通（彩色图解+视频）	杜慧起	89
9787111661290	汽车电工从入门到精通（彩色图解+视频）	于海东 蔡晓兵	78
9787111602699	汽车维修从入门到精通（彩色图解+视频）（附赠汽车故障诊断图表手册）	于海东	78

高职高专汽车类专业创新一体化教材

汽车舒适与安全系统原理检修一体化教程
任务工单

栾琪文 ◎ 主编

班级：_____

姓名：_____

机械工业出版社
CHINA MACHINE PRESS

项目一　汽车总线系统的检修 ··· 1
实训项目 1　汽车总线系统故障检修 ··· 1

项目二　汽车空调系统的检修 ··· 7
实训项目 2　汽车空调制冷系统检修 ··· 7
实训项目 3　汽车空调通风系统故障检修 ··································· 12
实训项目 4　汽车空调控制系统故障检修 ··································· 17

项目三　电动车窗的检修 ··· 23
实训项目 5　电动车窗玻璃升降器开关信号的检测 ······················ 23

项目四　电动后视镜的检修 ··· 27
实训项目 6　电动后视镜调节开关信号的检测 ···························· 27

项目五　电动座椅的检修 ··· 32
实训项目 7　驾驶人电动座椅不能调节故障检修 ························ 32

项目六　中控门锁系统的检修 ··· 37
实训项目 8　中控门锁联锁开关信号的检测 ······························ 37

项目七　防盗系统的检修 ··· 42
实训项目 9　防盗系统故障检修 ··· 42

项目八　巡航控制系统的检修 ··· 47
实训项目 10　定速巡航控制开关电路故障检修 ·························· 47

项目九　安全气囊系统的检修 ··· 51
实训任务 11　汽车安全气囊系统故障检修 ······························· 51

项目十　信息和驾驶辅助系统的检修 ·· 56
实训项目 12　全景影像系统前摄像头电源故障检修 ····················· 56

项目一 汽车总线系统的检修

实训项目1 汽车总线系统故障检修

任务工单

情境：一位客户的迈腾 B8L 轿车起动机不转了，打开点火开关，仪表板上的 EPC 灯不亮，而安全气囊指示灯长亮。显示屏显示：变速器损坏、电子驻车制动器损坏、电子稳定程序故障。用诊断仪无法进入发动机控制单元，但能进入网关等其他控制单元。

任务：请按照维修工单的要求，完成该车的故障原因分析及故障检修任务，要求操作熟练、仔细，同时不影响其他系统的正常工作。

一、资讯

引导问题1：请完成下列任务

1）驱动系统 CAN 数据网由_____绞线组成。
2）在数据总线的末端，CAN-H 和 CAN-L 线路之间有一个_____的终端电阻。
3）数据符号（1和0）以 500kbit/s 的速率按_____传输。
4）通过总线传输的数据用 CAN-H 信号电压和 CAN-L 信号电压之间的电压差来表示。在两个线路总线处于静止时，CAN-H 和 CAN-L 信号线路未被驱动，这代表逻辑"0"。在此状态下，两个信号线路电压均为_____，电压差约为_____。
当传输逻辑"1"时，CAN-H 信号线路电压被拉高至大约_____，且 CAN-L 信号线路电压被拉低至约_____，电压差约为 2.0（+/-0.5）V。

引导问题2：分析汽车总线系统工作不正常的故障原因有哪些？本案例中，最可能的原因是哪些？

二、决策与计划

1. 工具选用

列出本次工作任务所需要的检测仪器、常用工具，并准备。

检测仪器及常用工具名称	型号	使用注意事项

汽车舒适与安全系统原理检修 一体化教程 任务工单

2. 车辆信息记录

品牌型号		行驶里程	
发动机型号		生产日期	
车辆识别码			

3. 维修计划

列出小组讨论后，制定的维修计划或检测方案。

三、实施

✧ 按照制定的维修流程（计划），完成下面的检测。
（各个项目是否检测，以及检测顺序自定，以完成故障排除为最终目标。）

步骤 1：请画出迈腾 B8 轿车驱动系统 CAN 总线电路图。

步骤 2：请按照资讯部分的讲解，重现并描述故障现象。

步骤 3：认识 CAN 总线并对汽车总线系统进行基本检查，有无异常？（望闻问切）

步骤 4：将故障诊断仪连接好，读取故障码和相关数据流。

故障码	
数据流	

如有异常，可能的故障原因：

步骤5：用示波器测量J623的T91/79（CAN-L）、T91/80（CAN-H）端子对搭铁波形。

波形名称	标准波形（注意单位）	实测波形（请圈出异常位置）
CAN-L、CAN-H波形		

步骤6：用万用表测量驱动CAN-H线路通断情况。

1）关闭点火开关，断开蓄电池负极，断开相关控制单元。

2）分别测量J623的T91/79端子与J533的T20e/16端子、J743的T16m/6端子、E313的T10ah/7端子、J234的T90e/89端子之间的电阻，应为_____，如果正常，则转第一步重新进行测量；如果_____，则表明线路虚接，维修相关线路；如果_____，则表明线路断路，应维修相关线路。

步骤7：

（1）用万用表测量驱动CAN-H线路对搭铁电阻状态。

1）关闭点火开关，断开蓄电池负极。

2）测量J623的T91/79端子对搭铁电阻应为_____（参考值），如果正常，则可能存在其他故障；如果小于2Ω，则表明CAN-H对搭铁_____。

（2）测量驱动CAN-H线路对搭铁电压。

测量标准：点火开关ON，测量发动机控制单元J623的T91/79端子对搭铁电压应为_____V左右。如果电压值有明显变化，则表明CAN-H_____。

步骤8：用万用表测量驱动CAN-L线路通断情况。

1）关闭点火开关，断开蓄电池负极，断开相关控制单元。

2）分别测量J623的T91/80端子与J533的T20e/6端子、J743的T16m/7端子、E313的T10ah/8端子、J234的T90e/90端子之间的电阻，应_____；如果大于2Ω，则表明线路虚接；如果无穷大，则表明线路断路。

步骤9：

（1）测量驱动CAN-L线路对搭铁电阻状态。

1）关闭点火开关，断开蓄电池负极。

2）测量J623的T91/80端子对搭铁电阻应为_____，如果正常，则可能存在其他故障；如果小于2Ω，则表明CAN-L对搭铁短路。

（2）测量驱动CAN-L线路对搭铁电压。

点火开关ON，测量发动机控制单元J623的T91/80端子对搭铁电压，应为_____V左右。如果电压值有明显变化，则表明CAN-L_____。

步骤10：用万用表测量驱动CAN-L和CAN-H之间电阻状态（终端电阻）。

1）关闭点火开关，断开蓄电池负极。

2）测量J623的T91/80端子和T91/79端子之间的电阻，应为_____Ω，实训为_____Ω。

通过上述检测，得出的结论是：_____
_____。

步骤11：故障排除。

经上述检测，确定该故障的原因是_____；

排除方法是：_____；

故障排除后，进行测试，现象_____；说明故障是否排除_____。
如未排除，进一步检查。

四、评价

请根据本次实操的具体情况，按照下表进行评价。

内容	标　　准	得分
7S和安全规范 （作业安全、 职业操守）	1.能进行工位7S操作（总分：3分） 1）整理、整顿（0.5分） 2）清理、清洁（1分） 3）素养、节约（0.5分） 4）安全（1分） 2.能进行设备和工具安全检查（总分：3分） 1）检查作业所需要的工具、设备是否完备，有无损坏（0.5分） 2）检查作业环境是否配备灭火器（0.5分） 3）检查多功能万用表的型号及规格是否符合作业要求（1分） 4）检查多功能万用表的档位及按键功能是否正常（1分） 3.能进行车辆安全防护操作（总分：3分） 1）正确安装车辆绝缘翼子板布和格栅垫（1分） 2）正确安装车内四件套（1分） 3）正确安装车轮挡块（1分） 4.能进行工具清洁、校准、存放操作（总分：3分） 1）使用工具前对工具、量具进行校准（1分） 2）使用工具后对工具、量具进行清洁（1分） 3）作业完成后对工具进行复位（1分） 5.作业过程能做到规范操作（总分：3分） 1）作业过程做到仪器、工具不落地（2分） 2）作业过程做到零件不落地（1分）	
技能面 （应用技能、 操作技能）	1.能正确读取相关系统故障码（总分：5分） 1）选取的车辆信息是否正确，是否进行至少一次核对（2分） 2）选取的诊断模块是否正确（1分） 3）能正确记录读取的故障码（1分） 4）清除故障码，再次读取故障码（1分） 2.能正确读取相关系统数据流（总分：5分） 1）选取的车辆信息是否正确，是否进行至少一次核对（2分） 2）选取的诊断模块是否正确（1分） 3）能正确记录读取的数据且单位正确（1分） 4）数据读取时，进行正确的操作（1分） 3.能正确读取CAN波形，并绘制波形图（总分：5分） 1）检测过程中，探针连接是否牢固，有无短接（0.5分） 2）读取波形后是否暂停，并给考官确认（0.5分）	

（续）

内容	标　　准	得分
技能面 （应用技能、 操作技能）	3）波形是否放大，且清晰可辨（0.5分） 4）波形的电压幅度和时间是否确认（0.5分） 5）电压波形异常点是否确认（0.5分） 6）检测波形的条件是否正确（0.5分） 7）能正确记录读取的数据且单位正确（0.5分） 8）波形的截图清晰且正确（0.5分） 9）绘制波形图（1分） 4. 能正确检测CAN总线电路（总分：5分） 1）检测条件是否正确（0.5分） 2）是否等待1~2min后，才断开所测模块插头（0.5分） 3）断开和安装控制模块插头方法是否正确，无违规操作（1分） 4）背插针安装之后，是否检查导通性（1分） 5）是否确认控制模块插头安装情况（0.5分） 6）多功能万用表所选择电压量程是否符合规定（0.5分） 7）多功能万用表所选择档位是否符合要求（1分） 5. 能正确绘制波形图（总分：2分） 1）绘制图形清晰可见（1分） 2）标注规范的图注（1分） 6. 能正确检测CAN系统电路，找出工作异常故障点（总分：3分） 1）能正确使用示波器检测波形（1.5分） 2）能正确使用电阻档检测线路对地电阻（1.5分）	
作业面 （保养作业、拆装 作业、维修作业）	1. 能正确进行基本检查（总分：4分） 1）检查蓄电池电压是否正常（2分） 2）检查插接器及线束有无异常（2分） 2. 能正确读取故障码和数据流（总分：10分） 1）将诊断仪与车辆正确连接（1分） 2）打开汽车电源，检查是否驻车，档位是否置于P位（1分） 3）选取和核对车辆信息，进入诊断界面（1分） 4）选取控制模块，读取故障码（1.5分） 5）读取数据流（1.5分） 6）将读取的数据进行捕捉，并保存在指定文件夹内（2分） 7）向老师确认所捕捉数据，并进行回放（2分） 3. 读取舒适CAN波形，并绘制波形图（总分：6分） 1）将示波器探针分别连接至舒适CAN-H、CAN-L（1分） 2）将探针负极线连接至搭铁点（1分） 3）读取舒适CAN-H、CAN-L波形（1分） 4）调试波形的电压和时间，并锁住波形，向考官确认（1分） 5）记录调试后波形（1分） 6）绘制波形图（1分） 4. 能正确检测CAN总线的导通性（总分：5分） 1）关闭汽车电源，断开插头，查找CAN总线（1分） 2）检测各控制单元CAN总线之间导通性（1分） 3）检测CAN总线与搭铁之间电阻（1分） 4）查找断开线束的位置（1分） 5）检修断开线束（1分）	

（续）

内容	标　准	得分
信息面 （信息录入、资料应用、资讯检索）	1. 能正确使用维修手册查询资料（总分：6分） 1）查询CAN总线的电路图（2分） 2）查询CAN总线所在控制单元的针脚端视图（2分） 3）查询相关部件的安装位置（如需要）（2分） 2. 能在规定时间内查询所需资料（1分） 3. 能正确记录所查询资料位置（1分） 4. 能正确记录所需维修信息（2分）	
工具及设备的使用能力	1. 能正确选用维修工具（2分） 2. 能正确使用维修工具拆装（2分） 3. 能正确使用多功能万用表（2分） 4. 能正确使用示波器（2分） 5. 能正确使用诊断仪（2分）	
分析面 （诊断分析、检测分析、调校分析）	1. 能判断故障码、数据流是否正常（总分：3分） 1）能判断故障码是否为偶发故障（1分） 2）能判断哪些故障码与故障现象无关（1分） 3）能判断系统数据是否正常（1分） 2. 能判断波形和导通性是否正常（总分：6分） 1）能判断舒适CAN波形是否正常（3分） 2）能判断各控制单元CAN总线之间导通性是否正常（3分） 3. 能分析确定故障原因（总分：1分） 1）能判断线路是否正常（0.5分） 2）能清晰说明故障原因（0.5分）	
表单填写与报告的撰写能力	1. 字迹清晰（1分） 2. 语句通顺（1分） 3. 无错别字（1分） 4. 无严重涂改（1分） 5. 无抄袭（1分）	

五、总结

请根据实操完成过程，对汽车总线系统工作不正常故障的诊断和排除进行总结。

项目二　汽车空调系统的检修

实训项目 2　汽车空调制冷系统检修

任务工单

情境： 一辆 2019 款一汽大众迈腾轿车来店进行维修，行驶里程为 6 万多 km，该车制冷效果差。

任务： 请按照维修工单的要求，完成制冷剂回收、制冷系统抽真空、重新加注制冷剂，并借助歧管压力表判断空调制冷系统故障，要求操作熟练、仔细，同时不影响其他系统的正常工作。

一、资讯

引导问题 1：
系统抽真空的目的：_____。
加注制冷剂的类型是：_____。
加注制冷剂的前提条件是：_____。
引导问题 2： 空调制冷效果差的故障原因有哪些？本案例中，最可能的原因是哪些？

二、决策与计划

1. 工具选用

列出本次工作任务所需要的检测仪器、常用工具，并准备。

检测仪器及常用工具名称	型号	使用注意事项

2. 车辆信息记录

品牌型号		行驶里程	
发动机型号		生产日期	
车辆识别码			

3. 维修计划

列出小组讨论后，制定的维修计划或检测方案。

三、实施

◇ 按照制定的维修流程（计划），完成下面的检测。

步骤1：请按照资讯部分的讲解，重现并描述故障现象。

步骤2：对制冷系统进行基本检查，确定有无异常。（望闻问切）

步骤3：检测制冷系统压力。

1）点火开关OFF，制冷剂加注机或歧管压力表的高、低压手动阀关闭，将高、低压接头分别连接到高、低压管的维修阀上。

2）起动发动机，打开空调开关，检测制冷系统压力并分析。

参数名称	急速工况	发动机高转速（2000r/min）工况	判断
低压管压力			正常□ 异常□
高压管压力			正常□ 异常□

步骤4：制冷剂回收。

1）点火开关OFF。

2）打开制冷剂加注机上的高、低压手动阀，执行制冷剂回收，回收完成后，回收量为_____。

3）回收完成后，排出冷冻油，排出量为_____。

步骤5：制冷系统抽真空。

1）接阀：将制冷剂加注机或歧管压力表组的高、低压软管分别与车辆空调系统的高、低压维修阀相连。

2）开阀、开泵：打开高、低压手动阀，并起动真空泵。系统开始抽真空。

3）观察、关泵：抽真空的过程中，注意观察两个压力表，经_____以上的时间后，抽真空至−0.1MPa（低压表上的绿色刻度段）。

4）关阀、观察:关闭高、低压手动阀，观察压力表_____min，若压力不回升，再反复抽1~2次。如果显示压力增加，则说明_____，检查O形圈和空调系统的连接状况。

5）关阀、关泵：抽真空结束后，先关闭高、低压手动阀，再关掉真空泵，否则，空气会进入空调系统。

步骤 6：加注制冷剂。

1）根据排出的冷冻油量加注冷冻油_____。

2）点火开关 OFF，用制冷剂加注机的_____设定制冷剂加注量_____，然后进行加注作业。

3）若用歧管压力表加注，将歧管压力表组的中间软管与制冷剂罐注入阀的接头接好，打开制冷剂罐_____，拧开歧管压力表中间软管一端的螺母或排气阀，让气体溢出几秒钟，把空气赶走，然后再拧紧螺母。拧开高压手动阀，把制冷剂罐_____，液态制冷剂从高压侧进入制冷回路，加入规定量的制冷剂后，关闭制冷剂罐注入阀，关闭歧管压力表的_____，取下歧管压力表。

注意：_____。

步骤 7：检测制冷系统压力并分析。

参数名称	怠速工况	发动机高转速（2000r/min）工况	判断
低压管压力			正常□ 异常□
高压管压力			正常□ 异常□

步骤 8：故障排除。

经上述作业，空调制冷效果_____（正常还是异常）；

确定该故障的原因是_____。

四、评价

请根据本次实操的具体情况，进行评价。

内容	标　准	得分
7S 和安全规范（作业安全、职业操守）	1.能进行工位 7S 操作（总分：3分） 1）整理、整顿（0.5分） 2）清理、清洁（1分） 3）素养、节约（0.5分） 4）安全（1分） 2.能进行设备和工具安全检查（总分：3分） 1）检查作业所需要的工具、设备是否完备，有无损坏（1.5分） 2）检查作业环境是否配备灭火器（1.5分） 3.能进行车辆安全防护操作（总分：3分） 1）正确安装车辆绝缘翼子板布和格栅垫（1分） 2）正确安装车内四件套（1分） 3）正确安装后车轮挡块（1分） 4.能进行工具清洁、校准、存放操作（总分：3分） 1）使用工具前对工具、量具进行校准（1分） 2）使用工具后对工具、量具进行清洁（1分） 3）作业完成后对工具进行复位（1分） 5.作业过程能做到规范操作（总分：3分） 1）作业过程做到工具不落地（2分） 2）作业过程做到零件不落地（1分）	

（续）

内容	标　准	得分
技能面 （应用技能、 操作技能）	1. 能正确检查空调管路的压力（总分：10分） 1）发动机熄火后，安装空调压力表（2分） 2）安装压力表前，检查高、低压手动阀和各管路连接状况（2分） 3）安装压力表前，已将高、低压快速接头关闭（2分） 4）起动车辆前做好安全检查并报备（1分） 5）起动发动机，将空调开至最冷状态（风速最大、温度最低、内循环）（1分） 6）读取急速时空调高压和低压压力（1分） 7）将发动机转速稳定在2000r/min，读取空调高压和低压压力（1分） 2. 能正确进行制冷剂回收、抽真空、加注冷冻机油、加注制冷剂作业（总分：7分） 1）制冷剂加注机操作是否正确（1分） 2）连接歧管压力表组的高、低压软管的操作是否正确（1分） 3）能正确记录读取的数据且单位正确（1分） 4）是否正确记录制冷剂回收量（1分） 5）是否正确记录抽真空结束时的真空值（1分） 6）是否正确记录冷冻机油加注量（1分） 7）是否正确记录制冷剂加注量（1分） 3. 能根据制冷系统压力判断制冷系统工作异常故障点（总分：8分） 1）能结合制冷管路和部件的温度判断制冷系统工作异常故障点（2分） 2）能结合制冷管路是否结霜判断制冷系统工作异常故障点（2分） 3）能结合关闭空调后高、低压表指示的变化判断制冷系统工作异常故障点（2分） 4）能结合视液镜判断制冷系统工作异常故障点（2分）	
作业面 （保养作业、拆装 作业、维修作业）	1. 能正确检查空调管路的压力（总分：10分） 1）发动机熄火后，安装空调压力表（1分） 2）安装压力表前，检查确认高、低压手动阀已关闭，各管接头连接牢固（1分） 3）安装压力表前，将高、低压快速接头旋至最高位（2分） 4）起动发动机前，确认车辆及周围环境安全，并向老师报备（2分） 5）起动发动机，将空调开至最冷状态（风速最大、温度最低、内循环），读取急速时空调高压和低压压力（2分） 6）将发动机转速稳定在2000r/min，读取发动机高转速工况下的高压和低压压力（2分） 2. 能正确进行制冷剂回收、抽真空、加注冷冻机油、加注制冷剂作业（总分：7分） 1）能正确检查制冷剂加注机是否正常（2分） 2）能正确连接歧管压力表组的高、低压软管，制冷剂无泄漏（1分） 3）能正确进行制冷剂回收作业（1分） 4）能正确进行抽真空作业（1分） 5）能正确加注冷冻机油（1分） 6）能正确进行制冷剂加注作业（1分） 3. 能根据制冷系统压力判断制冷系统工作异常故障点（总分：8分） 1）能检查制冷管路、压缩机、冷凝器的温度（2分） 2）能检查制冷管路是否结霜（2分） 3）能检查关闭空调后高、低压表指示的变化（2分） 4）能检查视液镜状态（2分）	
信息面 （信息录入、资料 应用、资讯检索）	1. 能正确使用维修手册查询资料（6分） 2. 能在规定时间内查询所需资料（1分） 3. 能正确记录所查询资料位置（1分） 4. 能正确记录所需维修信息（2分）	

（续）

内容	标　准	得分
工具及设备的使用能力	1. 能正确选用维修工具（2分） 2. 能正确使用维修工具拆装（3分） 3. 能正确使用空调压力表（3分） 4. 能正确使用制冷剂加注机（2分）	
分析面 （诊断分析、检测分析、调校分析）	1. 能判断空调系统管路压力是否正常（总分：4分） 　1）能判断低压管路数据是否正常（2分） 　2）能判断高压管路数据是否正常（2分） 2. 能判断空调系统故障原因（6分）	
表单填写与报告的撰写能力	1. 字迹清晰（1分） 2. 语句通顺（1分） 3. 无错别字（1分） 4. 无严重涂改（1分） 5. 无抄袭（1分）	

五、总结

请根据实操完成过程，对空调制冷剂回收、制冷系统抽真空、重新加注制冷剂，用歧管压力表判断空调制冷系统故障进行总结。

实训项目 3　汽车空调通风系统故障检修

任务工单

情境：一辆 2017 款一汽大众速腾轿车来店进行维修，行驶里程为 6 万多 km，客户反映该车空调风量小，将鼓风机旋钮调到最高位置风量也不大。

任务：请按照维修工单的要求，完成该车的故障原因分析及故障检修任务，要求操作熟练、仔细，同时不影响其他系统的正常工作。

一、资讯

引导问题：空调风量小的故障原因有哪些？本案例中，最可能的原因是哪些？

二、决策与计划

1. 工具选用

列出本次工作任务所需要的检测仪器、常用工具，并准备。

检测仪器及常用工具名称	型号	使用注意事项

2. 车辆信息记录

品牌型号		行驶里程	
发动机型号		生产日期	
车辆识别码			

3. 维修计划

列出小组讨论后，制定的维修计划或检测方案。

三、实施

◇ 按照制定的维修流程（计划），完成下面的检测。

（各个项目是否检测，以及检测顺序自定，以完成故障排除为最终目标。）

步骤1：请按照资讯部分的讲解，重现并描述故障现象。

步骤2：对空调通风系统进行基本检查，有无异常？（望闻问切）

步骤3：将故障诊断仪连接好，读取故障码和相关数据流。

故障码	
数据流	

如有异常，可能的故障原因：

步骤4：检测自动空调出风口风速，进行故障分析。

出风口	鼓风机转速	风速/(m/s)	鼓风机转速	风速/(m/s)	鼓风机转速	风速/(m/s)
中央出风口	低转速		中转速		高转速	
左侧出风口	低转速		中转速		高转速	
右侧出风口	低转速		中转速		高转速	

如有异常，可能的故障原因：

步骤5：检测鼓风机系统电路，找出导致鼓风机工作异常的故障元件，记录故障元件相关信息，进行故障原因说明。

鼓风机相关电路图位置：		记录所查询的电路图在维修手册中的位置
检测项目	检测结果	判断
熔丝		正常□ 异常□
鼓风机工作电压		正常□ 异常□
鼓风机调速模块供电电压		正常□ 异常□
鼓风机调速模块信号电压		正常□ 异常□

故障说明：

故障元件：

故障机理分析：

步骤 6：故障排除。

经上述检测，确定该故障的原因是＿＿＿＿＿＿＿＿＿＿＿＿＿＿＿＿；

排除方法是：＿＿＿＿＿＿＿＿＿＿＿＿＿＿＿；

故障排除后，进行试车，现象＿＿＿＿＿＿＿＿＿＿＿＿＿＿；说明故障是否排除＿＿＿＿。如未排除，进一步检查。

四、评价

请根据本次实操的具体情况，进行评价。

内容	标　准	得分
7S 和安全规范 （作业安全、职业操守）	1. 能进行工位 7S 操作（总分：3 分） 1）整理、整顿（0.5 分） 2）清理、清洁（1 分） 3）素养、节约（0.5 分） 4）安全（1 分） 2. 能进行设备和工具安全检查（总分：3 分） 1）检查作业所需要的工具、设备是否完备，有无损坏（0.5 分） 2）检查作业环境是否配备灭火器（0.5 分） 3）检查多功能万用表的型号及规格是否符合作业要求（1 分） 4）检查多功能万用表的档位及按键功能是否正常（1 分） 3. 能进行车辆安全防护操作（总分：3 分） 1）正确安装车辆绝缘翼子板布和格栅垫（1 分） 2）正确安装车内四件套（1 分） 3）正确安装后车轮挡块（1 分） 4. 能进行工具清洁、校准、存放操作（总分：3 分） 1）使用工具前对工具、量具进行校准（1 分） 2）使用工具后对工具、量具进行清洁（1 分） 3）作业完成后对工具进行复位（1 分） 5. 作业过程能做到规范操作（总分：3 分） 1）作业过程做到工具不落地（2 分） 2）作业过程做到零件不落地（1 分）	
技能面 （应用技能、操作技能）	1. 能正确读取空调系统故障码（总分：8 分） 1）选取的车辆信息是否正确，是否进行至少一次核对（2 分） 2）选取的诊断模块是否正确（2 分） 3）能正确记录读取的故障码（2 分） 4）清除故障码，再次操作空调开关读取故障码（2 分） 2. 能正确读取空调系统数据流（总分：6 分） 1）选取的车辆信息是否正确，是否进行至少一次核对（1 分） 2）选取的诊断模块是否正确（1 分） 3）能正确记录读取的数据且单位正确（1 分） 4）数据读取时，进行正确的操作（1 分） 5）是否读取鼓风机不同档位数据（1 分） 6）是否读取各个风门不同位置数据（1 分） 3. 检测自动空调出风口风速（总分：3 分） 1）检测鼓风机前是否起动发动机（1 分） 2）是否等待风速仪数值稳定后再进行读取（1 分） 3）能确定自动空调风道故障点（1 分）	

（续）

内容	标　准	得分
技能面 （应用技能、 操作技能）	4. 能正确检测鼓风机系统电路，找出鼓风机工作异常故障点（总分：8分） 1）能正确使用电压档或电阻档检测熔丝是否损坏（1分） 2）能正确使用电压档检测鼓风机调速模块的电源（1分） 3）能正确使用电压档检测鼓风机调速模块的信号电压（2分） 4）能正确使用电压档检测鼓风机插头端子供电电压（2分） 5）能正确使用诊断仪读取鼓风机开关数据流（1分） 6）能正确使用电压档或电阻档检测相关线束（1分）	
作业面 （保养作业、拆装 作业、维修作业）	1. 能正确进行基本检查（总分：3分） 1）检查空调通风系统部件有无损坏（1分） 2）检查插接器及线束有无异常（1分） 3）操作鼓风机及各个风门，倾听有无异响等问题（1分） 2. 能正确读取空调系统故障码和数据流（总分：7分） 1）将诊断仪与车辆正确连接（1分） 2）打开汽车电源，检查是否驻车，档位是否置于P位（1分） 3）选取和核对车辆信息，进入诊断界面（1分） 4）选取控制模块，读取故障码（1分） 5）操作空调开关，读取数据流（1分） 6）将读取的数据进行捕捉，并保存在指定文件夹内（1分） 7）向老师确认所捕捉数据，并进行回放（1分） 3. 检测自动空调出风口风速（总分：9分） 1）检测鼓风机低转速时中央出风口风速（1分） 2）检测鼓风机低转速时左侧出风口风速（1分） 3）检测鼓风机低转速时右侧出风口风速（1分） 4）检测鼓风机中转速时中央出风口风速（1分） 5）检测鼓风机中转速时左侧出风口风速（1分） 6）检测鼓风机中转速时右侧出风口风速（1分） 7）检测鼓风机高转速时中央出风口风速（1分） 8）检测鼓风机高转速时左侧出风口风速（1分） 9）检测鼓风机高转速时右侧出风口风速（1分） 4. 能正确检测鼓风机系统电路，找出鼓风机工作异常故障点（总分：6分） 1）根据电路图检测熔丝（0.5分） 2）根据电路图检测鼓风机的供电电压（0.5分） 3）根据电路图检测鼓风机调速模块的信号电压（1分） 4）根据电路图检测鼓风机调速模块的供电电压（1分） 5）根据电路图读取开关数据流（1分） 6）根据电路图检测相关线束（1分） 7）更换故障熔丝、鼓风机调速模块、鼓风机、鼓风机开关或检修线束（1分）	
信息面 （信息录入、资料 应用、资讯检索）	1. 能正确使用维修手册查询资料（总分：6分） 1）查询鼓风机的电路图（2分） 2）查询鼓风机调速模块的针脚端视图（2分） 3）查询相关熔丝盒的安装位置和熔丝分布图（2分） 2. 能在规定时间内查询所需资料（1分） 3. 能正确记录所查询资料位置（1分） 4. 能正确记录所需维修信息（2分）	

（续）

内容	标　　准	得分
工具及设备的使用能力	1. 能正确选用维修工具（2分） 2. 能正确使用维修工具拆装（2分） 3. 能正确使用多功能万用表（2分） 4. 能正确使用解码器（2分） 5. 能正确使用风速仪（2分）	
分析面 （诊断分析、检测分析、调校分析）	1. 能判断故障码是否与故障现象相关（总分：2分） 1）能判断故障码是否为偶发故障（1分） 2）能判断哪些故障码与故障现象无关（1分） 2. 能判断鼓风机及调速模块是否正常（总分：5分） 1）能判断鼓风机是否正常（1分） 2）能判断调速模块是否正常（1分） 3）能判断熔丝是否正常（1分） 4）能判断开关或线束是否正常（1分） 5）能清晰说明故障原因（1分） 3. 能判断自动空调出风口风速是否正常（2分） 4. 能正确分析空调出风口风速故障（1分）	
表单填写与报告的撰写能力	1. 字迹清晰（1分） 2. 语句通顺（1分） 3. 无错别字（1分） 4. 无严重涂改（1分） 5. 无抄袭（1分）	

五、总结

请根据实操完成过程，对空调风量小故障的诊断和排除进行总结。

实训项目4　汽车空调控制系统故障检修

任务工单

情境：一辆2018款一汽大众迈腾轿车来店进行维修，行驶里程为5万多km，客户反映该车空调不制冷。经检查制冷系统压力正常，分析故障在空调控制系统。

任务：请按照维修工单的要求，完成该车的故障原因分析及故障检修任务，要求操作熟练、仔细，同时不影响其他系统的正常工作。

一、资讯

引导问题：分析空调控制系统引起制冷系统不工作的故障原因有哪些？本案例中，最可能的原因是哪些？

二、决策与计划

1. 工具选用

列出本次工作任务所需要的检测仪器、常用工具，并准备。

检测仪器及常用工具名称	型号	使用注意事项

2. 车辆信息记录

品牌型号		行驶里程	
发动机型号		生产日期	
车辆识别码			

3. 维修计划

列出小组讨论后，制定的维修计划或检测方案。

三、实施

◇ 按照制定的维修流程（计划），完成下面的检测。

(各个项目是否检测,以及检测顺序自定,以完成故障排除为最终目标。)

步骤1:请按照资讯部分的讲解,重现并描述故障现象。

步骤2:对空调系统进行基本检查,有无异常?(望闻问切)

步骤3:将故障诊断仪连接好,读取故障码。

故障码	

如有异常,可能的故障原因:

步骤4:读取自动空调系统数据流。

参数名称	怠速工况	发动机高转速(2000r/min)工况	判断
冷却液温度			正常□ 异常□
车内温度			正常□ 异常□
车外温度			正常□ 异常□
蒸发器温度			正常□ 异常□
制冷剂压力值			正常□ 异常□

如有异常,可能的故障原因:

步骤5:用诊断仪读取空调压缩机数据流。

条件	数据流显示		判断
发动机工作 关闭空调	压缩机关闭要求		正常□ 异常□
	压缩机电流,实际值		正常□ 异常□
	压缩机电流,规定值		正常□ 异常□
发动机工作 按下"AUTO"开关 温度调至最低	压缩机关闭要求		正常□ 异常□
	压缩机电流,实际值		正常□ 异常□
	压缩机电流,规定值		正常□ 异常□
发动机工作 按下"AUTO"开关 温度调至最高	压缩机关闭要求		正常□ 异常□
	压缩机电流,实际值		正常□ 异常□
	压缩机电流,规定值		正常□ 异常□

如有异常,可能的故障原因:

步骤 6：检测空调制冷压力传感器。

1）关闭点火开关，拔下制冷压力传感器插接器。

2）打开点火开关，如图 1 所示，用万用表测量空调制冷压力传感器端子 3 和搭铁之间的电压，实测值为_____V，标准值为蓄电池电压。测量端子 1 和端子 3 之间的电压，实测值为_____V，标准值为蓄电池电压。

3）关闭点火开关，用万用表测量端子 1 和搭铁之间的电阻，实测值为_____Ω，标准值为小于 1Ω。

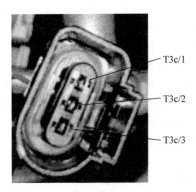

图 1　高压传感器插接器

4）发动机工作，打开空调开关，温度调至最低用示波器测量制冷压力传感器信号线波形，红表笔连接制冷压力传感器端子 2，黑表笔接地。

波形名称	标准波形（注意单位）	实测波形（请圈出异常位置）
制冷压力传感器信号线波形		

步骤 7：故障排除。

经上述检测，确定该故障的原因是_____；排除方法是：_____。

故障排除后，进行测试，现象_____；说明故障是否排除_____。如未排除，进一步检查。

四、评价

请根据本次实操的具体情况，进行评价。

内容	标准	得分
7S 和安全规范（作业安全、职业规范）	1. 能进行工位 7S 操作（总分：3 分） 1）整理、整顿（0.5 分） 2）清理、清洁（1 分） 3）素养、节约（0.5 分） 4）安全（1 分） 2. 能进行设备和工具安全检查（总分：3 分） 1）检查作业所需要的工具、设备是否完备，有无损坏（0.5 分） 2）检查作业环境是否配备灭火器（0.5 分） 3）检查多功能万用表的型号及规格是否符合作业要求（1 分） 4）检查多功能万用表的档位及按键功能是否正常（1 分） 3. 能进行车辆安全防护操作（总分：3 分） 1）正确安装车辆绝缘翼子板布和格栅垫（1 分） 2）正确安装车内四件套（1 分） 3）正确安装后车轮挡块（1 分） 4. 能进行工具清洁、校准、存放操作（总分：3 分） 1）使用工具前对工具、量具进行校准（1 分） 2）使用工具后对工具、量具进行清洁（1 分） 3）作业完成后对工具进行复位（1 分） 5. 作业过程能做到规范操作（总分：3 分） 1）作业过程做到工具不落地（2 分） 2）作业过程做到零件不落地（1 分）	
技能面（应用技能、操作技能）	1. 能正确读取空调系统故障码（总分：4 分） 1）选取的车辆信息是否正确，是否进行至少一次核对（1 分） 2）选取的诊断模块是否正确（1 分） 3）能正确记录读取的故障码（1 分） 4）清除故障码，再次操作空调开关读取故障码（1 分） 2. 能正确读取空调系统数据流（总分：6 分） 1）选取的车辆信息是否正确，是否进行至少一次核对（1 分） 2）选取的诊断模块是否正确（1 分） 3）能正确记录读取的数据且单位正确（1 分） 4）数据读取时，进行正确的操作（1 分） 5）是否读取空调压缩机数据（1 分） 6）是否读取空调各个传感器、制冷压力数据（1 分） 3. 检测自动空调出风口温度（总分：2 分） 1）检测出风口温度前，是否起动发动机、打开空调（1 分） 2）是否等待温度数值稳定后再进行读取（1 分）	

（续）

内容	标　准	得分
技能面（应用技能、操作技能）	4.能正确检测空调控制系统电路，找出空调控制系统工作异常故障点（总分：6分） 1）能正确使用电压档或电阻档检测熔丝是否损坏（1分） 2）能正确使用电压档检测空调压力传感器插头端子供电电压（2分） 3）能正确使用电压档或电阻档检测相关线束（2分） 4）能正确使用诊断仪读取压缩机、传感器数据流（1分） 5.能正确检测制冷压力传感器的信号波形（总分：7分） 1）检测过程中，探针连接是否牢固，有无短接（1分） 2）读取信号波形是否暂停，并给考官确认（1分） 3）波形是否放大，且清晰可辨（1分） 4）波形的电压幅度和时间是否确认（1分） 5）信号波形异常点是否确认（1分） 6）在空调系统工作情况下，检测波形（1分） 7）波形的截图清晰且正确（1分）	
作业面（保养作业、拆装作业、维修作业）	1.能正确进行基本检查（总分：3分） 1）检查空调控制系统部件有无损坏（1分） 2）检查插接器及线束有无异常（1分） 3）操作空调开关及各个风门，倾听有无异响等问题（1分） 2.能正确读取空调系统故障码和数据流（总分：7分） 1）将诊断仪与车辆正确连接（1分） 2）打开汽车电源，检查是否驻车，档位是否置于P位（1分） 3）选取和核对车辆信息，进入诊断界面（1分） 4）选取控制模块，读取故障码（1分） 5）操作空调开关，读取数据流（1分） 6）将读取的数据进行捕捉，并保存在指定文件夹内（1分） 7）向老师确认所捕捉数据，并进行回放（1分） 3.能正确检测制冷压力传感器与空调控制单元的导通性（总分：5分） 1）关闭汽车电源，断开插头，查找制冷压力传感器的端子（1分） 2）检测制冷压力传感器与空调控制单元之间端子导通性（2分） 3）查找断开线束的位置（1分） 4）检修断开线束（1分） 4.能正确检测制冷压力传感器的端子电压和搭铁情况（总分：5分） 1）安装插头，插接背插针（1分） 2）打开点火开关，检测制冷压力传感器的电源端子与搭铁端子的电压（2分） 3）关闭点火开关，检测制冷压力传感器的搭铁端子与车身搭铁的电阻（2分） 5.能正确检测制冷压力传感器的信号波形（总分：5分） 1）将示波器探针连接至电子元件信号端子（1分） 2）将探针负极线连接至搭铁点（1分） 3）打开点火开关，读取制冷压力传感器信号端子波形（1分） 4）调试波形的电压和时间，并锁住波形，向考官确认（1分） 5）记录调试后波形的最大信号电压和脉宽时间（1分）	

（续）

内容	标 准	得分
信息面 （信息录入、资料应用、资讯检索）	1. 能正确使用维修手册查询资料（总分：6分） 1）查询制冷压力传感器的电路图（2分） 2）查询制冷压力传感器的针脚端视图（2分） 3）查询相关熔丝盒的安装位置和熔丝分布图（2分） 2. 能在规定时间内查询所需资料（1分） 3. 能正确记录所查询资料位置（1分） 4. 能正确记录所需维修信息（2分）	
工具及设备的使用能力	1. 能正确选用维修工具（1分） 2. 能正确使用维修工具拆装（1分） 3. 能正确使用多功能万用表（2分） 4. 能正确使用示波器（2分） 5. 能正确使用温度计（2分） 6. 能正确使用解码器（2分）	
分析面 （诊断分析、检测分析、调校分析）	1. 能判断故障码是否与故障现象相关（总分：2分） 1）能判断故障码是否为偶发故障（1分） 2）能判断哪些故障码与故障现象无关（1分） 2. 能判断空调系统数据流是否正常（总分：3分） 1）能判断压缩机相关数据是否正常（1分） 2）能判断制冷压力数据是否正常（1分） 3）能判断制冷系统各个传感器数据是否正常（1分） 3. 能判断制冷压力传感器电源电压、搭铁是否正常（1分） 4. 能判断制冷压力传感器信号波形是否正常（1分） 5. 能判断制冷控制系统是否正常（总分：3分） 1）能判断空调压缩机是否正常（1分） 2）能判断制冷压力传感器是否正常（0.5分） 3）能判断熔丝是否正常（0.5分） 4）能判断线束是否正常（0.5分） 5）能清晰说明故障原因（0.5分）	
表单填写与报告的撰写能力	1. 字迹清晰（1分） 2. 语句通顺（1分） 3. 无错别字（1分） 4. 无严重涂改（1分） 5. 无抄袭（1分）	

五、总结

请根据实操完成过程，对空调控制系统引起制冷系统不工作故障的诊断和排除进行总结。

项目三 电动车窗的检修

实训项目 5　电动车窗玻璃升降器开关信号的检测

任务工单

情境：一辆 2019 款一汽大众迈腾轿车来店进行维修，行驶里程为 5 万多 km，客户反映该车驾驶人侧车窗玻璃升降器不工作，而其他车门的车窗玻璃升降器正常。

任务：请按照维修工单的要求，完成该车的故障原因分析及故障检修任务，要求操作熟练、仔细，同时不影响其他系统的正常工作。

一、资讯

引导问题：驾驶人侧车窗玻璃升降器不工作的故障原因有哪些？本案例中，最可能的原因是哪些？

二、决策与计划

1. 工具选用

列出本次工作任务所需要的检测仪器、常用工具，并准备。

检测仪器及常用工具名称	型号	使用注意事项

2. 车辆信息记录

品牌型号		行驶里程	
发动机型号		生产日期	
车辆识别码			

3. 维修计划

列出小组讨论后，制定的维修计划或检测方案。

三、实施

◇ 按照制定的维修流程（计划），完成下面的检测。
（各个项目是否检测，以及检测顺序自定，以完成故障排除为最终目标。）

步骤 1：请按照资讯部分的讲解，重现并描述故障现象。

步骤 2：对驾驶人侧车窗玻璃升降器进行基本检查，有无异常？（望闻问切）

步骤 3：将故障诊断仪连接好，读取故障码和相关数据流。

故障码	
数据流	

如有异常，可能的故障原因：

步骤 4：

1）点火开关处于 ON 位，检测控制单元 J386 的 T32/32 端子对地电压值，未操作时应显示_____左右；分别操作驾驶人侧玻璃升降器开关至上升 2 档、至上升 1 档、至下降 1 档、至下降 2 档，万用表显示的电压值分别为_____、_____、_____、_____。如果始终是 0V 左右，则进行第二步。

2）点火开关处于 OFF，断开 J386 和 E710 插接器，测量 E710 的 T101/5 端子对地电阻，应为无穷大，如果是，则进行第三步；如果不是，则说明_____。

3）点火开关 OFF，连接 J386 插接器，断开 E710 插接器，测量 T101/5 端子对地电阻，应为无穷大，如果是，则进行第四步；如果不是，则说明_____。

4）点火开关 OFF，连接 J386 和 E710 插接器，测量 T101/5 端子对地电阻，应为无穷大，如果是，则说明正常；如果不是，则说明_____。

5）拆下 E710 开关，用万用表检测 E710 开关的 T101/5 和 T101/10 端子之间的电阻，经检测电阻为_____，说明_____。

步骤 5：故障排除。

经上述检测，确定该故障的原因是_____；
排除方法是：_____；
故障排除后，进行确认，现象_____；说明故障是否排除_____。如未排除，进一步检查。

四、评价

请根据本次实操的具体情况，按照下表进行评价。

内容	标　　准	得分
7S 和安全规范 （作业安全、 职业操守）	1. 能进行工位 7S 操作（总分：3分） 1）整理、整顿（0.5分） 2）清理、清洁（1分） 3）素养、节约（0.5分） 4）安全（1分） 2. 能进行设备和工具安全检查（总分：3分） 1）检查作业所需要的工具、设备是否完备，有无损坏（0.5分） 2）检查作业环境是否配备灭火器（0.5分） 3）检查多功能万用表的型号及规格是否符合作业要求（1分） 4）检查多功能万用表的档位及按键功能是否正常（1分） 3. 能进行车辆安全防护操作（总分：3分） 1）正确安装车内四件套（2分） 2）正确安装车轮挡块（1分） 4. 能进行工具清洁、校准、存放操作（总分：3分） 1）使用工具前对工具、量具进行校准（1分） 2）使用工具后对工具、量具进行清洁（1分） 3）作业完成后对工具进行复位（1分） 5. 作业过程能做到规范操作（总分：3分） 1）作业过程做到仪器、工具不落地（2分） 2）作业过程做到零件不落地（1分）	
技能面 （应用技能、 操作技能）	1. 能正确读取电动车窗故障码（总分：7分） 1）选取的车辆信息是否正确，是否进行至少一次核对（2分） 2）选取的诊断模块是否正确（2分） 3）能正确记录读取的故障码（2分） 4）清除故障码，再次操作电动车窗读取故障码（1分） 2. 能正确读取电动车窗数据流（总分：10分） 1）选取的车辆信息是否正确，是否进行至少一次核对（2分） 2）选取的诊断模块是否正确（2分） 3）能正确记录读取的数据且单位正确（2分） 4）数据读取时，进行正确的操作（2分） 5）是否读取玻璃升降器开关所有位置数据（2分） 3. 能正确检测玻璃升降器电路，找出玻璃升降器工作异常故障点（总分：8分） 1）能正确使用电压档检测玻璃升降器开关信号电压（3分） 2）能正确使用电阻档检测线路对地电阻（3分） 3）能正确使用诊断仪读取玻璃升降器开关数据流（2分）	
作业面 （保养作业、拆装 作业、维修作业）	1. 能正确进行基本检查（总分：3分） 1）操作玻璃升降器开关前，检查开关外观及功能（1分） 2）检查插接器及线束有无异常（1分） 3）操作玻璃升降器开关，倾听玻璃升降器及电动机有无异常等问题（1分） 2. 能正确读取电动车窗故障码和数据流（总分：7分） 1）将诊断仪与车辆正确连接（1分） 2）打开汽车电源，检查是否驻车，档位是否置于 P 位（1分） 3）选取和核对车辆信息，进入诊断界面（1分） 4）选取控制模块，读取故障码（1分）	

（续）

内容	标　　准	得分
作业面 （保养作业、拆装作业、维修作业）	5）操作电动车窗，读取数据流（1分） 6）将读取的数据进行捕捉，并保存在指定文件夹内（1分） 7）向老师确认所捕捉数据，并进行回放（1分） 3. 能正确检测玻璃升降器电路，找出玻璃升降器工作异常故障点（总分：10分） 1）根据电路图按合理的路线检测电路（1分） 2）根据电路图检测玻璃升降器开关信号电压（3分） 3）根据电路图检测线路对地电阻（3分） 4）根据电路图读取开关数据流（1分） 5）根据电路图检测相关线束（1分） 6）更换故障部件或检修线束（1分） 4. 检测玻璃升降器开关电压（总分：5分） 1）检测玻璃升降器开关在中间位置的信号电压（1分） 2）检测玻璃升降器开关至上升2档的信号电压（1分） 3）检测玻璃升降器开关至上升1档的信号电压（1分） 4）检测玻璃升降器开关至下降2档的信号电压（1分） 5）检测玻璃升降器开关至下降1档的信号电压（1分）	
信息面 （信息录入、资料应用、资讯检索）	1. 能正确使用维修手册查询资料（总分：6分） 1）查询电动车窗的电路图（2分） 2）查询电动车窗控制模块的针脚端视图（2分） 3）查询相关部件的安装位置和熔丝分布图（如需要）（2分） 2. 能在规定时间内查询所需资料（1分） 3. 能正确记录所查询资料位置（1分） 4. 能正确记录所需维修信息（2分）	
工具及设备的使用能力	1. 能正确选用维修工具（2分） 2. 能正确使用维修工具拆装（3分） 3. 能正确使用多功能万用表（3分） 4. 能正确使用诊断仪（2分）	
分析面 （诊断分析、检测分析、调校分析）	1. 能判断故障码是否与故障现象相关（总分：3分） 1）能判断故障码是否为偶发故障（1分） 2）能判断哪些故障码与故障现象无关（2分） 2. 能判断不同位置工况的玻璃升降器开关数据流是否正常（总分：2分） 能判断玻璃升降器开关数据是否正常（2分） 3. 能判断电动车窗控制模块及开关是否正常（总分：5分） 1）能判断电动车窗控制模块是否正常（1分） 2）能判断玻璃升降器开关是否正常（1分） 3）能判断熔丝是否正常（1分） 4）能判断线束是否正常（1分） 5）能清晰说明故障原因（1分）	
表单填写与报告的撰写能力	1. 字迹清晰（1分） 2. 语句通顺（1分） 3. 无错别字（1分） 4. 无严重涂改（1分） 5. 无抄袭（1分）	

五、总结

请根据实操完成过程，对驾驶人侧车窗玻璃升降器不工作故障的诊断和排除进行总结。

项目四 电动后视镜的检修

实训项目 6 电动后视镜调节开关信号的检测

任务工单

情境：一辆 2019 款一汽大众迈腾轿车来店进行维修，行驶里程为 5 万多 km，客户反映该车左侧电动后视镜不能调节，右侧电动后视镜功能正常。

任务：请按照维修工单的要求，完成该车的故障原因分析及故障检修任务，要求操作熟练、仔细，同时不影响其他系统的正常工作。

一、资讯

引导问题：左侧电动后视镜不工作的故障原因有哪些？本案例中，最可能的原因是哪些？

二、决策与计划

1. 工具选用

列出本次工作任务所需要的检测仪器、常用工具，并准备。

检测仪器及常用工具名称	型号	使用注意事项

2. 车辆信息记录

品牌型号		行驶里程	
发动机型号		生产日期	
车辆识别码			

3. 维修计划

列出小组讨论后，制定的维修计划或检测方案。

三、实施

◇ 按照制定的维修流程（计划），完成下面的检测。

（各个项目是否检测，以及检测顺序自定，以完成故障排除为最终目标。）

步骤1：请按照资讯部分的讲解，重现并描述故障现象。

步骤2：对左侧电动后视镜进行基本检查，有无异常？（望闻问切）

步骤3：将故障诊断仪连接好，读取故障码和相关数据流。

故障码	
数据流	

如有异常，可能的故障原因：

步骤4：

1）测量车门控制单元 J386 的 T32/24 端子对搭铁电压。

点火开关处于 ON 位，未操作时应显示_____左右；分别操作后视镜调节开关向上、向下、向左、向右动作，万用表显示的电压值分别为_____、_____、_____、_____。

2）测量后视镜调节开关 T6v/1 端子对搭铁电压。

点火开关处于 ON 位，未操作时应显示_____左右；分别操作后视镜调节开关向上、向下、向左、向右动作，万用表显示的电压值分别为_____、_____、_____、_____。

3）检测 J386 线束侧的 T32/24 端子与后视镜调节开关线束侧 T6v/1 端子间线路的导通性和对搭铁电阻。

点火开关处于 OFF 位，拔下 J386 的 T32 插接器和后视镜调节开关 T6v 插接器，J386 线束侧的 T32/24 端子与后视镜调节开关线束侧 T6v/1 端子间线路电阻应小于_____；J386 线束侧的 T32/24 端子对搭铁电阻为_____。

4）检测 J386 内部电路对搭铁电阻。

点火开关处于 OFF 位，连接 J386 的 T32 插接器，拔下后视镜调节开关 T6v 插接器，后视镜调节开关线束侧 T6v/1 端子对搭铁电阻为_____。

5）检测后视镜调节开关内部电路对搭铁电阻。

点火开关处于 OFF 位，拔下 J386 的 T32 插接器，连接后视镜调节开关 T6v 插接器，J386 线束侧的 T32/24 端子对搭铁电阻为_____。

6）检测后视镜调节开关导通性。

拆下后视镜调节开关，未操作时测量驾驶人侧车门锁 T6v/1 端子与 T6v/2 端子之间电阻，应为_____；分别操作后视镜调节开关（向上、向下、向左、向右）动作，该电阻应有 4 种状态，即_____、_____、_____、_____。

7）检测后视镜调节开关线来侧 T6v/2 端子对搭铁电阻。

点火开关处于 OFF 位，检测后视镜调节开关 T6v/2 端子对搭铁电阻为_____。

步骤 5：故障排除。

经上述检测，确定该故障的原因是_____；

排除方法是：_____；

故障排除后，进行确认，现象_____；说明故障是否排除_____。如未排除，进一步检查。

四、评价

请根据本次实操的具体情况，按照下表进行评价。

内容	标　准	得分
7S 和安全规范（作业安全、职业操守）	1. 能进行工位 7S 操作（总分：3 分） 1）整理、整顿（0.5 分） 2）清理、清洁（1 分） 3）素养、节约（0.5 分） 4）安全（1 分） 2. 能进行设备和工具安全检查（总分：3 分） 1）检查作业所需要的工具、设备是否完备，有无损坏（0.5 分） 2）检查作业环境是否配备灭火器（0.5 分） 3）检查多功能万用表的型号及规格是否符合作业要求（1 分） 4）检查多功能万用表的档位及按键功能是否正常（1 分） 3. 能进行车辆安全防护操作（总分：3 分） 1）正确安装车内四件套（2 分） 2）正确安装车轮挡块（1 分） 4. 能进行工具清洁、校准、存放操作（总分：3 分） 1）使用工具前对工具、量具进行校准（1 分） 2）使用工具后对工具、量具进行清洁（1 分） 3）作业完成后对工具进行复位（1 分） 5. 作业过程能做到规范操作（总分：3 分） 1）作业过程做到仪器、工具不落地（2 分） 2）作业过程做到零件不落地（1 分）	
技能面（应用技能、操作技能）	1. 能正确进行基本检查（总分：3 分） 1）操作后视镜开关前，检查开关外观及功能（1 分） 2）检查插接器及线束有无异常（1 分） 3）操作后视镜开关，倾听后视镜及电动机有无异常等问题（1 分） 2. 能正确读取电动后视镜故障码（总分：7 分） 1）选取的车辆信息是否正确，是否进行至少一次核对（2 分） 2）选取的诊断模块是否正确（2 分） 3）能正确记录读取的故障码（2 分） 4）清除故障码，再次操作电动后视镜读取故障码（1 分）	

（续）

内容	标　准	得分
技能面 （应用技能、操作技能）	3.能正确读取电动后视镜数据流（总分：7分） 1）选取的车辆信息是否正确，是否进行至少一次核对（2分） 2）选取的诊断模块是否正确（2分） 3）能正确记录读取的数据且单位正确（1分） 4）数据读取时，进行正确的操作（1分） 5）是否读取后视镜开关所有位置数据（1分） 4.能正确检测后视镜电路，找出后视镜工作异常故障点（总分：8分） 1）能正确使用电压档检测后视镜开关信号电压（3分） 2）能正确使用电阻档检测线路对地电阻（3分） 3）能正确使用诊断仪读取后视镜开关数据流（2分）	
作业面 （保养作业、拆装作业、维修作业）	1.能正确读取电动后视镜故障码和数据流（总分：10分） 1）将诊断仪与车辆正确连接（1分） 2）打开汽车电源，检查是否驻车，档位是否置于P位（2分） 3）选取和核对车辆信息，进入诊断界面（2分） 4）选取控制模块，读取故障码（2分） 5）操作电动后视镜，读取数据流（2分） 6）将读取的数据进行捕捉，并保存在指定文件夹内（0.5分） 7）向老师确认所捕捉数据，并进行回放（0.5分） 2.能正确检测后视镜电路，找出后视镜工作异常故障点（总分：10分） 1）根据电路图按合理的路线检测电路（1分） 2）根据电路图检测后视镜开关信号电压（3分） 3）根据电路图检测线路对地电阻（3分） 4）根据电路图读取开关数据流（1分） 5）根据电路图检测相关线束（1分） 6）更换故障部件或检修线束（1分） 3.检测后视镜开关电压（总分：5分） 1）检测后视镜开关在未操作位置的信号电压（1分） 2）检测后视镜开关至向上档的信号电压（1分） 3）检测后视镜开关至向下档的信号电压（1分） 4）检测后视镜开关至向左档的信号电压（1分） 5）检测后视镜开关至向右档的信号电压（1分）	
信息面 （信息录入、资料应用、资讯检索）	1.能正确使用维修手册查询资料（总分：6分） 1）查询电动后视镜的电路图（2分） 2）查询电动后视镜控制模块的针脚端视图（2分） 3）查询相关部件的安装位置和熔丝分布图（如需要）（2分） 2.能在规定时间内查询所需资料（1分） 3.能正确记录所查询资料位置（1分） 4.能正确记录所需维修信息（2分）	
工具及设备的使用能力	1.能正确选用维修工具（2分） 2.能正确使用维修工具拆装（3分） 3.能正确使用多功能万用表（3分） 4.能正确使用诊断仪（2分）	

（续）

内容	标　　准	得分
分析面 （诊断分析、检测 分析、调校分析）	1. 能判断故障码是否与故障现象相关（总分：3分） 1）能判断故障码是否为偶发故障（1分） 2）能判断哪些故障码与故障现象无关（2分） 2. 能判断不同位置的后视镜开关数据流是否正常（总分：2分） 能判断后视镜开关数据是否正常（2分） 3. 能判断电动后视镜控制模块及开关是否正常（总分：5分） 1）能判断电动后视镜控制模块是否正常（1分） 2）能判断后视镜开关是否正常（1分） 3）能判断熔丝是否正常（1分） 4）能判断线束是否正常（1分） 5）能清晰说明故障原因（1分）	
表单填写与报告 的撰写能力	1. 字迹清晰（1分） 2. 语句通顺（1分） 3. 无错别字（1分） 4. 无严重涂改（1分） 5. 无抄袭（1分）	

五、总结

请根据实操完成过程，对左侧电动后视镜不工作故障的诊断和排除进行总结。

项目五 电动座椅的检修

实训项目 7　驾驶人电动座椅不能调节故障检修

情境：一辆 2019 款迈腾轿车来店进行维修，行驶里程为 3 万多 km，客户反映该车驾驶人座椅倾斜、高度、前后和靠背调节均不动作了，而前排乘员座椅倾斜、高度、前后和靠背调节工作正常。

任务：请按照维修工单的要求，完成该车的故障原因分析及故障检修任务，要求操作熟练、仔细，同时不影响其他系统的正常工作。

一、资讯

引导问题：驾驶人电动座椅不能调节的故障原因有哪些？本案例中，最可能的原因是哪些？

二、决策与计划

1. 工具选用

列出本次工作任务所需要的检测仪器、常用工具，并准备。

检测仪器及常用工具名称	型号	使用注意事项

2. 车辆信息记录

品牌型号		行驶里程	
发动机型号		生产日期	
车辆识别码			

3. 维修计划

列出小组讨论后，制定的维修计划或检测方案。

三、实施

◇ 按照制定的维修流程（计划），完成下面的检测。
（各个项目是否检测，以及检测顺序自定，以完成故障排除为最终目标。）

步骤1：请按照资讯部分的讲解，重现并描述故障现象。

步骤2：对驾驶人电动座椅进行基本检查，有无异常？（望闻问切）

步骤3：将故障诊断仪连接好，读取故障码和相关数据流。

故障码	
数据流	

如有异常，可能的故障原因：

步骤4：

1）检查熔丝SC45是否熔断，如果是，则_____；如果不是，则进行下一步。

2）在驾驶人座椅连接位置找到TVSR插接器，用探针背插T17za/15端子，打开点火开关，用万用表检查T17za/15端子和搭铁之间的电压是否为蓄电池电压。如果不是，说明_____；如果是，则进行下一步。

3）用探针背插T17za/16端子，用万用表检查T17za/16端子和搭铁之间的电阻是否为0Ω。如果不是，说明_____；如果是，则进行下一步。

4）用探针背插T17zb/15端子，打开点火开关，用万用表检查T17zb/15端子和搭铁之间的电压是否为蓄电池电压。如果不是，说明_____；如果是，则进行下一步。

5）用探针背插T17zb/16端子，用万用表检查T17zb/16端子和搭铁之间的电阻是否为0Ω。如果不是，说明_____；如果是，则进行下一步。

6）找到J810驾驶人座椅调节控制单元，用探针背插T12a/11端子，打开点火开关，用万用表检查T12a/11端子和搭铁之间的电压是否为蓄电池电压。如果不是，说明_____；如果是，则进行下一步。

7）用探针背插T12a/12端子，用万用表检查T12a/12端子和搭铁之间的电阻是否为0Ω。如果不是，说明_____；如果是，则进行下一步。

8）更换J810，重新进行诊断，读取故障码，确认故障码及症状是否存在，如果不存在，则_____；如果故障仍然存在，应_____。

步骤5：故障排除。

经上述检测，确定该故障的原因是_____；

排除方法是：_____。

步骤 6：故障排除后，对迈腾 B8 电动座椅进行调节与设置。

（1）实车观察座椅有哪些功能；座椅有几向调节功能。

（2）储存前行时驾驶人座椅和车外后视镜的设定。

1）打开电子驻车制动器。

2）挂入 P 位。

3）_____点火开关。

4）将驾驶人座椅和车外后视镜调整至所需位置。

5）按压_____按钮 1s 以上。

6）_____s 内按压某个想要使用的记忆按钮，将设定分配给该按钮。系统发出一锣声，确认已储存设定。

（3）功能验证。

1）确认驾驶人座椅共有_____个方向的电动调节功能。

2）操作驾驶人座椅加热开关，观察共有_____个加热级别。

3）操作座椅通风开关，观察共有_____个通风级别。

4）第一次按下开关时加热或者通风的级别为_____，再按一次变为_____，再按一次变为_____。

5）打开座椅加热，然后操作座椅通风，结束座椅加热功能，因为座椅加热与通风不能同时使用，接下来使用一张白纸测试座椅通风的方向，结果显示通风的方向为_____。

四、评价

请根据本次实操的具体情况，按照下表进行评价。

内容	标　　准	得分
7S 和安全规范（作业安全、职业操守）	1. 能进行工位 7S 操作（总分：3 分） 1）整理、整顿（0.5 分） 2）清理、清洁（1 分） 3）素养、节约（0.5 分） 4）安全（1 分） 2. 能进行设备和工具安全检查（总分：3 分） 1）检查作业所需要的工具、设备是否完备，有无损坏（0.5 分） 2）检查作业环境是否配备灭火器（0.5 分） 3）检查多功能万用表的型号及规格是否符合作业要求（1 分） 4）检查多功能万用表的档位及按键功能是否正常（1 分） 3. 能进行车辆安全防护操作（总分：3 分） 1）正确安装车内四件套（2 分） 2）正确安装车轮挡块（1 分） 4. 能进行工具清洁、校准、存放操作（总分：3 分） 1）使用工具前对工具、量具进行校准（1 分） 2）使用工具后对工具、量具进行清洁（1 分） 3）作业完成后对工具进行复位（1 分） 5. 作业过程能做到规范操作（总分：3 分） 1）作业过程做到仪器、工具不落地（2 分） 2）作业过程做到零件不落地（1 分）	

（续）

内容	标　准	得分
技能面 （应用技能、 操作技能）	1.能正确读取电动座椅故障码（总分：8分） 1）选取的车辆信息是否正确，是否进行至少一次核对（2分） 2）选取的诊断模块是否正确（2分） 3）能正确记录读取的故障码（2分） 4）清除故障码，再次操作电动座椅读取故障码（2分） 2.能正确读取电动座椅数据流（总分：10分） 1）选取的车辆信息是否正确，是否进行至少一次核对（2分） 2）选取的诊断模块是否正确（2分） 3）能正确记录读取的数据且单位正确（2分） 4）数据读取时，进行正确的操作（2分） 5）是否读取与电动座椅相关的所有数据（2分） 3.能正确检测座椅电源电路，找出工作异常故障点（总分：7分） 1）能正确使用电压档检测电源电压（3分） 2）能正确使用电阻档检测线路对地电阻（2分） 3）能正确使用诊断仪读取座椅数据流（2分）	
作业面 （保养作业、拆装 作业、维修作业）	1.能正确进行基本检查（总分：4分） 1）检测座椅开关、控制单元外观（2分） 2）检查插接器及线束有无异常（2分） 2.能正确读取电动座椅故障码和数据流（总分：11分） 1）将诊断仪与车辆正确连接（2分） 2）打开汽车电源，检查是否驻车，档位是否置于 P 位（2分） 3）选取和核对车辆信息，进入诊断界面（2分） 4）选取控制模块，读取故障码（1分） 5）操作电动座椅，读取数据流（2分） 6）将读取的数据进行捕捉，并保存在指定文件夹内（1分） 7）向老师确认所捕捉数据，并进行回放（1分） 3.能正确检测座椅电路，找出工作异常故障点（总分：10分） 1）根据电路图按合理的路线检测电路（1分） 2）根据电路图检测座椅电源电压（3分） 3）根据电路图检测线路对地电阻（3分） 4）根据电路图读取开关数据流（1分） 5）根据电路图检测相关线束（1分） 6）更换故障部件或检修线束（1分）	
信息面 （信息录入、资料 应用、资讯检索）	1.能正确使用维修手册查询资料（总分：6分） 1）查询电动座椅的电路图（2分） 2）查询电动座椅控制模块的针脚端视图（2分） 3）查询相关部件的安装位置和熔丝分布图（如需要）（2分） 2.能在规定时间内查询所需资料（1分） 3.能正确记录所查询资料位置（1分） 4.能正确记录所需维修信息（2分）	
工具及设备 的使用能力	1.能正确选用维修工具（2分） 2.能正确使用维修工具拆装（3分） 3.能正确使用多功能万用表（3分） 4.能正确使用诊断仪（2分）	

(续)

内容	标　准	得分
分析面 （诊断分析、检测分析、调校分析）	1. 能判断故障码是否与故障现象相关（总分：3分） 1）能判断故障码是否为偶发故障（1分） 2）能判断哪些故障码与故障现象无关（2分） 2. 能判断电动座椅数据流是否正常（总分：3分） 能判断电动座椅数据是否正常（3分） 3. 能判断电动座椅控制模块是否正常（总分：4分） 1）能判断电动座椅控制模块是否正常（1分） 2）能判断熔丝是否正常（1分） 3）能判断线束是否正常（1分） 4）能清晰说明故障原因（1分）	
表单填写与报告的撰写能力	1. 字迹清晰（1分） 2. 语句通顺（1分） 3. 无错别字（1分） 4. 无严重涂改（1分） 5. 无抄袭（1分）	

五、总结

请根据实操完成过程，对驾驶人座椅不能调节故障的诊断和排除进行总结。

项目六 中控门锁系统的检修

实训项目 8 中控门锁联锁开关信号的检测

任务工单

情境：一辆 2018 款一汽大众迈腾轿车来店进行维修，行驶里程为 5 万多 km，客户反映该车中控门锁联锁开关不能正常控制中控门锁的开闭。

任务：请按照维修工单的要求，完成该车的故障原因分析及故障检修任务，要求操作熟练、仔细，同时不影响其他系统的正常工作。

一、资讯

引导问题：中控门锁联锁开关不能正常控制中控门锁开闭的故障原因有哪些？本案例中，最可能的原因是哪些？

二、决策与计划

1. 工具选用

列出本次工作任务所需要的检测仪器、常用工具，并准备。

检测仪器及常用工具名称	型号	使用注意事项

2. 车辆信息记录

品牌型号		行驶里程	
发动机型号		生产日期	
车辆识别码			

3. 维修计划

列出小组讨论后，制定的维修计划或检测方案。

三、实施

◇ 按照制定的维修流程（计划），完成下面的检测。
（各个项目是否检测，以及检测顺序自定，以完成故障排除为最终目标。）

步骤1：请按照资讯部分的讲解，重现并描述故障现象。

步骤2：对中控门锁联锁开关进行基本检查，有无异常？（望闻问切）

步骤3：将故障诊断仪连接好，读取故障码和相关数据流。

故障码	
数据流	

如有异常，可能的故障原因：

步骤4：

1）测量车门控制单元 J386 的 T32/28 端子对搭铁电压。

任何工况下，未操作时应显示_____左右；分别操作开锁、闭锁，万用表显示的电压值分别为_____、_____。如果始终是 0V 左右，则进行第二步。

2）测量驾驶人侧车门锁 T4bw/4 端子对地电压。未操作和分别操作开锁、闭锁，万用表显示的电压值分别为_____、_____、_____。若都为 0V 时，说明 J386 的 T32/28 端子与驾驶人侧车门锁 T4bw/4 端子间线路断路、联锁开关内部对地短路。

3）检测车门控制单元 J386 的 T32/28 端子与驾驶人侧车门锁 T4bw/4 端子间线路的导通性。

点火开关处于 OFF 位，拔下 J386 的 T32 插接器和驾驶人侧车门锁 T4bw 插接器，若 J386 线束侧的 T32/28 端子与驾驶人侧车门锁 T4bw/4 端子间线路电阻小于 1Ω，则说明_____，进行第四步；若为无穷大，则说明_____。

4）检测车门控制单元 J386 的 T32/28 端子对地电阻。

点火开关处于 OFF 位，拔下 J386 的 T32 插接器和驾驶人侧车门锁 T4bw 插接器，测量 J386 的 T32 插接器端的 T32/28 端子对地电阻，测量结果应为无穷大。若小于 1Ω，则说明_____；连接 J386 的 T32 插接器，测量 J386 的 T32/28 端子对地电阻，测量结果应为无穷大。

若小于1Ω，则说明_____；连接驾驶人侧车门锁 T4bw 插接器，测量 J386 的 T32/28 端子对地电阻，测量结果应为无穷大。若小于1Ω，则说明_____。

5）在任何工况下，用万用表测量联锁开关的 T4bw/1 端子对地电压，测量结果应为 0V，若为 0.1~4.4V，则说明_____。

步骤 5：故障排除。

经上述检测，确定该故障的原因是_____；

排除方法是：_____；

故障排除后，进行确认，现象_____；说明故障是否排除_____。如未排除，进一步检查。

四、评价

请根据本次实操的具体情况，按照下表进行评价。

内容	标　　准	得分
7S 和安全规范（作业安全、职业操守）	1.能进行工位 7S 操作（总分：3 分） 1）整理、整顿（0.5 分） 2）清理、清洁（1 分） 3）素养、节约（0.5 分） 4）安全（1 分） 2.能进行设备和工具安全检查（总分：3 分） 1）检查作业所需要的工具、设备是否完备，有无损坏（0.5 分） 2）检查作业环境是否配备火火器（0.5 分） 3）检查多功能万用表的型号及规格是否符合作业要求（1 分） 4）检查多功能万用表的档位及按键功能是否正常（1 分） 3.能进行车辆安全防护操作（总分：3 分） 1）正确安装车内四件套（2 分） 2）正确安装车轮挡块（1 分） 4.能进行工具清洁、校准、存放操作（总分：3 分） 1）使用工具前对工具、量具进行校准（1 分） 2）使用工具后对工具、量具进行清洁（1 分） 3）作业完成后对工具进行复位（1 分） 5.作业过程能做到规范操作（总分：3 分） 1）作业过程做到仪器、工具不落地（2 分） 2）作业过程做到零件不落地（1 分）	
技能面（应用技能、操作技能）	1.能正确进行基本检查（总分：3 分） 1）操作中控门锁联锁开关前，检查开关外观及功能（1 分） 2）检查插接器及线束有无异常（1 分） 3）操作中控门锁联锁开关，倾听门锁电动机有无异常等问题（1 分） 2.能正确读取中控门锁故障码（总分：7 分） 1）选取的车辆信息是否正确，是否进行至少一次核对（2 分） 2）选取的诊断模块是否正确（2 分） 3）能正确记录读取的故障码（2 分） 4）清除故障码，再次操作中控门锁读取故障码（1 分） 3.能正确读取中控门锁数据流（总分：7 分） 1）选取的车辆信息是否正确，是否进行至少一次核对（2 分） 2）选取的诊断模块是否正确（2 分）	

(续)

内容	标准	得分
技能面 （应用技能、操作技能）	3）能正确记录读取的数据且单位正确（1分） 4）数据读取时，进行正确的操作（1分） 5）是否读取中控门锁联锁开关所有位置数据（1分） 4.能正确检测中控门锁联锁开关电路，找出中控门锁联锁开关工作异常故障点（总分：8分） 1）能正确使用电压档检测中控门锁联锁开关信号电压（3分） 2）能正确使用电阻档检测线路对地电阻（3分） 3）能正确使用诊断仪读取中控门锁联锁开关数据流（2分）	
作业面 （保养作业、拆装作业、维修作业）	1.能正确读取中控门锁故障码和数据流（总分：12分） 1）将诊断仪与车辆正确连接（2分） 2）打开汽车电源，检查是否驻车，档位是否置于P位（2分） 3）选取和核对车辆信息，进入诊断界面（2分） 4）选取控制模块，读取故障码（2分） 5）操作中控门锁，读取数据流（2分） 6）将读取的数据进行捕捉，并保存在指定文件夹内（1分） 7）向老师确认所捕捉数据，并进行回放（1分） 2.能正确检测中控门锁联锁电路，找出中控门锁联锁开关工作异常故障点（总分：10分） 1）根据电路图按合理的路线检测电路（1分） 2）根据电路图检测中控门锁联锁开关信号电压（3分） 3）根据电路图检测线路对地电阻（3分） 4）根据电路图读取联锁开关数据流（1分） 5）根据电路图检测相关线束（1分） 6）更换故障部件或检修线束（1分） 3.检测中控门锁联锁开关电压（总分：3分） 1）检测中控门锁联锁开关在未操作位置的信号电压（1分） 2）检测中控门锁联锁开关在闭锁位置的信号电压（1分） 3）检测中控门锁联锁开关在开锁位置的信号电压（1分）	
信息面 （信息录入、资料应用、资讯检索）	1.能正确使用维修手册查询资料（总分：6分） 1）查询中控门锁的电路图（2分） 2）查询中控门锁控制模块的针脚端视图（2分） 3）查询相关部件的安装位置和熔丝分布图（如需要）（2分） 2.能在规定时间内查询所需资料（1分） 3.能正确记录所查询资料位置（1分） 4.能正确记录所需维修信息（2分）	
工具及设备的使用能力	1.能正确选用维修工具（2分） 2.能正确使用维修工具拆装（3分） 3.能正确使用多功能万用表（3分） 4.能正确使用诊断仪（2分）	

（续）

内容	标　　准	得分
分析面 （诊断分析、检测 分析、调校分析）	1. 能判断故障码是否与故障现象相关（总分：3分） 1) 能判断故障码是否为偶发故障（1分） 2) 能判断哪些故障码与故障现象无关（2分） 2. 能判断不同位置工况的中控门锁联锁开关数据流是否正常（总分：2分） 能判断中控门锁联锁开关数据是否正常（2分） 3. 能判断中控门锁控制模块及开关是否正常（总分：5分） 1) 能判断中控门锁控制模块是否正常（1分） 2) 能判断中控门锁联锁开关是否正常（1分） 3) 能判断熔丝是否正常（1分） 4) 能判断线束是否正常（1分） 5) 能清晰说明故障原因（1分）	
表单填写与报告 的撰写能力	1. 字迹清晰（1分） 2. 语句通顺（1分） 3. 无错别字（1分） 4. 无严重涂改（1分） 5. 无抄袭（1分）	

五、总结

请根据实操完成过程，对中控门锁联锁开关不能正常控制中控门锁开闭故障的诊断和排除进行总结。

项目七 防盗系统的检修

实训项目 9　防盗系统故障检修

任务工单

情境：一辆 2019 款一汽大众迈腾 B8L 轿车，行驶里程为 5 万多 km，客户反映该车无钥匙进入功能失效，使用遥控器解锁，只有行李舱和油箱盖可以解锁，使用机械钥匙解锁，只能打开驾驶人侧车门，按下一键起动开关，仪表不亮，转向柱无法解锁，起动机不转动。

任务：请按照维修工单的要求，完成该车的故障原因分析及故障检修任务，要求操作熟练、仔细，同时不影响其他系统的正常工作。

一、资讯

引导问题：无钥匙进入功能失效，转向柱无法解锁，起动机不转动的故障原因有哪些？本案例中，最可能的原因是哪些？

二、决策与计划

1. 工具选用

列出本次工作任务所需要的检测仪器、常用工具，并准备。

检测仪器及常用工具名称	型号	使用注意事项

2. 车辆信息记录

品牌型号		行驶里程	
发动机型号		生产日期	
车辆识别码			

3. 维修计划

列出小组讨论后，制定的维修计划或检测方案。

三、实施

◇ 按照制定的维修流程（计划），完成下面的检测。
（各个项目是否检测，以及检测顺序自定，以完成故障排除为最终目标。）

步骤1：请按照资讯部分的讲解，重现并描述故障现象。

步骤2：对防盗系统进行基本检查，有无异常？（望闻问切）

步骤3：将故障诊断仪连接好，读取故障码和相关数据流。

故障码	
数据流	

如有异常，可能的故障原因：

步骤4：

1）用示波器检测舒适 CAN 总线波形。

波形名称	标准波形（注意单位）	实测波形（请圈出异常位置）
CAN-L、CAN-H 波形		

2）断开蓄电池负极，用万用表检测舒适 CAN-H、CAN-L 线路对地电阻，正常情况 CAN-L、CAN-H 对地电阻应为_____Ω，实测 CAN-L、CAN-H 对地电阻分别为_____Ω、_____Ω，说明_____。

3）按下 E378，用万用表检测 E378 的信号，T6as/3 端子对地电压应为_____V，实际测量为_____V；T6as/6 端子对地电压应为_____V，实际测量为_____V。经测量对地电压不正常。

4）按下 E378，用万用表检测 J965 端的 E378 信号，J965 的 T40/7 端子对地电压应为_____V，实际测量为_____V；J965 的 T40/19 端子对地电压应为_____V，实际测量为_____V。经测量对地电压不正常。

5）点火开关 OFF，拔掉 J965 和 E378 的插接器，用万用表检查导通性，T40/7 端子至 T6as/3 端子之间电阻应为_____，实际测量为_____，说明_____。

步骤 5：故障排除。

经上述检测，确定该故障的原因是_____；

排除方法是：_____；

故障排除后，进行确认，现象_____；说明故障是否排除_____。如未排除，进一步检查。

四、评价

请根据本次实操的具体情况，按照下表进行评价。

内容	标　准	得分
7S 和安全规范 （作业安全、职业操守）	1. 能进行工位 7S 操作（总分：3 分） 1）整理、整顿（0.5 分） 2）清理、清洁（1 分） 3）素养、节约（0.5 分） 4）安全（1 分） 2. 能进行设备和工具安全检查（总分：3 分） 1）检查作业所需要的工具、设备是否完备，有无损坏（0.5 分） 2）检查作业环境是否配备灭火器（0.5 分） 3）检查多功能万用表的型号及规格是否符合作业要求（1 分） 4）检查多功能万用表的档位及按键功能是否正常（1 分） 3. 能进行车辆安全防护操作（总分：3 分） 1）正确安装车内四件套（2 分） 2）正确安装车轮挡块（1 分） 4. 能进行工具清洁、校准、存放操作（总分：3 分） 1）使用工具前对工具、量具进行校准（1 分） 2）使用工具后对工具、量具进行清洁（1 分） 3）作业完成后对工具进行复位（1 分） 5. 作业过程能做到规范操作（总分：3 分） 1）作业过程做到仪器、工具不落地（2 分） 2）作业过程做到零件不落地（1 分）	
技能面 （应用技能、操作技能）	1. 能正确读取相关系统故障码（总分：4 分） 1）选取的车辆信息是否正确，是否进行至少一次核对（1 分） 2）选取的诊断模块是否正确（1 分） 3）能正确记录读取的故障码（1 分） 4）清除故障码，再次读取故障码（1 分） 2. 能正确读取相关系统数据流（总分：4 分） 1）选取的车辆信息是否正确，是否进行至少一次核对（1 分） 2）选取的诊断模块是否正确（1 分） 3）能正确记录读取的数据且单位正确（1 分） 4）数据读取时，进行正确的操作（1 分） 3. 能正确读取舒适 CAN 波形，并绘制波形图（总分：6 分） 1）检测过程中，探针连接是否牢固，有无短接（0.5 分） 2）读取波形后是否暂停，并给考官确认（0.5 分） 3）波形是否放大，且清晰可辨（0.5 分）	

（续）

内容	标　　准	得分
技能面 （应用技能、 操作技能）	4）波形的电压幅度和时间是否确认（0.5分） 5）电压波形异常点是否确认（1分） 6）检测波形的条件是否正确（1分） 7）能正确记录读取的数据且单位正确（0.5分） 8）波形的截图清晰且正确（0.5分） 9）绘制波形图（1分） 4.能正确检测进入及一键起动控制模块电路（总分：6分） 1）检测条件是否正确（0.5分） 2）是否等待1~2min后，才断开所测模块插头（1分） 3）断开和安装控制模块插头方法是否正确，无违规操作（1分） 4）背插针安装之后，是否检查导通性（1分） 5）是否确认控制模块插头安装情况（0.5分） 6）检测电压时，多功能万用表的表笔连接是否正确（0.5分） 7）多功能万用表所选择电压量程是否符合规格（0.5分） 8）多功能万用表所选择挡位是否符合要求（1分） 5.能正确绘制波形图（总分：2分） 1）绘制图形清晰可见（1分） 2）标注规范的图注（1分） 6.能正确检测进入及一键起动系统电路，找出工作异常故障点（总分：3分） 1）能正确使用电压挡检测电压（1分） 2）能正确使用电阻挡检测线路对地电阻（1分） 3）能正确使用示波器检测波形（1分）	
作业面 （保养作业、拆装 作业、维修作业）	1.能正确进行基本检查（总分：2分） 1）检查钥匙、遥控器、一键起动开关外观及功能（1分） 2）检查插接器及线束有无异常（1分） 2.能正确读取故障码和数据流（总分：7分） 1）将诊断仪与车辆正确连接（1分） 2）打开汽车电源，检查是否驻车，挡位是否置于P位（1分） 3）选取和核对车辆信息，进入诊断界面（1分） 4）选取控制模块，读取故障码（1分） 5）读取数据流（1分） 6）将读取的数据进行捕捉，并保存在指定文件夹内（1分） 7）向老师确认所捕捉数据，并进行回放（1分） 3.读取舒适CAN波形，并绘制波形图（总分：8分） 1）将示波器探针分别连接至舒适CAN-H、CAN-L（2分） 2）将探针负极线连接至搭铁点（1分） 3）读取舒适CAN-H、CAN-L波形（1分） 4）调试波形的电压和时间，并锁住波形，向考官确认（2分） 5）记录调试后波形（1分） 6）绘制波形图（1分） 4.能正确检测一键起动开关与进入及一键起动系统控制单元相关端电压（总分：3分） 1）安装插头，插接背插针（1分） 2）检测一键起动开关侧相关端电压（1分） 3）检测进入及一键起动系统控制单元侧相关端电压（1分）	

（续）

内容	标　　准	得分
作业面 （保养作业、拆装作业、维修作业）	5. 能正确检测一键起动开关与进入及一键起动系统控制单元的导通性（总分：5分） 1）关闭汽车电源，断开插头，查找一键起动开关端子（1分） 2）检测一键起动开关与进入及一键起动系统控制单元之间端子导通性（2分） 3）查找断开线束的位置（1分） 4）检修断开线束（1分）	
信息面 （信息录入、资料应用、资讯检索）	1. 能正确使用维修手册查询资料（总分：6分） 1）查询进入及一键起动系统的电路图（2分） 2）查询进入及一键起动控制模块的针脚端视图（2分） 3）查询相关部件的安装位置和熔丝分布图（如需要）（2分） 2. 能在规定时间内查询所需资料（1分） 3. 能正确记录所查询资料位置（1分） 4. 能正确记录所需维修信息（2分）	
工具及设备的使用能力	1. 能正确选用维修工具（2分） 2. 能正确使用维修工具拆装（2分） 3. 能正确使用多功能万用表（2分） 4. 能正确使用示波器（2分） 5. 能正确使用诊断仪（2分）	
分析面 （诊断分析、检测分析、调校分析）	1. 能判断故障码、数据流是否正常（总分：3分） 1）能判断故障码是否为偶发故障（1分） 2）能判断哪些故障码与故障现象无关（1分） 3）能判断系统数据是否正常（1分） 2. 能判断波形和电压是否正常（总分：6分） 1）能判断舒适CAN波形是否正常（3分） 2）能判断一键起动开关信号电压是否正常（3分） 3. 能分析确定故障原因（总分：1分） 1）能判断线路是否正常（0.5分） 2）能清晰说明故障原因（0.5分）	
表单填写与报告的撰写能力	1. 字迹清晰（1分） 2. 语句通顺（1分） 3. 无错别字（1分） 4. 无严重涂改（1分） 5. 无抄袭（1分）	

五、总结

请根据实操完成过程，对无钥匙进入功能失效、转向柱无法解锁、起动机不转动故障的诊断和排除进行总结。

项目八 巡航控制系统的检修

实训项目 10　定速巡航控制开关电路故障检修

任务工单

情境：一辆一汽丰田卡罗拉轿车来店进行维修，行驶里程为 9 万多 km，客户反映该车定速巡航系统功能失效。

任务：请按照维修工单的要求，完成该车的故障原因分析及故障检修任务，要求操作熟练、仔细，同时不影响其他系统的正常工作。

一、资讯

引导问题：定速巡航系统功能失效的故障原因有哪些？本案例中，最可能的原因是哪些？

二、决策与计划

1. 工具选用

列出本次工作任务所需要的检测仪器、常用工具，并准备。

检测仪器及常用工具名称	型号	使用注意事项

2. 车辆信息记录

品牌型号		行驶里程	
发动机型号		生产日期	
车辆识别码			

3. 维修计划

列出小组讨论后，制定的维修计划或检测方案。

三、实施

◇ 按照制定的维修流程（计划），完成下面的检测。
（各个项目是否检测，以及检测顺序自定，以完成故障排除为最终目标。）

步骤 1：请按照资讯部分的讲解，重现并描述故障现象。

步骤 2：对定速巡航系统进行基本检查，有无异常？（望闻问切）

步骤 3：将故障诊断仪连接好，读取故障码和相关数据流。

故障码	
数据流	

如有异常，可能的故障原因：

步骤 4：

1）检查巡航控制主开关。拆下巡航控制主开关，测量 A-3（CCS）与 A-1（ECC）之间电阻：中立位置，_____；+（加速）/RES（恢复），_____；-（滑行）/SET，_____；CANCEL，_____；主开关打开，_____。若正常，则进行下一步；若不正常，则更换巡航控制主开关。

2）检查巡航控制主开关与螺旋电缆之间的线束和插接器。将插接器 Y2 从螺旋电缆上断开，测量 A-1 与 Y2-4、A-3 与 Y2-3 之间电阻：任何工况，应为_____。若正常，则进行下一步；若不正常，则维修或更换线束或插接器。

3）检查螺旋电缆。拆下螺旋电缆，测量 Y2-3（CCS）与 E6-1（CCS）、Y2-4（ECC）与 E6-2（ECC）之间的电阻，螺旋电缆位置在中间、螺旋电缆位置向左转 2.5 圈、螺旋电缆位置向右转 2.5 圈，应_____。若正常，则进行下一步；若不正常，则更换螺旋电缆。

4）检查螺旋电缆与 ECM、接地之间的线束和插接器。从 ECM 上断开插接器 A50，测量电阻：任何工况，E6-1（CCS）与 A50-40（CCS）、E6-29（ECC）与接地之间电阻，应_____；A50-40（CCS）与接地之间电阻，应_____。若正常，则更换 ECM；若不正常，则维修或更换线束或插接器。

步骤 5：故障排除。

经上述检测，确定该故障的原因是_____；
排除方法是：_____；
故障排除后，进行试车，现象_____；说明故障是否排除_____。如未排除，进一步检查。

四、评价

请根据本次实操的具体情况，进行评价。

内容	标　　准	得分
7S 和安全规范 （作业安全、 职业操守）	1. 能进行工位 7S 操作（总分：3 分） 1）整理、整顿（0.5 分） 2）清理、清洁（1 分） 3）素养、节约（0.5 分） 4）安全（1 分） 2. 能进行设备和工具安全检查（总分：3 分） 1）检查作业所需要的工具、设备是否完备，有无损坏（0.5 分） 2）检查作业环境是否配备灭火器（0.5 分） 3）检查多功能万用表的型号及规格是否符合作业要求（1 分） 4）检查多功能万用表的档位及按键功能是否正常（1 分） 3. 能进行车辆安全防护操作（总分：3 分） 1）正确安装车辆绝缘翼子板布和格栅垫（1 分） 2）正确安装车内四件套（1 分） 3）正确安装后车轮挡块（1 分） 4. 能进行工具清洁、校准、存放操作（总分：3 分） 1）使用工具前对工具、量具进行校准（1 分） 2）使用工具后对工具、量具进行清洁（1 分） 3）作业完成后对工具进行复位（1 分） 5. 作业过程能做到规范操作（总分：3 分） 1）作业过程做到工具不落地（2 分） 2）作业过程做到零件不落地（1 分）	
技能面 （应用技能、 操作技能）	1. 能正确读取巡航控制系统故障码（总分：8 分） 1）选取的车辆信息是否正确，是否进行至少一次核对（2 分） 2）选取的诊断模块是否正确（2 分） 3）能正确记录读取的故障码（2 分） 4）清除故障码，再次操作巡航控制开关读取故障码（2 分） 2. 能正确读取巡航控制系统数据流（总分：12 分） 1）选取的车辆信息是否正确，是否进行至少一次核对（2 分） 2）选取的诊断模块是否正确（2 分） 3）能正确记录读取的数据且单位正确（2 分） 4）数据读取时，进行正确的操作（2 分） 5）是否读取鼓风机不同档位数据（2 分） 6）是否读取巡航控制开关不同位置数据（2 分） 3. 能正确检测巡航控制开关电路，找出工作异常故障点（总分：5 分） 1）能正确使用诊断仪读取巡航控制开关数据流（3 分） 2）能正确使用电压档或电阻档检测相关线束（2 分）	
作业面 （保养作业、拆装 作业、维修作业）	1. 能正确进行基本检查（总分：4 分） 1）检查巡航控制开关有无损坏（2 分） 2）检查插接器及线束有无异常（2 分） 2. 能正确读取巡航控制系统故障码和数据流（总分：14 分） 1）将诊断仪与车辆正确连接（2 分） 2）打开汽车电源，检查是否驻车，档位是否置于 P 位（2 分） 3）选取和核对车辆信息，进入诊断界面（2 分） 4）选取控制模块，读取故障码（2 分）	

（续）

内容	标　准	得分
作业面 （保养作业、拆装作业、维修作业）	5）操作巡航控制开关，读取数据流（2分） 6）将读取的数据进行捕捉，并保存在指定文件夹内（2分） 7）向老师确认所捕捉数据，并进行回放（2分） 3.能正确检测巡航控制开关电路，找出工作异常故障点（总分：7分） 1）根据电路图检测巡航控制开关（3分） 2）根据电路图检测相关线束（2分） 3）根据电路图检测螺旋电缆（2分）	
信息面 （信息录入、资料应用、资讯检索）	1.能正确使用维修手册查询资料（总分：6分） 1）查询巡航控制开关的电路图（3分） 2）查询巡航控制开关的针脚端视图（3分） 2.能在规定时间内查询所需资料（1分） 3.能正确记录所查询资料位置（1分） 4.能正确记录所需维修信息（2分）	
工具及设备的使用能力	1.能正确选用维修工具（2分） 2.能正确使用维修工具拆装（3分） 3.能正确使用多功能万用表（3分） 4.能正确使用解码器（2分）	
分析面 （诊断分析、检测分析、调校分析）	1.能判断故障码是否与故障现象相关（总分：2分） 1）能判断故障码是否为偶发故障（1分） 2）能判断哪些故障码与故障现象无关（1分） 2.能判断巡航控制开关是否正常（总分：4分） 1）能判断巡航控制开关是否正常（1分） 2）能判断螺旋电缆是否正常（1分） 3）能判断开关或线束是否正常（1分） 4）能清晰说明故障原因（1分） 3.能判断巡航控制功能是否正常（2分） 4.能正确分析巡航控制系统故障（2分）	
表单填写与报告的撰写能力	1.字迹清晰（1分） 2.语句通顺（1分） 3.无错别字（1分） 4.无严重涂改（1分） 5.无抄袭（1分）	

五、总结

请根据实操完成过程，对巡航控制功能失效故障的诊断和排除进行总结。

项目九 安全气囊系统的检修

实训任务 11　汽车安全气囊系统故障检修

任务工单

情境：一辆 2017 款一汽大众迈腾轿车来店进行维修，行驶里程为 10 万多 km，客户反映该车安全气囊故障指示灯常亮。

任务：请按照维修工单的要求，完成该车的故障原因分析及故障检修任务，要求操作熟练、仔细，同时不影响其他系统的正常工作。

一、资讯

引导问题：安全气囊故障指示灯常亮的故障原因有哪些？本案例中，最可能的原因是哪些？

二、决策与计划

1. 工具选用

列出本次工作任务所需要的检测仪器、常用工具，并准备。

检测仪器及常用工具名称	型号	使用注意事项

2. 车辆信息记录

品牌型号		行驶里程	
发动机型号		生产日期	
车辆识别码			

3. 维修计划

列出小组讨论后，制定的维修计划或检测方案。

三、实施

✧ 按照制定的维修流程（计划），完成下面的检测。
（各个项目是否检测，以及检测顺序自定，以完成故障排除为最终目标。）

步骤1：请按照资讯部分的讲解，重现并描述故障现象。

步骤2：对安全气囊系统进行基本检查，有无异常？（望闻问切）

步骤3：将故障诊断仪连接好，读取故障码和相关数据流。

故障码	
数据流	

如有异常，可能的故障原因：

步骤4：检测安全气囊系统电路，找出导致安全气囊故障指示灯常亮的故障部件或者线路，并对测量结果进行分析。

安全气囊相关电路图位置：		记录所查询的电路图在维修手册中的位置
检测项目	检测结果	判断
熔丝		正常□ 异常□
安全气囊控制单元 J234 电源		正常□ 异常□
安全气囊系统 CAN 总线波形		正常□ 异常□
相关碰撞传感器的电压		正常□ 异常□
相关线路的导通性检测		正常□ 异常□

故障机理分析：

步骤5：故障排除。
经上述检测，确定该故障的原因是_____；
排除方法是：_____；
故障排除后，进行检查，现象_____；说明故障是否排除_____。
如未排除_____，进一步检查。

四、评价

请根据本次实操的具体情况,进行评价。

内容	标　　准	得分
7S 和安全规范（作业安全、职业操守）	1. 能进行工位 7S 操作（总分：3 分） 1）整理、整顿（0.5 分） 2）清理、清洁（1 分） 3）素养、节约（0.5 分） 4）安全（1 分） 2. 能进行设备和工具安全检查（总分：3 分） 1）检查作业所需要的工具、设备是否完备，有无损坏（0.5 分） 2）检查作业环境是否配备灭火器（0.5 分） 3）检查多功能万用表的型号及规格是否符合作业要求（1 分） 4）检查多功能万用表的档位及按键功能是否正常（1 分） 3. 能进行车辆安全防护操作（总分：3 分） 1）正确安装车辆绝缘翼子板布和格栅垫（1 分） 2）正确安装车内四件套（1 分） 3）正确安装后车轮挡块（1 分） 4. 能进行工具清洁、校准、存放操作（总分：3 分） 1）使用工具前对工具、量具进行校准（1 分） 2）使用工具后对工具、量具进行清洁（1 分） 3）作业完成后对工具进行复位（1 分） 5. 作业过程能做到规范操作（总分：3 分） 1）作业过程做到工具不落地（2 分） 2）作业过程做到零件不落地（1 分）	
技能面（应用技能、操作技能）	1. 能正确检测气囊系统电路，找出指示灯工作异常故障点（总分：8 分） 1）能正确使用电压档或电阻档检测熔丝是否损坏（1 分） 2）能正确使用电压档检测气囊模块的电源（1 分） 3）能正确使用电压档检测气囊控制模块的信号电压（2 分） 4）能正确使用电压档检测气囊插头端子供电电压（2 分） 5）能正确使用诊断仪读取鼓风机开关数据流（1 分） 6）能正确使用电压档或电阻档检测相关线束（1 分） 2. 能正确读取气囊系统数据流（总分：7 分） 1）选取的车辆信息是否正确，是否进行至少一次核对（1 分） 2）选取的诊断模块是否正确（1 分） 3）能正确记录读取的数据且单位正确（1 分） 4）数据读取时，是否打开点火开关，是否需要起动车辆（2 分） 5）起动车辆前，是否做好安全检查（1 分） 6）数据回放过程中，数据无缺少（1 分） 3. 能正确检查信号波形（总分：10 分） 1）关闭点火开关后，正确安装示波器（2 分） 2）正确使用背插针进行信号测量（2 分） 3）打开点火开关后正确测量波形（2 分） 4）起动车辆前做好安全检查并报备（2 分） 5）正确测量波形并判断波形是否正常（2 分）	

（续）

内容	标　准	得分
作业面 （保养作业、拆装 作业、维修作业）	1. 能正确进行基本检查（总分：2分） 1）检查气囊外观和气囊故障指示灯是否正常（1分） 2）检查插接器及线束有无异常（1分） 2. 能正确检测气囊系统电路，找出气囊指示灯工作异常故障点（总分：7分） 1）根据电路图检测熔丝（1分） 2）根据电路图检测气囊的供电电压（1分） 3）根据电路图检测气囊模块的信号电压（1分） 4）根据电路图检测气囊插头端子的电压（1分） 5）根据电路图读取相关数据流（1分） 6）根据电路图检测相关线束（1分） 7）更换故障熔丝、气囊模块、气囊、气囊插接器或检修线束（1分） 3. 能正确读取气囊系统数据流（总分：8分） 1）将解码器与车辆正确连接（1分） 2）打开汽车电源，检查是否驻车，档位是否置于P位（1分） 3）选取和核对车辆信息，进入诊断界面（1分） 4）选取气囊系统控制模块，读取数据流（1分） 5）选取并锁定指定数据流（1分） 6）急速运转车辆，读取气囊系统数据（1分） 7）将读取的数据进行捕捉，保存在指定文件夹内，并命名为准考证号（1分） 8）向老师确认所捕捉数据，并进行回放（1分） 4. 能正确检查信号波形（总分：8分） 1）关闭点火开关后，正确安装示波器（1分） 2）正确使用背插针进行信号测量（1分） 3）打开点火开关后正确测量波形（2分） 4）起动车辆前做好安全检查并报备（2分） 5）正确测量波形并判断波形是否正常（2分）	
信息面 （信息录入、资料 应用、资讯检索）	1. 能正确使用维修手册查询资料（总分：6分） 1）查询安全气囊的电路图（2分） 2）查询安全气囊模块的针脚端视图（2分） 3）查询相关熔丝盒的安装位置和熔丝分布图（2分） 2. 能在规定时间内查询所需资料（1分） 3. 能正确记录所查询资料位置（1分） 4. 能正确记录所需维修信息（2分）	
工具及设备 的使用能力	1. 能正确选用维修工具（1分） 2. 能正确使用维修工具拆装（1分） 3. 能正确使用多功能万用表（2分） 4. 能正确使用示波器（2分） 5. 能正确使用跨接线（2分） 6. 能正确使用解码器（2分）	

（续）

内容	标　准	得分
分析面 （诊断分析、检测分析、调校分析）	1. 能判断气囊及气囊模块是否正常（总分：5分） 1）能判断气囊是否正常（1分） 2）能判断气囊模块是否正常（1分） 3）能判断熔丝是否正常（1分） 4）能判断线束是否正常（1分） 5）能清晰说明故障原因（1分） 2. 能判断气囊系统数据流是否正常（总分：2分） 能判断气囊数据是否正常（2分） 3. 能判断气囊系统波形是否正常（总分：2分） 能判断气囊波形是否正常（2分） 4. 能正确分析气囊指示灯异常的故障（1分）	
表单填写与报告的撰写能力	1. 字迹清晰（1分） 2. 语句通顺（1分） 3. 无错别字（1分） 4. 无严重涂改（1分） 5. 无抄袭（1分）	

五、总结

请根据实操完成过程，对安全气囊指示灯常亮故障的诊断和排除进行总结。

项目十 信息和驾驶辅助系统的检修

实训项目 12 全景影像系统前摄像头电源故障检修

任务工单

情境： 一辆 2019 款北汽 EU5-R500 电动汽车来店进行维修，行驶里程为 3 万多 km，客户反映该车有全景影像系统，现在前部影像不能显示了。

任务： 请按照维修工单的要求，完成该车的故障原因分析及故障检修任务，要求操作熟练、仔细，同时不影响其他系统的正常工作。

一、资讯

引导问题 1： 电动汽车检修应遵守哪些安全操作规程？

引导问题 2： 前部影像不能显示的故障原因有哪些？本案例中，最可能的原因是哪些？

二、决策与计划

1. 工具选用

列出本次工作任务所需要的检测仪器、常用工具，并准备。

检测仪器及常用工具名称	型号	使用注意事项

2. 车辆信息记录

品牌型号		行驶里程	
发动机型号		生产日期	
车辆识别码			

3. 维修计划

列出小组讨论后，制定的维修计划或检测方案。

三、实施

◇ 首先强调电动汽车检修应遵守的安全操作规程，然后按照制定的维修流程（计划），完成下面的检测。

（各个项目是否检测，以及检测顺序自定，以完成故障排除为最终目标。）

步骤 1：请按照资讯部分的讲解，重现并描述故障现象。

步骤 2：对全景影像系统进行基本检查，有无异常？（望闻问切）

步骤 3：将故障诊断仪连接好，读取故障码和相关数据流。

故障码	
数据流	

如有异常，可能的故障原因：

步骤 4：

1）检查蓄电池充电线路是否正常，接线柱是否松动、锈蚀等，如果是，则_____；如果不是，则进行下一步。

2）检查仪表板电器盒熔丝 RF28（7.5A）是否熔断，如果是，则_____；如果不是，则进行下一步。

3）检查前舱电器盒 2 熔丝 EF91（10A）是否熔断。如果是，则_____；如果不是，则进行下一步。

4）断开全景影像模块连接插头（B38）T32C 和前摄像头连接插头（M13）T4P，检查全景摄像模块插头（B38）T32C 和前摄像头插头（M13）T4P 是否有裂痕和异常，端子是否腐蚀、生锈，如果是，则_____；如果不是，则进行下一步。

5）起动/停止按键置于 RUN 位置时，打开 AVM 和车道偏离开关，测量全景影像模块插头（B38）T32C/28、（B38）T32/12 端子与前摄像头插头（M13）T4p/4、（M13）T4p/3 端子之间是否导通，如果否，则_____；如果是，则进行下一步。

6）测量全景影像模块插头（B38）T32c/13、（B38）T32c/30 端子与前摄像头插头（M13）T4p/1、（M13）T4p/2 端子之间是否导通，如果不导通，则_____，如果导通，则进行下一步。

7）更换前摄像头，重新进行诊断，读取故障码，确认故障码及症状是否存在，如果不存在，则_____；如果仍然存在，则进行下一步。

8）更换全景影像模块，重新进行诊断，读取故障码，确认故障码及症状是否存在。如果不存在则_____。

步骤 5：故障排除。

经上述检测，确定该故障的原因是_____；

排除方法是：_____；

故障排除后，进行确认，现象_____；说明故障是否排除_____。如未排除，进一步检查。

四、评价

请根据本次实操的具体情况，按照下表进行评价。

内容	标　　准	得分
7S 和安全规范 （作业安全、 职业操守）	1. 能进行工位 7S 操作（总分：3 分） 1）整理、整顿（0.5 分） 2）清理、清洁（1 分） 3）素养、节约（0.5 分） 4）安全（1 分） 2. 能进行设备和工具安全检查（总分：3 分） 1）检查作业所需要的工具、设备是否完备，有无损坏（0.5 分） 2）检查作业环境是否配备灭火器（0.5 分） 3）检查多功能万用表的型号及规格是否符合作业要求（1 分） 4）检查多功能万用表的档位及按键功能是否正常（1 分） 3. 能进行车辆安全防护操作（总分：3 分） 1）正确安装车内四件套（2 分） 2）正确安装车轮挡块（1 分） 4. 能进行工具清洁、校准、存放操作（总分：3 分） 1）使用工具前对工具、量具进行校准（1 分） 2）使用工具后对工具、量具进行清洁（1 分） 3）作业完成后对工具进行复位（1 分） 5. 作业过程能做到规范操作（总分：3 分） 1）作业过程做到仪器、工具不落地（2 分） 2）作业过程做到零件不落地（1 分）	
技能面 （应用技能、 操作技能）	1. 能正确读取全景影像系统故障码（总分：8 分） 1）选取的车辆信息是否正确，是否进行至少一次核对（2 分） 2）选取的诊断模块是否正确（2 分） 3）能正确记录读取的故障码（2 分） 4）清除故障码，再次操作全景影像系统读取故障码（2 分） 2. 能正确读取全景影像系统数据流（总分：10 分） 1）选取的车辆信息是否正确，是否进行至少一次核对（2 分） 2）选取的诊断模块是否正确（2 分） 3）能正确记录读取的数据且单位正确（2 分） 4）数据读取时，进行正确的操作（2 分） 5）是否读取与前摄像头相关所有数据（2 分） 3. 能正确检测前摄像头电源电路，找出工作异常故障点（总分：7 分） 1）能正确使用电压档检测前摄像头电源电压（3 分） 2）能正确使用电阻档检测线路对地电阻（3 分） 3）能正确使用诊断仪读取前摄像头数据流（1 分）	

（续）

内容	标　　准	得分
作业面 （保养作业、拆装 作业、维修作业）	1. 能正确进行基本检查（总分：4分） 　1）检测前摄像头外观（2分） 　2）检查插接器及线束有无异常（2分） 2. 能正确读取全景影像系统故障码和数据流（总分：11分） 　1）将诊断仪与车辆正确连接（2分） 　2）打开汽车电源，检查是否驻车，档位是否置于P位（2分） 　3）选取和核对车辆信息，进入诊断界面（2分） 　4）选取控制模块，读取故障码（2分） 　5）操作全景影像系统，读取数据流（2分） 　6）将读取的数据进行捕捉，并保存在指定文件夹内（0.5分） 　7）向老师确认所捕捉数据，并进行回放（0.5分） 3. 能正确检测前摄像头电路，找出工作异常故障点（总分：10分） 　1）根据电路图按合理的路线检测电路（1分） 　2）根据电路图检测前摄像头电源电压（3分） 　3）根据电路图检测线路对地电阻（3分） 　4）根据电路图读取开关数据流（1分） 　5）根据电路图检测相关线束（1分） 　6）更换故障部件或检修线束（1分）	
信息面 （信息录入、资料 应用、资讯检索）	1. 能正确使用维修手册查询资料（总分：6分） 　1）查询全景影像系统的电路图（2分） 　2）查询全景影像系统控制模块的针脚端视图（2分） 　3）查询相关部件的安装位置和熔丝分布图（如需要）（2分） 2. 能在规定时间内查询所需资料（1分） 3. 能正确记录所查询资料位置（1分） 4. 能正确记录所需维修信息（2分）	
工具及设备 的使用能力	1. 能正确选用维修工具（2分） 2. 能正确使用维修工具拆装（3分） 3. 能正确使用多功能万用表（3分） 4. 能正确使用诊断仪（2分）	
分析面 （诊断分析、检测 分析、调校分析）	1. 能判断故障码是否与故障现象相关（总分：3分） 　1）能判断故障码是否为偶发故障（1分） 　2）能判断哪些故障码与故障现象无关（2分） 2. 能判断前摄像头数据流是否正常（总分：3分） 能判断前摄像头数据是否正常（3分） 3. 能判断全景影像系统控制模块是否正常（总分：4分） 　1）能判断全景影像系统控制模块是否正常（1分） 　2）能判断熔丝是否正常（1分） 　3）能判断线束是否正常（1分） 　4）能清晰说明故障原因（1分）	
表单填写与报告 的撰写能力	1. 字迹清晰（1分） 2. 语句通顺（1分） 3. 无错别字（1分） 4. 无严重涂改（1分） 5. 无抄袭（1分）	

五、总结

请根据实操完成过程，对前部影像不能显示故障的诊断和排除进行总结。